EXERCICES ÉLÉMENTAIRES

DE

LECTURE MUSICALE

A L'USAGE DES ÉCOLES PRIMAIRES.

Quelques changements ont été faits dans ce second tirage :

1° Page 13, résumé de la 1re série, n° 1, on a supprimé la première colonne, et on a ajouté, dans les quatre autres, toutes les petites notes intermédiaires ;

2° Page 14, 3e série, on a ajouté des petites notes aux trois nos 1, 2 et 3 du premier groupe, et au n° 1 du deuxième.

3° Page 15, 4e série, n° 1, on a ajouté des petites notes ;

4° On a fait quelques autres corrections de détail qu'il est inutile de spécifier ici.

Paris, imprimerie de L. TINTERLIN, rue Neuve-des-Bons-Enfants, 3.

EXERCICES ÉLÉMENTAIRES

DE

LECTURE MUSICALE

A L'USAGE DES ÉCOLES PRIMAIRES

PAR

M. ET MME ÉMILE CHEVÉ

Au moyen des formules générales, mises en pratique dans ce recueil, *on arrive à mesurer les intervalles musicaux, aussi exactement qu'on mesure, avec un mètre, une surface plane;* ce fait a maintenant pour nous l'autorité d'expériences souvent répétées sur des organisations musicales très-mauvaises.

NANINE CHEVÉ (née PARIS).

La lecture musicale mise à la portée de toutes les intelligences.

Les livres de musique mis à la portée de toutes les bourses.

ÉMILE CHEVÉ.

NOUVELLE ÉDITION

Entièrement refondue

(3e TIRAGE)

PRIX, CARTONNÉ : 2 FR. 25 C.

PARIS
CHEZ LES AUTEURS, 18, RUE DES MARAIS-SAINT-GERMAIN

AVRIL 1862

A NOTRE SOEUR

MADAME ALEXIS LATOURTE (AGLAÉ PARIS)

Chère et bonne sœur,

Toi, dont le dévouement affectueux, de tous les instants, et les sacrifices sans nombre, ont rendu notre tâche moins lourde, reçois ici l'expression de notre gratitude et de notre inaltérable affection.

EMILE CHEVÉ, — NANINE CHEVÉ (née PARIS).

TABLE DES MATIÈRES

DEUXIÈME PARTIE. — MESURE.

TROISIÈME PARTIE. — AIRS A LIRE.

FIN DE LA TABLE.

UN MOT AU LECTEUR

Depuis que les idées de Galin se sont généralement répandues, on nous demandait de tous côtés un livre élémentaire, dépouillé de tout accessoire inutile, qui pût, par sa forme et son prix, entrer dans toutes les écoles.

Il y a longtemps que nous aurions voulu satisfaire à cette demande si juste ; mais les difficultés de toute nature et sans cesse renaissantes qu'il nous a d'abord fallu surmonter, avaient, jusqu'à ce jour, retardé la publication du livre que nous donnons aujourd'hui au public.

Notre ouvrage se divise comme il suit :

1° Les exercices élémentaires proprement dits: deux parties;

2° Trois cent vingt airs à lire ; une partie.

Les Exercices élémentaires proprement dits, contiennent tout ce qui est nécessaire — *intonation et durée* — pour conduire l'élève, petit ou grand, à lire *correctement* et *couramment* toute espèce de musique accessible à la voix et à l'aptitude musicale des masses.

Les airs à lire ont pour but de permettre à l'élève de réunir les deux choses — *intonation* et *durée* — qu'il a, jusque-là, étudiées séparément ; et de le conduire à lire *correctement* et facilement toute musique écrite dans les conditions exigées pour les masses.

Notre but est de rendre la population tout entière maîtresse de la lecture et de l'écriture musicales, comme elle l'est de la lecture et de l'écriture de sa propre langue et des éléments pratiques du calcul. Arrivé à ce point, chacun fera pour la musique, ce qu'il fait pour la littérature et les mathématiques : si le temps, l'argent et surtout la vocation musicale lui manquent, il se contentera de savoir *lire* et *écrire la musique*, comme la majorité se contente de savoir lire et écrire sa langue maternelle; si, au contraire, l'enfant, devenu lecteur, se sent attiré vers la musique ; s'il a l'organisation musicale, il étendra ses connaissances musicales, comme on étend ses connaissances littéraires ou scientifiques, lorsque l'on est en position de le faire. Mais — et je le répète à dessein — la base de toute éducation, *quelle qu'elle soit,* étant la lecture et l'écriture, la lecture et l'écriture sont *le seul but, le but unique*, vers lequel nous avons toujours tendu. Ce but, l'École Galin-Paris-Chevé prétend l'avoir atteint.

Plus que jamais, nous pensons que le seul moyen d'arriver à la vulgarisation de la lecture musicale est de prendre une écriture appropriée aux idées à rendre et accessible à l'intelligence de tous.

Pour l'intonation, rien ne nous paraissant aussi bon que le chiffre, que nous n'avons point inventé, nous adoptons définitivement le chiffre, tel que l'a modifié Galin.

Pour les durées, nous avons le chef-d'œuvre des chefs-d'œuvre : le *Chronomériste* de Galin.

Pour l'acquisition des durées, nous nous servons de la *langue des durées,* de cette langue véritablement *métrique*, si heureusement créée par M. Aimé Paris.

Tous les exercices pratiques d'intonation et de durée appartiennent en propre à Mme Émile Chevé, ainsi que les explications qui les précèdent.

Tous les airs qui suivent les exercices de Mme Émile Chevé, excepté les canons et les quarante-sept derniers airs à modulations, ont été faits par moi, pour être dictés dans mes cours. J'ai pensé qu'ils convenaient comme exercices de lecture ; voilà pourquoi je les ai mis dans cet ouvrage, n'y attachant, d'ailleurs, aucune autre idée que celle de fournir à l'élève des exercices de lecture courante.

Paris, 15 décembre 1860.

ÉMILE CHEVÉ.

EXPLICATIONS INDISPENSABLES

I

Sur la division des *Exercices pratiques* contenus dans ce recueil.

Nos EXERCICES PRATIQUES *sont divisés en* DEUX PARTIES :

La PREMIÈRE PARTIE contient les exercices d'*intonation* (page 1 et suivantes);
La DEUXIÈME PARTIE contient les exercices de *mesure* (page 34 et suivantes).

La première partie, L'INTONATION, *est divisée en* TROIS LIVRES :

Le LIVRE I contient les exercices sur le *mode majeur* (page 1) ;
Le LIVRE II contient les exercices sur le *mode mineur* (page 12);
Le LIVRE III contient les exercices sur les *dièses* et les *bémols* (page 21).

II

Sur l'ordre qu'on doit suivre pour l'étude des deux parties de ce recueil.

1° Il faut étudier, *conjointement*, le *mode majeur* et la *mesure*.

Toutefois, il ne faut *commencer à chanter les exercices de mesure* que *lorsqu'on s'est rendu parfaitement maître des exercices du* GROUPE I, de la PREMIÈRE SÉRIE du *mode majeur* (page 1).

2° Il faut ensuite étudier, *conjointement :*

Le *mode majeur*, le *mode mineur* et la *mesure*.

Quand on s'est rendu parfaitement maître des exercices du *mode majeur*, jusqu'à la NEUVIÈME SÉRIE, *inclusivement*, on doit *commencer l'étude du mode mineur*, et la continuer alors *conjointement* avec celle du *mode majeur* et celle de la *mesure*.

3° Il faut enfin étudier, *conjointement :*

Le *mode majeur*, le *mode mineur*, les *dièses*, les *bémols* et la *mesure*.

Quand on s'est rendu parfaitement maître des exercices du *mode mineur*, jusqu'à la SIXIÈME SÉRIE, *inclusivement*, on peut commencer l'étude des *dièses* et des *bémols* et la continuer alors *conjointement* avec celle du *mode mineur*, celle du *mode majeur* et celle de la *mesure*.

III

Sur les signes d'intonation.

« Nous représentons les sept mots : UT RÉ MI FA SOL LA SI, par les sept « premiers chiffres, de cette manière : 1 2 3 4 5 6 7.

« L'étendue des voix humaines, de la plus grave à la plus aiguë, com-

« prenant environ trois séries de sept notes, un point nous servira, dans « l'écriture en chiffres, à distinguer entre des caractères de même forme, « ceux qui appartiennent à chacune des séries. » (Galin.)

EXEMPLE :

Première série.	Deuxième série.	Troisième série.
UT RÉ MI FA SOL LA SI	UT RÉ MI FA SOL LA SI	UT RÉ MI FA SOL LA SI
1̣ 2̣ 3̣ 4̣ 5̣ 6̣ 7̣	1 2 3 4 5 6 7	1̇ 2̇ 3̇ 4̇ 5̇ 6̇ 7̇
Sons *graves*, ou *bas*, *un point au-dessous.*	Sons du *milieu*, *sans point.*	Sons *aigus*, ou *élevés*, *un point au-dessus.*

IV

Sur la disposition des flèches, qui surmontent les exercices.

Tous nos *exercices d'intonation* sont *disposés en colonnes*, ces colonnes sont *surmontées de flèches*, qui se présentent dans *trois dispositions* différentes.

1re *Disposition*, GROUPE I, n° 1, page 1 (*vérifiez*).

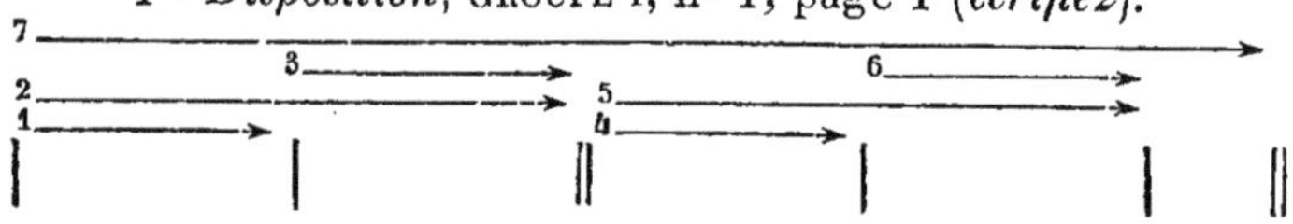

2e *Disposition*, GROUPE I, n° 3, page 1 (*vérifiez*).

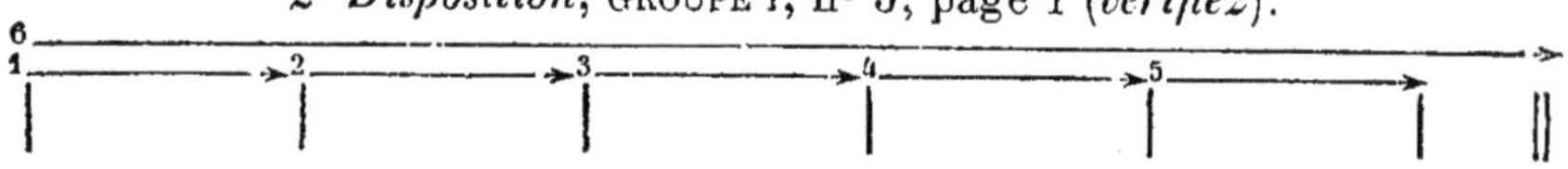

3e *Disposition*, GROUPE II, n° 1, page 2 (*vérifiez*).

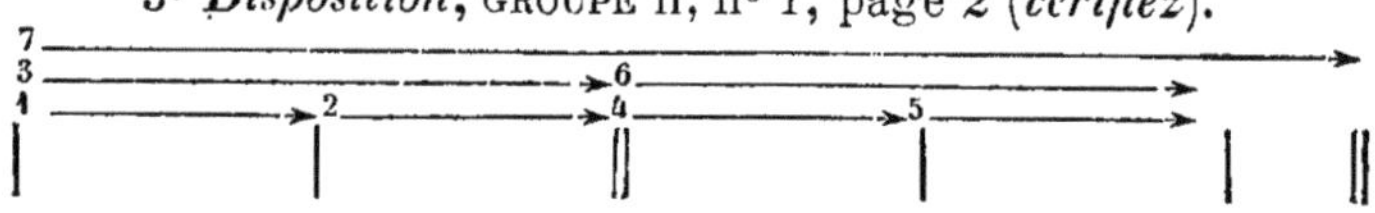

Les numéros d'ordres, que nous donnons aux flèches, dans ces trois dispositions, indiquent l'ordre dans lequel il faut suivre les flèches pour étudier les colonnes qu'elles surmontent : ainsi, on lit successivement le n° 1, le n° 2, le n° 3, etc.

En RÉSUMÉ : *On doit*, dans toutes les dispositions, *commencer par suivre d'abord les flèches qui sont le plus près des notes* (vérifiez).

Nous regardons comme *deux exercices différents*, quoique *sous la même grande flèche*, ceux qui sont séparés par deux barres verticales (vérifiez, ci-dessus, la 1re *disposition* et la 3e).

V

Sur la *flèche verticale*, qui se trouve en avant de quelques accolades.

La *flèche verticale*, qui se trouve *en avant de quelques accolades*, indique qu'*il faut, après avoir chanté de haut en bas la* 1re *colonne de l'accolade, reprendre immédiatement cette* 1re *colonne de bas en haut.* Chacune des colonnes de l'accolade doit être étudiée de la même manière que la première,

VI

Sur notre manière d'enseigner l'intonation, au moyen de points d'appui.

Le seul moyen *fructueux* d'étudier l'intonation des *modes types — ut majeur* et *la mineur* — est de donner à chacune des notes de l'accord de septième de sous-tonique un point d'appui, sur l'une des notes de l'accord parfait de tonique. Faisons à ces deux modes l'application de ce principe.

Voici les *formules* qui, mises en pratique dans ce recueil d'exercices, permettent d'arriver à mesurer les intervalles musicaux avec autant de sûreté qu'on mesure, à l'aide d'un mètre, une surface plane; ce fait a maintenant, pour nous, l'autorité d'expériences souvent répétées sur des organisations musicales très-mauvaises.

MODE MAJEUR,

Première formule pour les intervalles de tierces. (1)

1 5 1 7 1 2 3 4 5 6 5 1 5 6 5 4 3 2 1 7 1 5 1

Deuxième formule pour les intervalles plus grands que la tierce. (2)

{ 1 7 1   1 2 1   1 3   3 4 3   3 5   5 6 5   5 1   1 7 1   1 5   5 6 5   5 4 3   3 1   1 2 1   1 7 1 }
{ 1 7 1   1 2 1   3 4 3   5 6 5   1 7 1   5 6 5   5 4 3   1 2 1   1 7 1 }

MODE MINEUR.

Troisième formule pour les intervalles de tierces

6 3 6 5 6 7 1 2 3 4 3 6 3 4 3 2 1 7 6 5 6 3 6

Quatrième formule pour les intervalles plus grands que la tierce. (2)

{ 6 5 6   6 1   1 7 1   1 2 1   1 3   3 4 3   3 6   6 5 6   6 3   3 4 3   3 2 1   1 7 1   1 6   6 5 6 }
{ 6 5 6   1 7 1   1 2 1   3 4 3   6 5 6   3 4 3   3 2 1   1 7 1   6 5 6 }

DIÈSES ET BÉMOLS.

Le seul moyen *fructueux* d'étudier l'intonation des *dièses* et des *bémols*, est aussi de donner à chacun d'eux un *point d'appui*.

Le *point d'appui des dièses* est, pour chacun d'eux, *la note* qui lui est immédiatement *supérieure*, dans la gamme chromatique par dièses. Le dièse n'ayant pas d'autre raison d'être que de produire avec la note supérieure le même air que le *si* avec l'*ut*, l'air 1 7 1, nous sert de modèle pour mesurer chacun des dièses contre la note supérieure que nous venons d'indiquer.

Cinquième formule pour les dièses; modèle: 1 7 1

1 7 1   1 7   7 6 7   7 6   6 5 6   6 5   5 4 5   5 4   4 3 4   4 3   3 2 3   3 2   2 1 2   2 1

Le *point d'appui des bémols*, est, pour chacun d'eux, *la note* qui lui est immédiatement *inférieure*, dans la gamme chromatique par bémols. Le bémol

---

(1) Dans cette formule et dans les cinq formules suivantes, nous indiquons par des caractères plus petits, le point d'appui de chacune des notes. Les formules ne doivent être chantées qu'avec les petites notes et les grosses.

(2) Nous répétons, dans la première de ces deux lignes, les points d'appui consécutifs, afin qu'on passe plus facilement de l'un à l'autre de ces points d'appui; nous employons ce moyen pour conduire à chanter plus facilement la 2me LIGNE, qui est la VÉRITABLE FORMULE

n'ayant pas d'autre raison d'être que de produire avec la note inférieure le même air que le *fa* avec le *mi*, l'air **343** nous sert de modèle pour mesurer chacun des bémols contre la note inférieure que nous venons d'indiquer.

Sixième formule pour les bémols; modèle : ${}_{3}4_{3}$

${}_{1}2_{1}$ **12** ${}_{2}3_{2}$ **23** ${}_{3}4_{3}$ **34** ${}_{4}5_{4}$ **45** ${}_{5}6_{5}$ **56** ${}_{6}7_{6}$ **67** ${}_{7}\dot{1}_{7}$ ${}_{7}\dot{1}$

Les moyens si simples qui nous servent à étudier l'intonation des *modes types, ut majeur et la mineur,* ont l'immense avantage de développer au plus haut degré, chez la personne qui chante, le *sentiment de la tonalité sur l'ut en mode majeur* et sur le *la* en *mode mineur* : le développement de ce sentiment est la *conséquence de l'obligation où l'on se trouve*, pour mesurer les notes de l'accord de septième de sous-tonique, *de penser toujours aux notes de l'accord parfait de tonique, dont la propriété caractéristique est de donner au plus haut point possible le sentiment de la tonalité.*

De plus, *la pratique de nos moyens d'étude,* pour les dièses et pour les bémols, *permet au lecteur d'exprimer*, pour l'auditeur, *presque toutes les modulations, en conservant toujours,* pour lui lecteur, *le sentiment de la tonalité sur l'ut.*

Telles sont les causes des succès que nous obtenons dans l'enseignement pratique de l'intonation :

1° *Développement du sentiment de la tonalité, dans l'étude des modes types, ut majeur et la mineur.*

2° *Conservation du sentiment de la tonalité sur l'ut, dans l'étude des dièses et des bémols.*

VII

Comment on doit étudier les exercices qui contiennent des petites notes.

RÈGLE GÉNÉRALE.

Lorsque les exercices d'un numéro contiennent des *petites notes*, il faut étudier *deux fois, immédiatement,* le numéro entier de la manière suivante :

La PREMIÈRE FOIS, il faut *chanter*, *selon l'ordre des flèches*, le numéro tout entier avec les *grosses notes* (gros chiffres) et les *petites notes* (petits chiffres).

La DEUXIÈME FOIS, il faut *chanter* encore, *selon l'ordre des flèches*, le numéro entier; mais il faut, cette fois, *chanter les grosses notes seulement*, en pensant aux *petites notes* comme si on voulait les chanter aussi, et n'avoir recours à ces dernières que si l'on éprouve une difficulté insurmontable pour passer d'une *grosse note* à celle qui la suit.

EXCEPTION A LA RÈGLE GÉNÉRALE.

A partir de la NEUVIÈME SÉRIE, inclusivement, jusqu'à la fin des exercices du *mode majeur*, les *colonnes paires* de chacune des accolades, c'est-à-dire la 2e, la 4e et la 6e, *ne doivent pas être chantées* ISOLÉMENT, *sans les petites notes*. Il en sera de même pour les exercices analogues du *mode mineur*, depuis la SIXIÈME SÉRIE, inclusivement, jusqu'à la dernière.

VIII

Sur la hauteur de l'ut point de départ.

Dans tous nos exercices, on n'a nul besoin de se préoccuper de la hauteur à laquelle il faut prendre l'UT point de départ.

La seule précaution à prendre, est de ne pas débuter par un UT qui ne permette pas d'atteindre sans fatigue la *limite grave* ou la *limite aiguë* de l'exercice qu'on veut chanter.

Si donc, on avait pris un UT qui ne permît pas d'atteindre, *sans fatigue*, la limite aiguë de l'exercice, on le remplacerait par un UT PLUS GRAVE, *et vice versâ*.

C'est la faculté que nous avons de prendre l'UT de départ (*la tonique*), au point le plus commode pour nous, qui nous permet d'écrire, indifféremment, avec $\dot{1}765$ ou $1\underset{\cdot}{7}\underset{\cdot}{6}\underset{\cdot}{5}$, les exercices de la DEUXIÈME SÉRIE.

Nous avons préféré la première manière $\dot{1}765$, comme la plus simple; parce que, au lieu d'avoir, comme dans $1\underset{\cdot}{7}\underset{\cdot}{6}\underset{\cdot}{5}$, *trois points au-dessous*, nous n'avons, dans $\dot{1}765$, qu'*un point au-dessus*. Nous conseillons cette économie de points à toutes les personnes qui veulent écrire de la musique en chiffres.

IX

Conseils à suivre, *très-rigoureusement*, par les personnes qui veulent étudier l'intonation, sans maître, et par celles qui veulent l'enseigner à une personne en particulier.

1° Il faut *détacher les sons*, afin d'avoir le temps de chercher chacun de ceux qu'on veut émettre. Cette habitude est facile à prendre.

2° Il faut *n'émettre un son qu'avec conscience*; c'est-à-dire, ne l'émettre qu'au moment où, après l'avoir cherché, on sent qu'on le dira juste.

3° Il faut *écouter, individuellement, chacun des sons qu'on émet*, afin de s'assurer de la justesse de chacun d'eux.

4° Il faut *supposer toujours que l'on n'a qu'un seul son à trouver*, afin de s'isoler de tous ceux qui le précèdent, et de pouvoir *concentrer toute son attention sur la recherche de ce son unique*.

5° Il faut *conserver, le plus possible, le sentiment de la tonalité*; pour cela, il faut se rappeler toujours qu'il n'y a d'important en musique, pour l'étude de l'intonation, que les sons

1 3 5 en *mode majeur* d'ut.
TONIQUE, MÉDIANTE, DOMINANTE.
$\underset{\cdot}{6}$ 1 3 en *mode mineur* de la.

Chacun des autres sons devant être appuyé sur l'un de ceux-là.

L'opération qui consiste à penser toujours aux sons de l'accord parfait de tonique 135, pour chercher les autres sons 7,2,4,6, devient, par l'habitude, d'une facilité extrême, et l'on arrive en très-peu de temps à la faire presque instinctivement; mais pour arriver là, il est indispensable de se rendre d'abord parfaitement maître des exercices suivants :

1° De la SEPTIÈME SÉRIE (page 6);

2° De la 2e des FORMULES ci-dessus (page XIII);

3° De la HUITIÈME SÉRIE (page 7).

Dans la pratique individuelle, on trouve, au premier abord, très-difficile de penser aux petites notes sans les chanter; cette difficulté vient de ce que, en même temps qu'on cherche son point d'appui, on se préoccupe de l'intonation de la grosse note qui vient après, ce dont il faut se garder avec soin.

Il est facile de surmonter cette difficulté ; il suffit pour cela d'employer le moyen mis en pratique dans la *première ligne* de la *deuxième formule* ci-dessus, c'est-à-dire de *répéter deux fois chacun des points d'appui.*

EXEMPLE. { *Ce qui est écrit :* | 3 $_{5}6_{5}$ 3 |
Ce qu'il faut penser : | 3 $_{5}$ $_{5}6_{5}$ $_{5}$3 | }

L'emploi de ce moyen, utile pour tous dans le principe, *est indispensable pour toutes les personnes qui ne sont pas douées d'une bonne organisation musicale.* Il est bien entendu que chacun est juge du moment où il peut l'abandonner.

Dans le mode mineur de *la*, *l'intonation de l'ut est difficile ;* voici le *moyen de surmonter cette difficulté :*

Il faut, pour prendre l'ut, { *en montant*, penser $\underset{\cdot}{6}\,\underset{\cdot}{7}$ 1
en descendant, penser $_{3\,2}$ 1 }

En RÉSUMÉ, tous les préceptes que nous donnons, tendent à faire atteindre le but suivant . { *ne pas chanter avant d'avoir pensé ;*
penser avant de chanter. }

Voici, pour *l'étude de la première série*, le *moyen de penser facilement aux sons qu'on veut émettre.*

Il faut :

1° Ne pas commencer cette étude avant d'être parfaitement maître des deux airs types 12345 et 54321.

2° *Penser toujours* { *en montant,* comme si on voulait chanter l'air entier 12345.
en descendant, comme si on voulait chanter l'air entier 54321. }

En un mot, le moyen de trouver facilement chacun des sons qu'on veut émettre, c'est de *penser toujours en avant et jamais en arrière.* Il faut *laisser complétement de côté le son qu'on vient de chanter*, *avant de penser à celui qu'on veut émettre.*

NOTA. Il faut *éviter, comme une chose* TRÈS-NUISIBLE, *de prendre l'intonation à l'aide d'un instrument ou d'une voix étrangère.*

Toutefois, il est bien entendu que cette proscription ne s'étend pas aux airs types, 12345, 54321. $\dot{1}$765, 567$\dot{1}$, que l'on doit, au contraire, apprendre par cœur, au moyen d'une voix étrangère ou d'un instrument, avant de commencer l'étude des exercices de la PREMIÈRE SÉRIE, 12345, page 1.

A partir du moment où l'élève sait chanter juste les airs types, 12345, 54321, $\dot{1}$765, 567$\dot{1}$, *le maître ne doit jamais chanter que pour donner la tonique ou pour remettre l'élève sur la voie, en lui répétant*, lorsqu'il se trompe, *le dernier son qu'il a bien dit* ; hors de là, le maître ne doit jamais chanter ni faire entendre à son élève le son d'un instrument.

NANINE CHEVÉ (née PARIS).

EXERCICES ÉLÉMENTAIRES

DE LECTURE MUSICALE

A L'USAGE DES ÉCOLES PRIMAIRES.

LIVRE I. — MODE MAJEUR.

PREMIÈRE SÉRIE. — 12345

GROUPE I.

N° 1

12345	12 2345	54321	54 4321	51
12345	123 345	54321	543 321	51
12345	1234 45	54321	5432 21	51
12345	123 345	54321	543 321	51
12345	12 2345	54321	54 4321	51
12345	123 345	54321	543 321	51
12345	1234 45	54321	5432 21	51
12345	123 345	54321	543 321	51
12345	12 2345	54321	54 4321	51
12345	15 15 1	54321	51 51 51	51

N° 2

12345	54321
12345 1	54321 5
12345 1	54321 5
12345 1	54321 5
12345 1	54321 5
12345 1	54321 5
12345 1	54321 5
12345 1	54321 5
12345 1	54321 5
51 51 51	1 51 51

N° 3

12345	1 2 3 4 5	1 2 3 4 5	1 2 3 4 5	1 2 3 4 5	1
12345 1	1 1 22 33 44 55 1	1 22 33 44 55 1	12 2345 1	123 345 1	51
12345 1	1 1 22 33 44 55 1	1 22 33 44 55 1	12 2345 1	123 345 1	51
12345 1	1 1 22 33 44 55 1	1 22 33 44 55 1	12 2345 1	123 345 1	51
12345 1	1 1 22 33 44 55 1	1 22 33 44 55 1	12 2345 1	123 345 1	51

N° 4

54321	5 4 3 2 1	5 4 3 2 1	5 4 3 2 1	5 4 3 2 1	1
54321 5	55 44 33 22 1 1 5	54 43 32 21 1 5	54 4321 5	543 321 5	51
54321 5	55 44 33 22 1 1 5	54 43 32 21 1 5	54 4321 5	543 321 5	51
54321 5	55 44 33 22 1 1 5	54 43 32 21 1 5	54 4321 5	543 321 5	51
54321 5	55 44 33 22 1 1 5	54 43 32 21 1 5	54 4321 5	543 321 5	51

N° 5

12345 54321	12345 54321	51	54321 12345	54321 12345	1
12345 54321	12345 54321	51	54321 12345	54321 12345	1
12345 54321	12345 54321	51	54321 12345	54321 12345	1
12345 54321	12345 54321	51	54321 12345	54321 12345	1

GROUPE II. — 135

N° 1

123 345	543 321	543 321	123 345	1
123 345	543 321	543 321	123 345	1
123 345	543 321	543 321	123 345	1
123 345	543 321	543 321	123 345	1

N° 2

135 531	531 135	1
135 531	531 135	1
135 531	531 135	1
135 531	531 135	1

N° 3

13 31 35	53 35 31	53 35 31	13 31 35	1
13 3135	53 3531	53 3531	13 3135	1
13 3135	53 3531	53 3531	13 3135	1
13 3135	53 3531	53 3531	13 3135	1

N° 4

1 3 5 3 1	5 3 1 3 5	1
1 3 5 3	5 3 1 3	1
1 3 5 3 1	5 3 1 3 5	1
1 3 1 3 5	5 3 5 3 1	1

GROUPE III.

N° 1

25 — 52

121 12345	54321 121	51
121 12345	54321 121	51
121 12345	54321 121	51
121 12345	54321 121	51

N° 2

24 14 — 42 41

123 343	343 321	51
123 343	343 321	51
123 343	343 321	51
123 343	343 321	51

N° 3

121 13 343 35	53 343 31 121	51	53 343 31 121	121 13 343 35	1
121 13 343 35	53 343 31 121	51	53 343 31 121	121 13 343 35	1
121 13 343 35	53 343 31 121	51	53 343 31 121	121 13 343 35	1

N° 4

1 2 3 4 5 4 3 2 1	5 4 3 2 1 2 3 4 5	5 4 3 2 1 2 3 4 5	1 2 3 4 5 4 3 2 1	1
1 2 3 4 5 4 3	5 4 3 2 1 2 3	5 4 3 2 1 2 3	1 2 3 4 5 4 3	1
1 2 3 4 54321	5 4 3 2 12345	5 4 3 2 12345	1 2 3 4 54321	1
1 2 3 2 12345	5 4 3 4 54321	5 4 3 4 54321	1 2 3 2 12345	1
12345 4 3 2 1	54321 2 3 4 5	54321 2 3 4 5	12345 4 3 2 1	1
12345 4 3 4 5	54321 2 3 2 1	54321 2 3 2 1	12345 4 3 4 5	1
123454321 2 3	543212345 4 3	543212345 4 3	123454321 2 3	1

Résumé des études de la première série.

N° 1

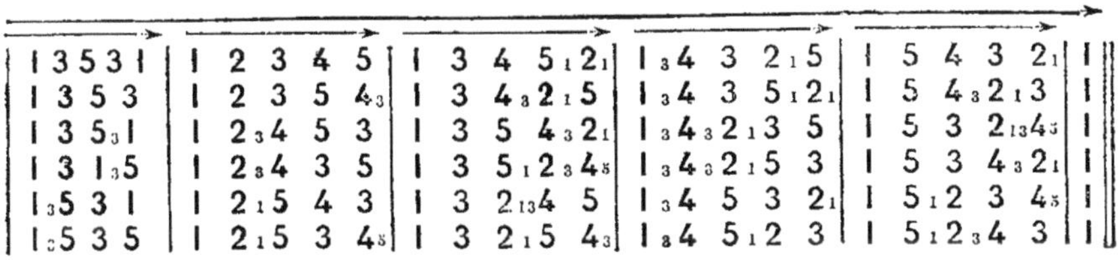

N° 2

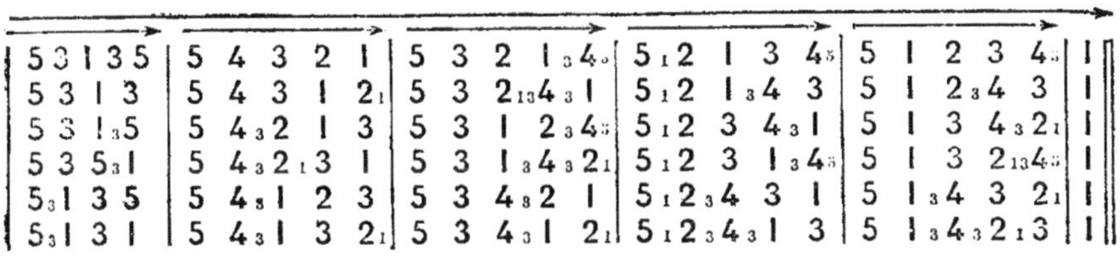

DEUXIÈME SÉRIE. — i765

GROUPE I.

N° 1

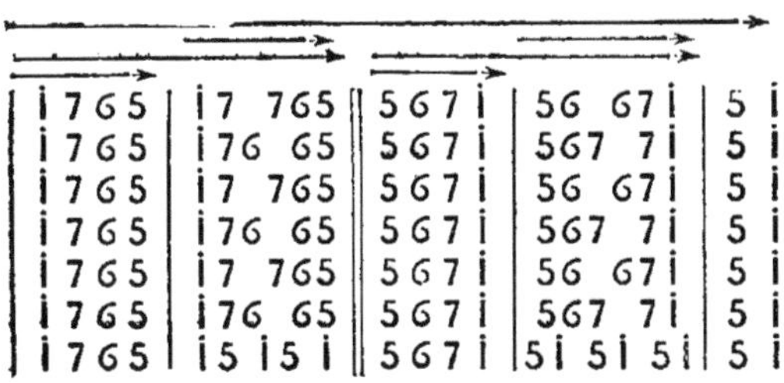

N° 2

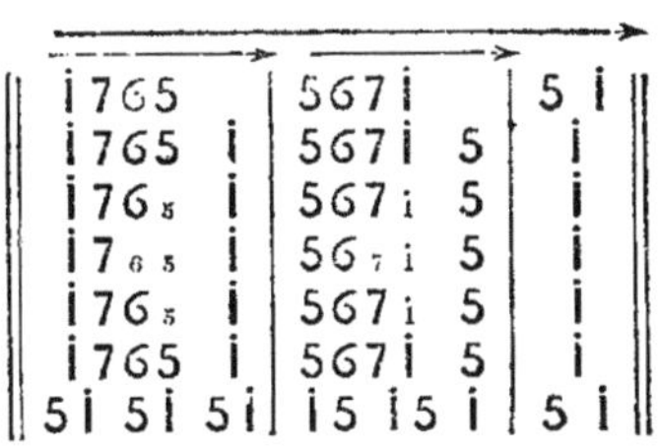

N° 3

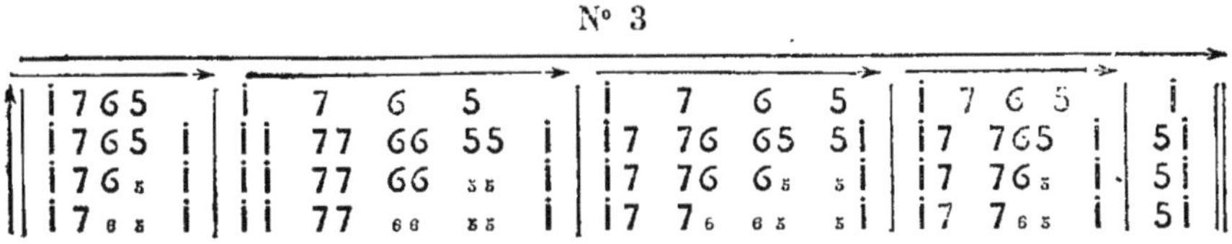

N° 4

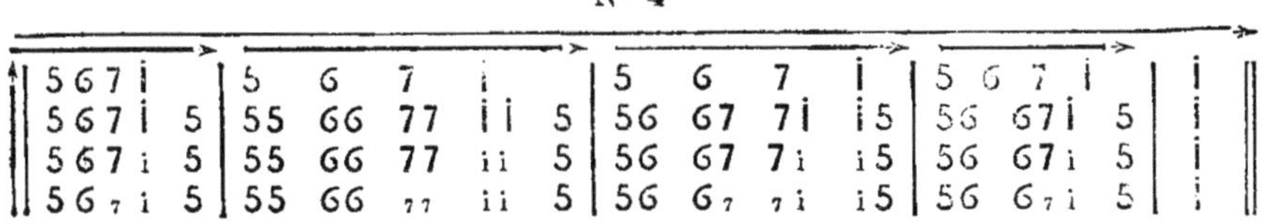

N° 5

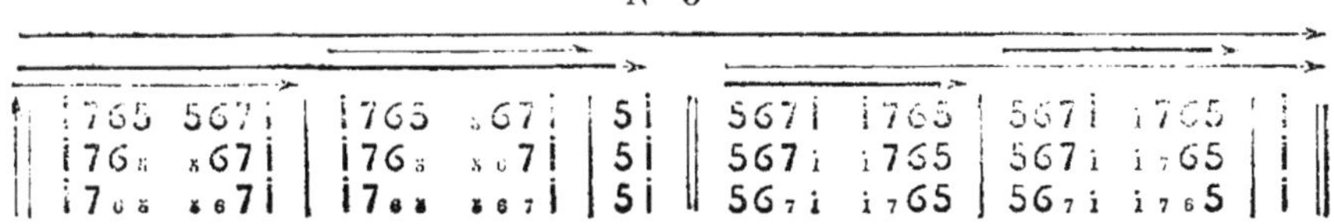

GROUPE II.

N° 1 N° 2

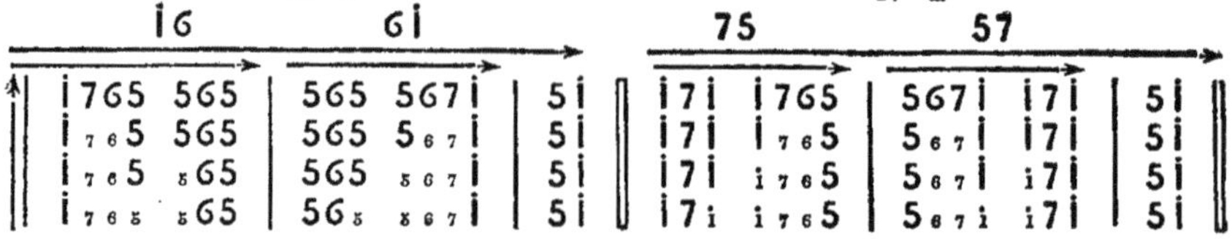

N° 3

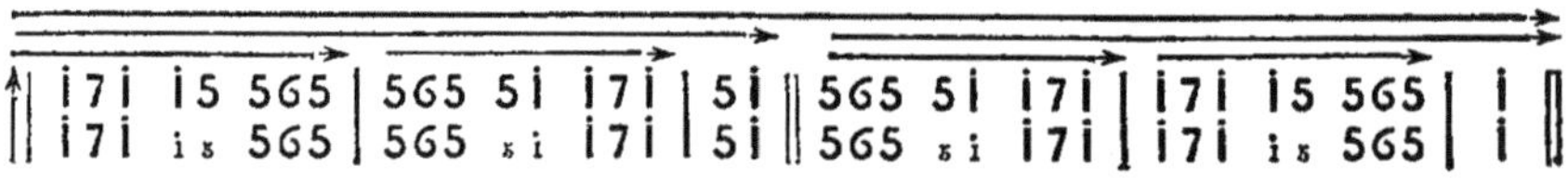

Résumé de la deuxième série.

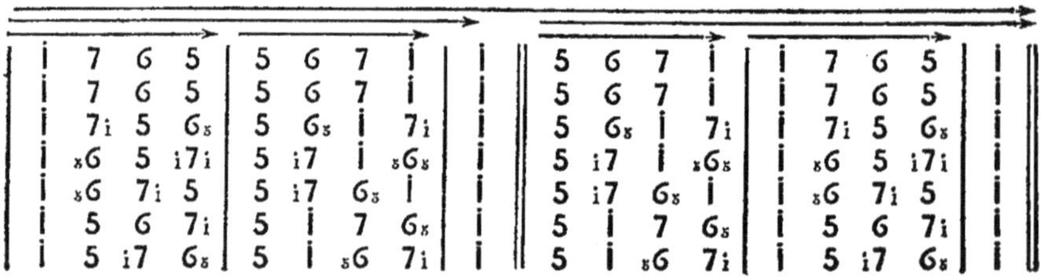

TROISIÈME SÉRIE. — 1234567i

GROUPE I.

N° 1 N° 2

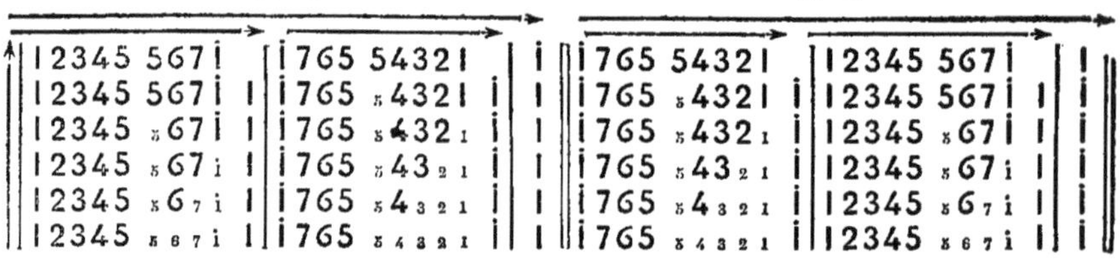

N° 3

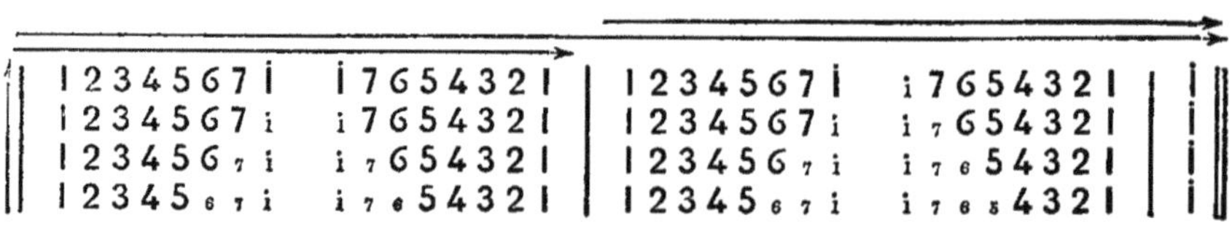

N° 4

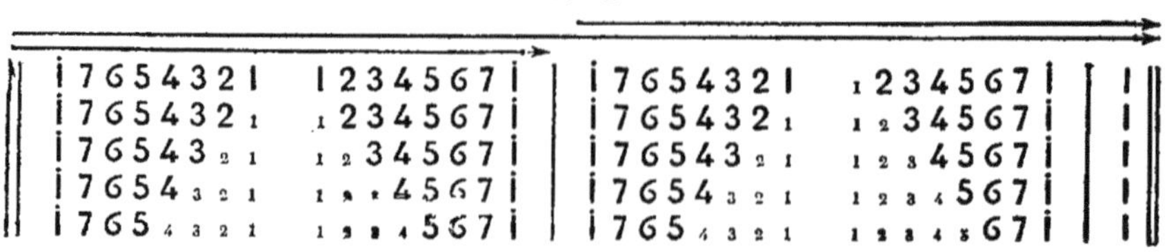

GROUPE II. — 1 3 5 $\dot{1}$

N° 1

N° 2

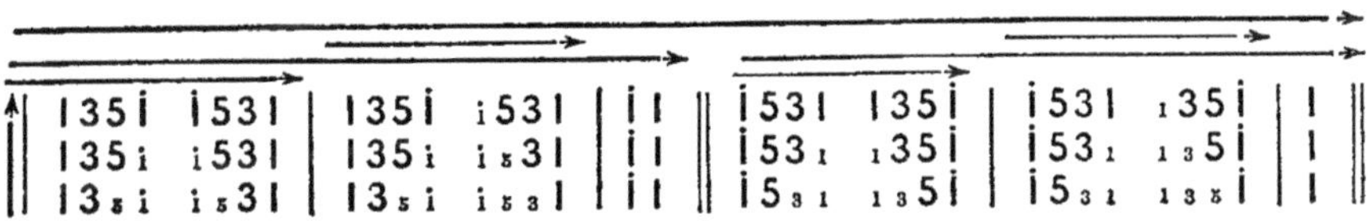

Résumé de la troisième série.

QUATRIÈME SÉRIE. — $\underset{\cdot}{5}$ 1 3 5

N° 1

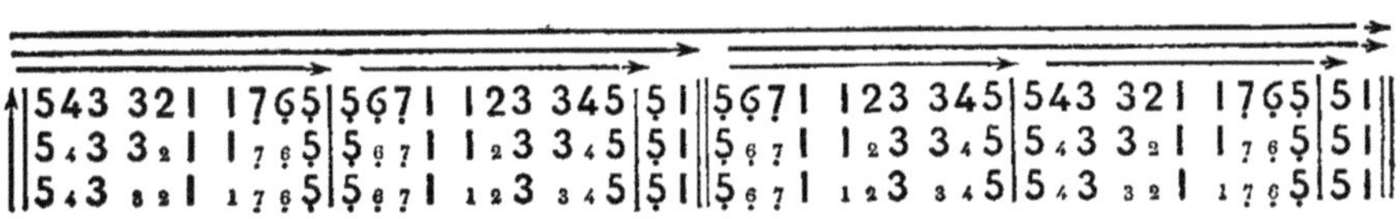

N° 2

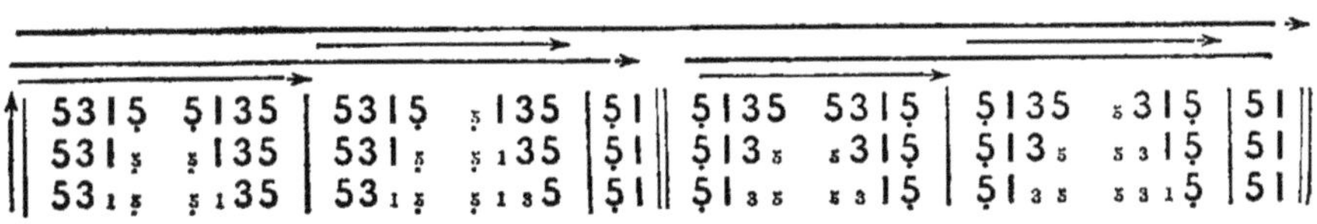

Résumé de la quatrième série.

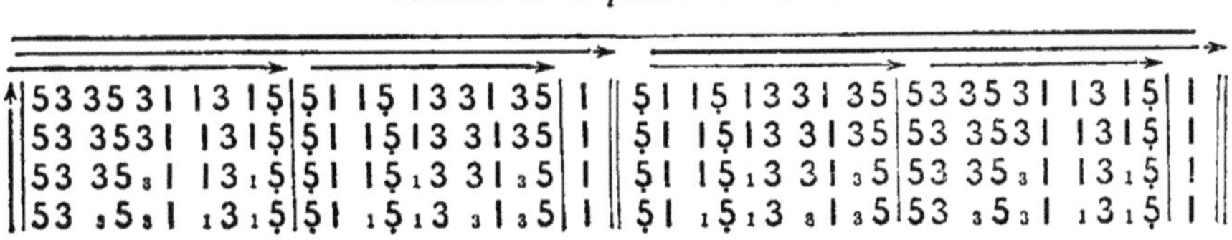

CINQUIÈME SÉRIE. — 5724

N° 1

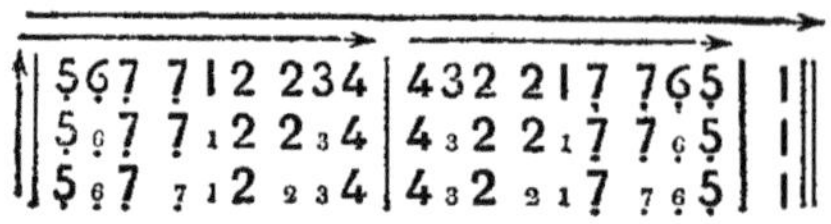

N° 2

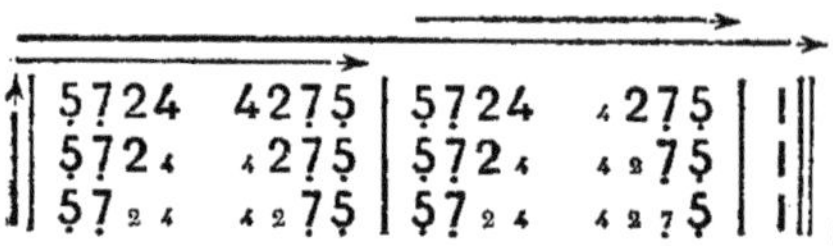

Résumé de la cinquième série.

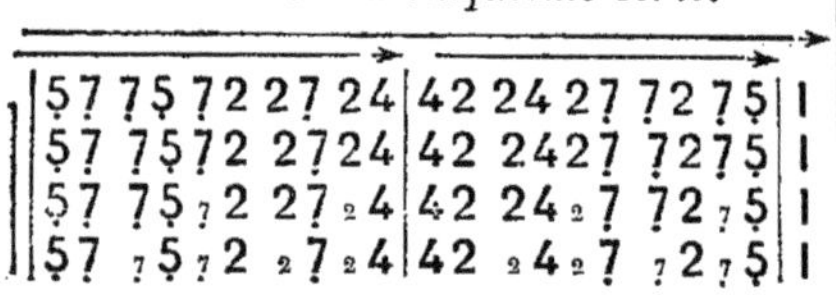

SIXIÈME SÉRIE. — 246İ

N° 1

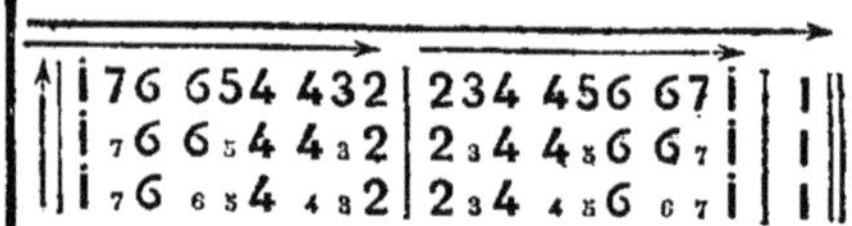

N° 2

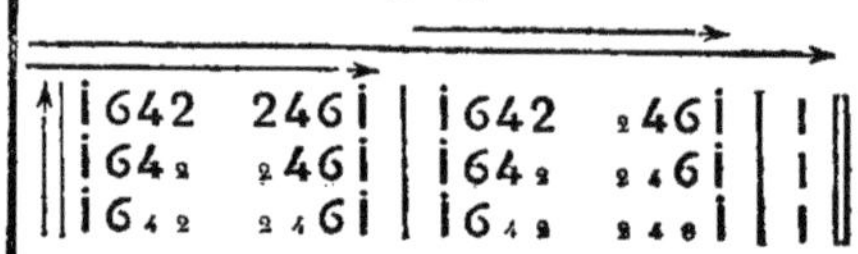

Résumé de la sixième série.

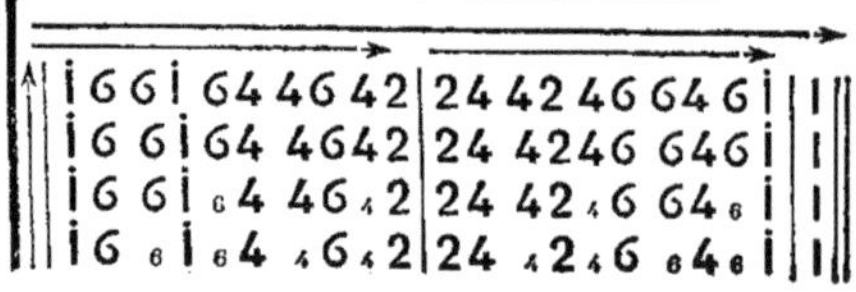

SEPTIÈME SÉRIE. — A RÉPÉTER SOUVENT.

N° 1

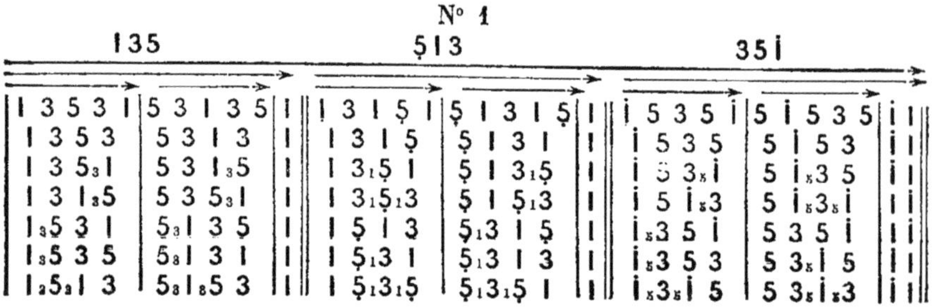

N° 2

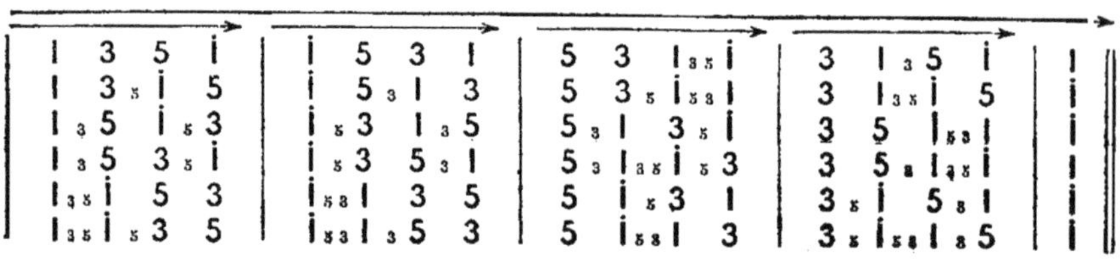

N° 3

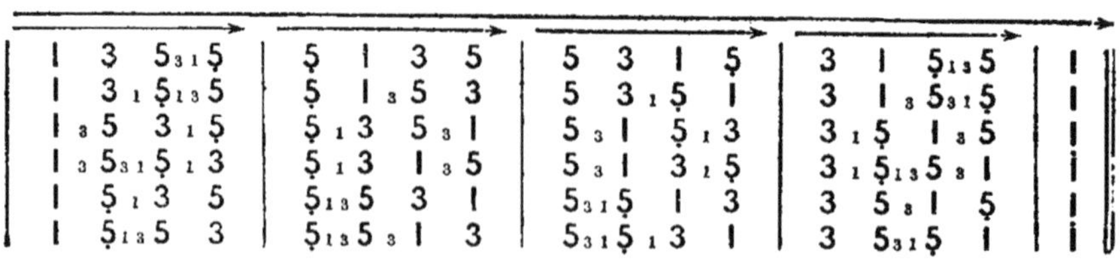

(Revoir et chanter, dans les *Explications indispensables*, la formule générale).

HUITIÈME SÉRIE. — A RÉPÉTER SOUVENT.

(*Toujours avec les petites notes.*)

N° 1

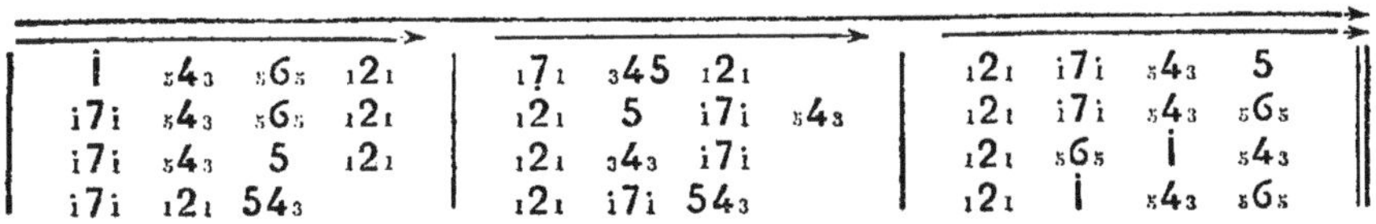

N° 2

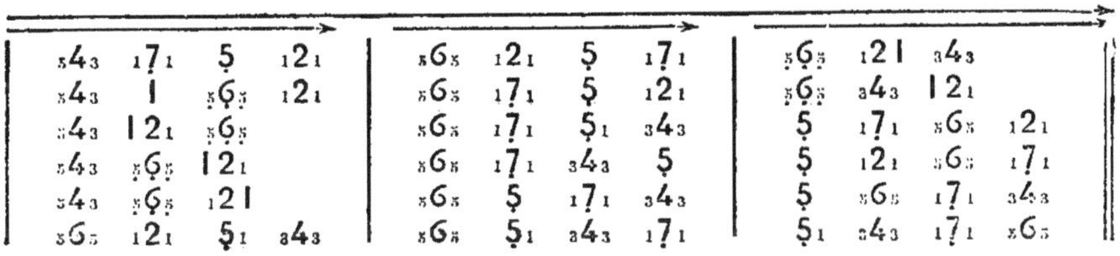

NEUVIÈME SÉRIE. — 135 613 357 524

GROUPE I. — 135 136 735 245

N° 1

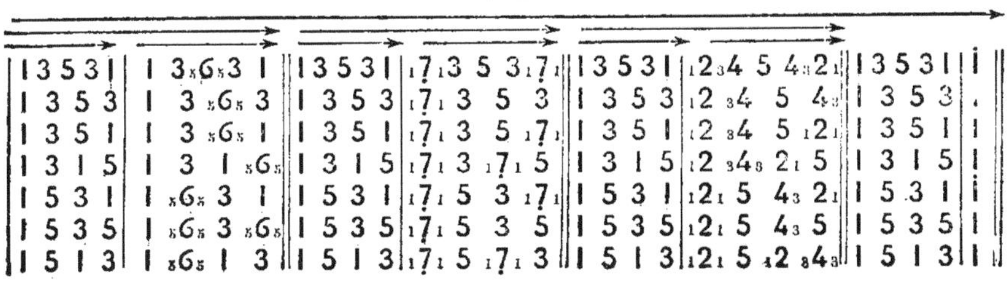

N° 2

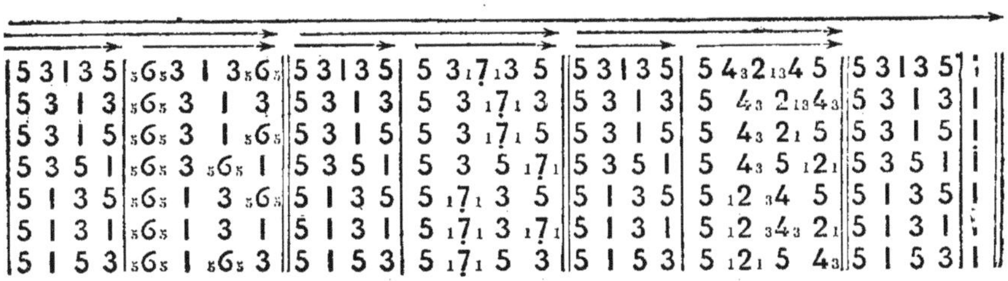

GROUPE II. — 513 613 573 524

N° 1

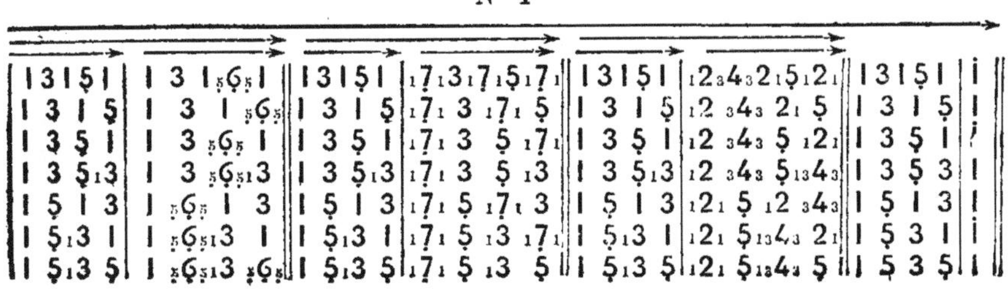

N° 2

5̣ 1 3 1 5̣	$_5$6̣$_5$ 1 3 1 $_5$6̣$_5$	5̣ 1 3 1 5̣	5̣$_1$7̣$_1$3$_1$7̣$_1$5̣	5̣ 1 3 1 5̣	5̣$_1$2$_3$4$_3$2$_1$5̣	5̣ 1 3 1 5̣	1
5̣ 1 3 1	$_5$6̣$_5$ 1 3 1	5̣ 1 3 1	5̣ $_1$7̣$_1$ 3 $_1$7̣$_1$	5̣ 1 3 1	5̣ $_1$2 $_3$4$_3$ 2$_1$	5̣ 1 3 1	1̇
5̣ 1 3 5̣	$_5$6̣$_5$ 1 3 $_5$6̣$_5$	5̣ 1 3 5̣	5̣ $_1$7̣$_1$ 3 5̣	5̣ 1 3 5̣	5̣ $_1$2 $_3$4$_3$ 5̣	5̣ 1 3 5̣	1
5̣ 1 5̣$_1$3	$_5$6̣$_5$ 1 $_5$6̣$_{51}$3	5̣ 1 5̣$_1$3	5̣ $_1$7̣$_1$ 5̣ $_1$3	5̣ 1 5̣$_1$3	5̣ $_1$2$_1$ 5̣$_{13}$4$_3$	5̣ 1 5̣ 3	1
5̣$_1$3 1 5̣	$_5$6̣$_{51}$3 1 $_5$6̣$_5$	5̣$_1$3 1 5̣	5̣ $_1$3 $_1$7̣$_1$ 5̣	5̣$_1$3 1 5̣	5̣$_{13}$4$_3$ 2$_1$ 5̣	5̣ 3 1 5̣	1
5̣$_1$3 1 3	$_5$6̣$_{51}$3 1 3	5̣$_1$3 1 3	5̣ $_1$3 $_1$7̣$_1$ 3	5̣$_1$3 1 3	5̣$_{13}$4$_3$ 2$_{13}$4$_3$	5̣ 3 1 3	1
5̣$_1$3 5̣ 1	$_5$6̣$_{51}$3 $_5$6̣$_5$ 1	5̣$_1$3 5̣ 1	5̣ $_1$3 5̣ $_1$7̣$_1$	5̣$_1$3 5̣ 1	5̣$_{13}$4$_3$ 5̣ $_1$2$_1$	5̣ 3 5̣ 1	1̇

GROUPE III. — 35 1̇ 36 1̇ 357 45 2̇

N° 1

1̇ 5 3 5 1̇	1̇ $_5$6$_5$3$_5$6$_5$ 1̇	1̇ 5 3 5 1̇	$_{\dot1}$7$_{\dot1}$5 3 5$_{\dot1}$7$_{\dot1}$	1̇ 5 3 5 1̇	$_{\dot1}$2̇$_{\dot1}$5 4$_3$5$_{\dot1}$2̇$_{\dot1}$	1̇ 5 3 5 1̇	1̇
1̇ 5 3 5	1̇ $_5$6$_5$ 3 $_5$6$_5$	1̇ 5 3 5	$_{\dot1}$7$_{\dot1}$ 5 3 5	1̇ 5 3 5	$_{\dot1}$2̇$_{\dot1}$ 5 4$_3$ 5	1̇ 5 3 5	1̇
1̇ 5 3 1̇	1̇ $_5$6$_5$ 3 1̇	1̇ 5 3 1̇	$_{\dot1}$7$_{\dot1}$ 5 3 $_{\dot1}$7$_{\dot1}$	1̇ 5 3 1̇	$_{\dot1}$2̇$_{\dot1}$ 5 4$_3$$_{\dot1}$2̇$_{\dot1}$	1̇ 5 3 1̇	1̇
1̇ 5 1̇$_5$3	1̇ $_5$6$_5$ 1̇ $_5$3	1̇ 5 1̇$_5$3	$_{\dot1}$7$_{\dot1}$ 5 $_{\dot1}$7$_{\dot1 5}$3	1̇ 5 1̇$_5$3	$_{\dot1}$2̇$_{\dot1}$ 5 $_{\dot1}$2̇$_{\dot1 5}$4$_3$	1̇ 5 1̇ 3	1̇
1̇$_5$3 5 1̇	1̇ $_5$3 $_5$6$_5$ 1̇	1̇$_5$3 5 1̇	$_{\dot1}$7$_{\dot1 5}$3 5 $_{\dot1}$7$_{\dot1}$	1̇$_5$3 5 1̇	$_{\dot1}$2̇$_{\dot1 5}$4$_3$ 5 $_{\dot1}$2̇$_{\dot1}$	1̇ 3 5 1̇	1̇
1̇$_5$3 5 3	1̇ $_5$3 $_5$6$_5$ 3	1̇$_5$3 5 3	$_{\dot1}$7$_{\dot1 5}$3 5 3	1̇$_5$3 5 3	$_{\dot1}$2̇$_{\dot1 5}$4$_3$ 5 4$_3$	1̇ 3 5 3	1̇
1̇$_5$3 1̇ 5	1̇ $_5$3 1̇ $_5$6$_5$	1̇$_5$3 1̇ 5	$_{\dot1}$7$_{\dot1 5}$3 $_{\dot1}$7$_{\dot1}$ 5	1̇$_5$3 1̇ 5	$_{\dot1}$2̇$_{\dot1 5}$4$_3$$_{\dot1}$2̇$_{\dot1}$ 5	1̇ 3 1̇ 5	1̇

N° 2

5 1̇ 5 3 5	$_5$6$_5$ 1̇ $_5$6$_5$3$_5$6$_5$	5 1̇ 5 3 5	5$_{\dot1}$7$_{\dot1}$5 3 5	5 1̇ 5 3 5	5$_{\dot1}$2̇$_{\dot1}$5 4$_3$5	5 1̇ 5 3 5	1̇
5 1̇ 5 3	$_5$6$_5$ 1̇ $_5$6$_5$ 3	5 1̇ 5 3	5 $_{\dot1}$7$_{\dot1}$ 5 3	5 1̇ 5 3	5 $_{\dot1}$2̇$_{\dot1}$ 5 4$_3$	5 1̇ 5 3	1̇
5 1̇$_5$3 5	$_5$6$_5$ 1̇ $_5$3 $_5$6$_5$	5 1̇$_5$3 5	5 $_{\dot1}$7$_{\dot1 5}$3 5	5 1̇$_5$3 5	5 $_{\dot1}$2̇$_{\dot1 5}$4$_3$ 5	5 1̇ 3 5	1̇
5 1̇$_5$3 1̇	$_5$6$_5$ 1̇ $_5$3 1̇	5 1̇$_5$3 1̇	5 $_{\dot1}$7$_{\dot1 5}$3 $_{\dot1}$7$_{\dot1}$	5 1̇$_5$3 1̇	5 $_{\dot1}$2̇$_{\dot1 5}$4$_3$$_{\dot1}$2̇$_{\dot1}$	5 1̇ 3 1̇	1̇
5 3 5 1̇	$_5$6$_5$ 3 $_5$6$_5$ 1̇	5 3 5 1̇	5 3 5 $_{\dot1}$7$_{\dot1}$	5 3 5 1̇	5 4$_3$ 5 $_{\dot1}$2̇$_{\dot1}$	5 3 5 1̇	1̇
5 3 1̇ 5	$_5$6$_5$ 3 1̇ $_5$6$_5$	5 3 1̇ 5	5 3 $_{\dot1}$7$_{\dot1}$ 5	5 3 1̇ 5	5 4$_3$$_{\dot1}$2̇$_{\dot1}$ 5	5 3 1̇ 5	1̇
5 3 1̇$_5$3	$_5$6$_5$ 3 1̇ $_5$3	5 3 1̇$_5$3	5 3 $_{\dot1}$7$_{\dot1 5}$3	5 3 1̇$_5$3	5 4$_3$$_{\dot1}$2̇$_{\dot1 5}4_3$	5 3 1̇ 3	1̇

DIXIÈME SÉRIE. — 135 46 1̇ 57 2̇ 57 4̇

GROUPE I. — 135 146 7̣25 7̣45

N° 1

1 3 5 3 1	1 $_3$4$_5$6$_5$4$_3$ 1	1 3 5 3 1	$_1$7̣$_1$2$_1$5$_1$2$_1$7̣$_1$	1 3 5 3 1	$_1$7̣$_{13}$4 5 4$_{31}$7̣$_1$	1 3 5 3 1	1̇
1 3 5 3	1 $_3$4 $_5$6$_5$ 4$_3$	1 3 5 3	$_1$7̣$_1$ 2$_1$ 5 $_1$2$_1$	1 3 5 3	$_1$7̣$_{13}$4 5 4$_3$	1 3 5 3	1
1 3 5 1	1 $_3$4 $_5$6$_5$ 1	1 3 5 1	$_1$7̣$_1$ 2$_1$ 5 $_1$7̣$_1$	1 3 5 1	$_1$7̣$_{13}$4 5 $_1$7̣$_1$	1 3 5 1	1̇
1 3 1 5	1 $_3$4$_3$ 1 $_5$6$_5$	1 3 1 5	$_1$7̣$_1$ 2 $_1$7̣$_1$ 5	1 3 1 5	$_1$7̣$_{13}$4$_{31}$7̣$_1$ 5	1 3 1 5	1
1 5 3 1	1 $_5$6$_5$ 4$_3$ 1	1 5 3 1	$_1$7̣$_1$ 5 $_1$2 $_1$7̣$_1$	1 5 3 1	$_1$7̣$_1$ 5 4$_{31}$7̣$_1$	1 5 3 1	1̇
1 5 3 5	1 $_5$6$_5$ 4$_{35}$6$_5$	1 5 3 5	$_1$7̣$_1$ 5 $_1$2$_1$ 5	1 5 3 5	$_1$7̣$_1$ 5 4 $_3$5	1 5 3 5	1
1 5 1 3	1 $_5$6$_5$ 1 $_3$4$_3$	1 5 1 3	$_1$7̣$_1$ 5 $_1$7̣$_1$ 2$_1$	1 5 1 3	$_1$7̣$_1$ 5 $_1$7̣$_{13}$4$_3$	1 5 1 3	1

N° 2

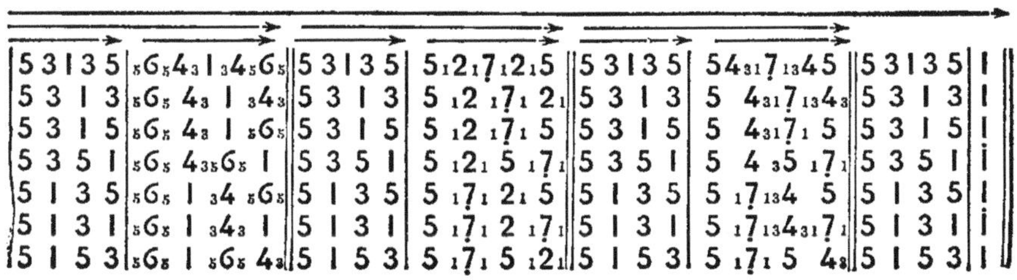

GROUPE II. — 5̣13 6̣14 5̣7̣2 5̣7̣4

N° 1

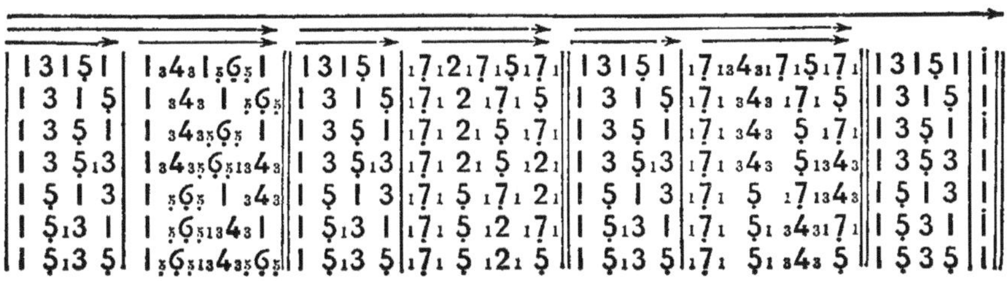

N° 2

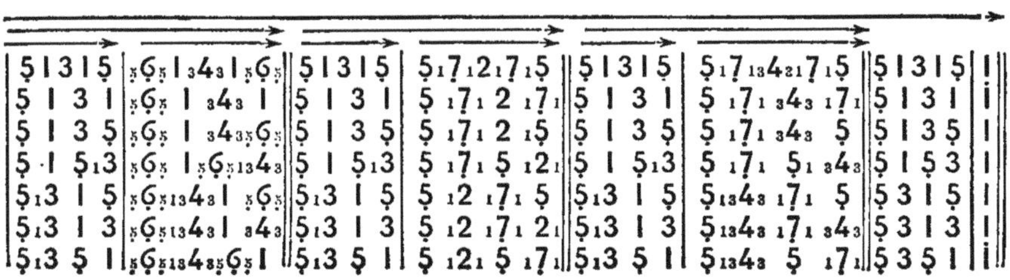

GROUPE III. — 351̇ 461̇ 257 457

N° 1

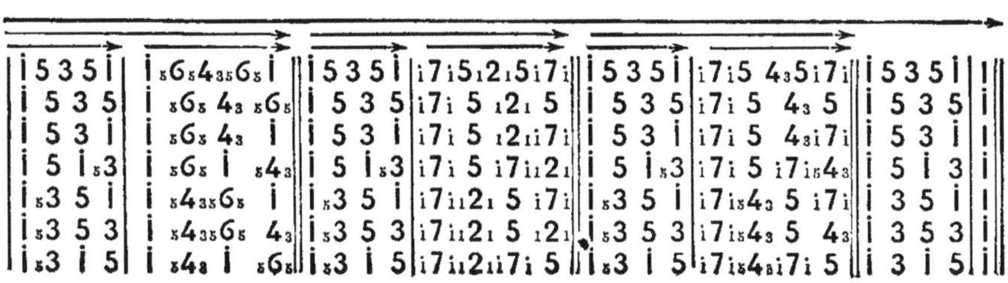

N° 2

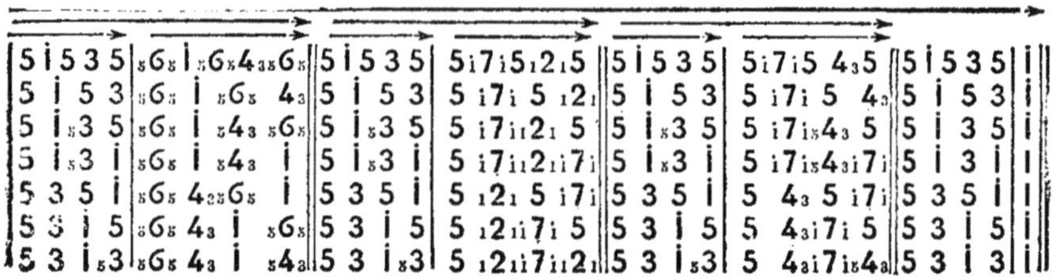

ONZIÈME SÉRIE. — 1351̇ 2461̇ 7̣246 5̣7̣24

GROUPE I. — 1351̇ 1246 7̣246 7̣245

N° 1

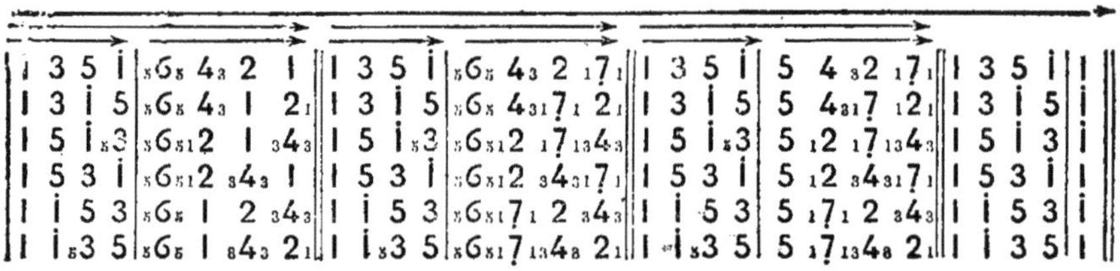

N° 2

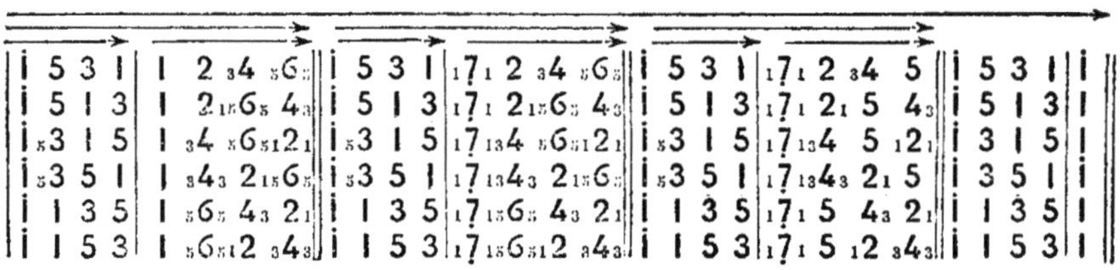

GROUPE II. — 1351̇ 2461̇ 2467 2457

N° 1

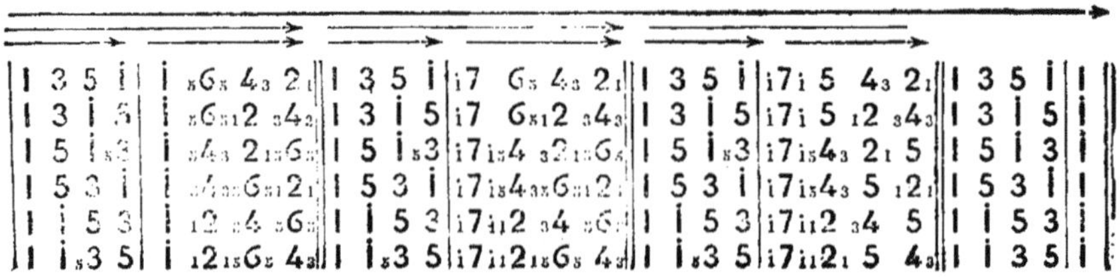

N° 2

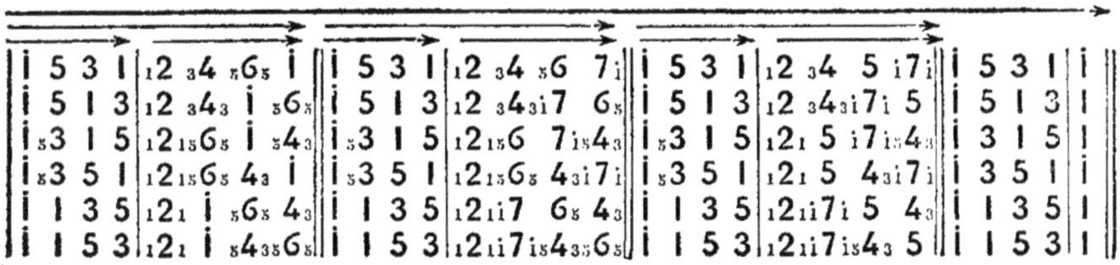

GROUPE III. — 5̣135 6̣124 6̣7̣24 5̣7̣24

N° 1

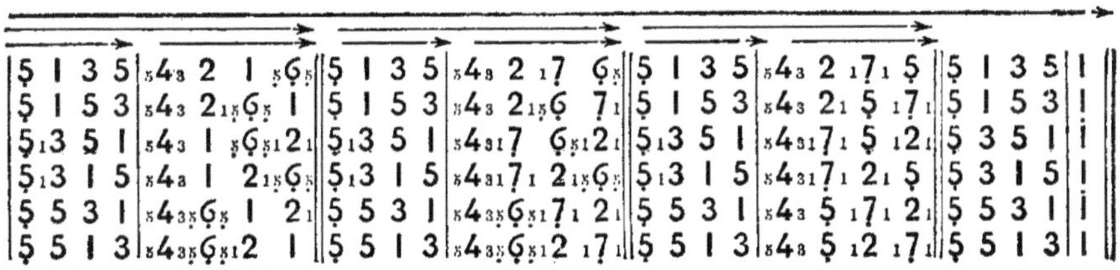

N° 2

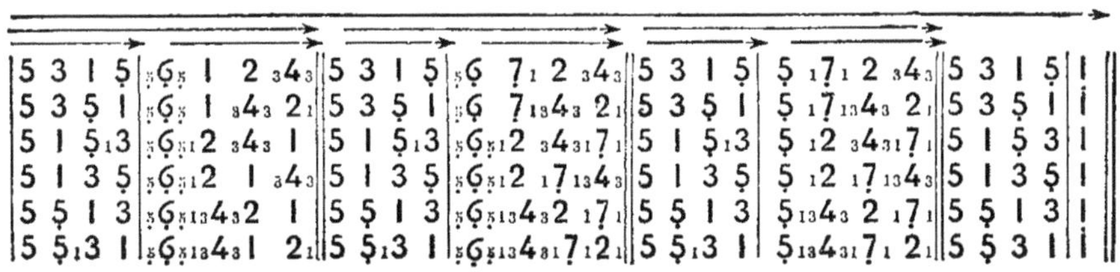

DOUZIÈME SÉRIE. — 5̣135̇ 5̣246 5̣7̣26 5̣7̣46

N° 1

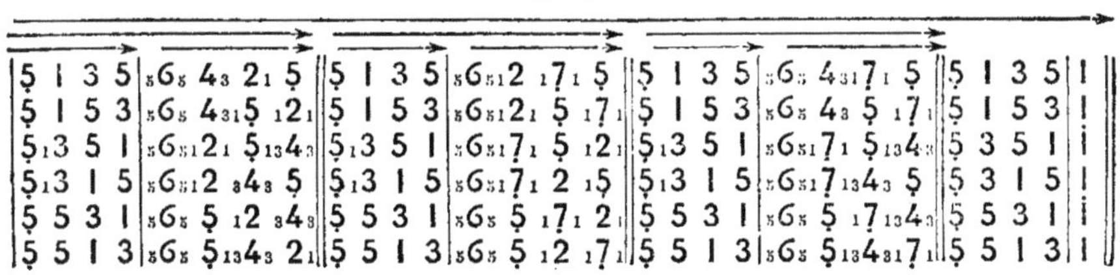

N° 2

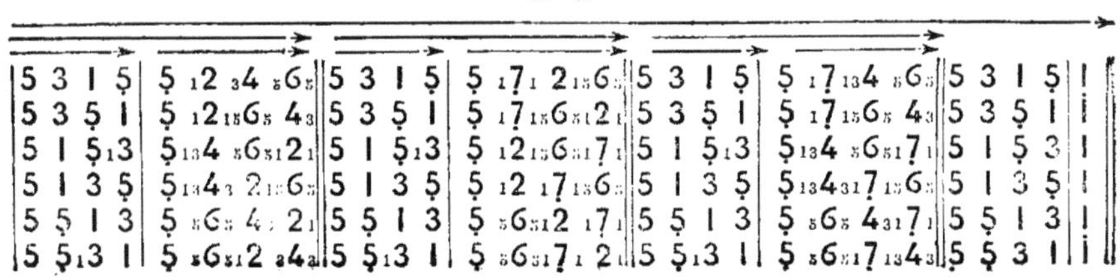

LIVRE II. — MODE MINEUR.

PREMIÈRE SÉRIE. — 67123

GROUPE I.

N° 1

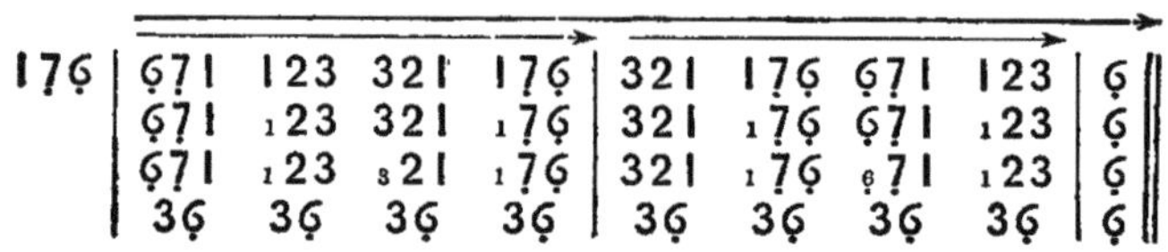

N° 2

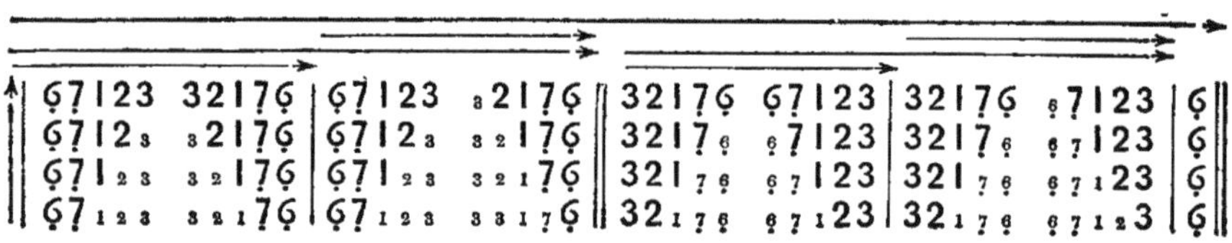

GROUPE II. — 613

N° 1

N° 2

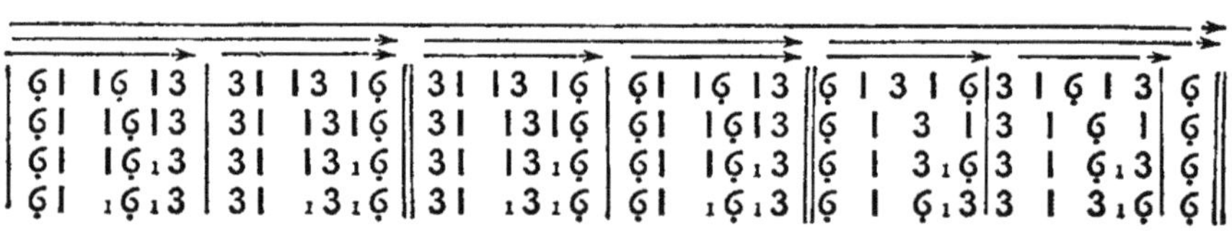

N° 3

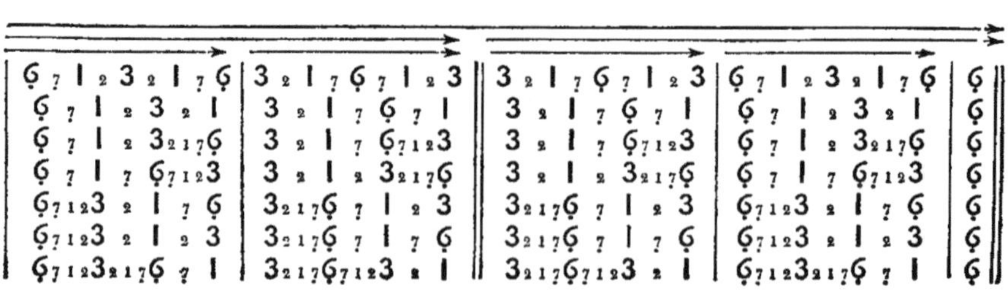

Résumé de la première série.

N° 1

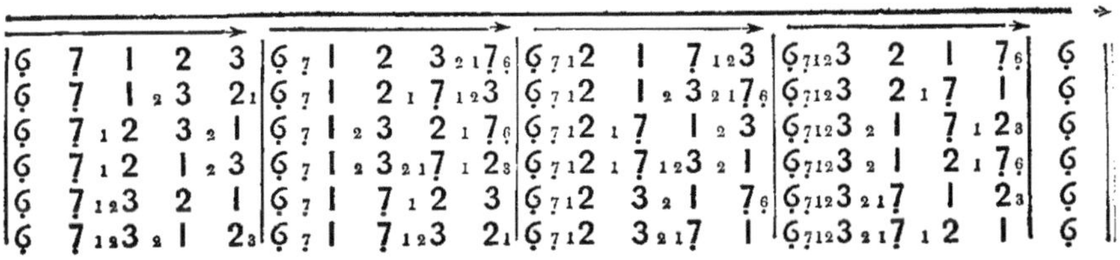

N° 2

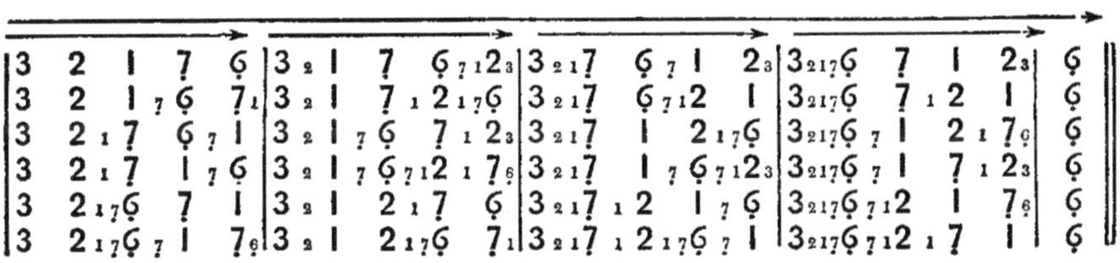

DEUXIÈME SÉRIE. — ÉTUDE DES NOTES { LA JÈ FA MI / 6 5́ 4 3

Définition du JÈ *ou* SOL DIÈSE.

Le JÈ ou SOL DIÈSE est un son qui PRODUIT AVEC LE LA le même air que le SI avec l'UT.

Comment se marque le DIÈSE.

Le DIÈSE, qui indique un son plus aigu que celui qu'il remplace, se marque sur la note, par un trait oblique, tourné dans le même sens que l'ACCENT AIGU; ainsi : 5́.

Comment on apprend à produire le JÈ *ou* SOL DIÈSE.

Le JÈ devant produire avec le LA le même air que le SI avec l'UT, il faut, pour s'habituer à produire le JÈ, s'exercer à chanter sur l'air 1̇ 7 1̇ les syllabes LA JÈ LA, comme on chante sur le même air les deux couplets d'une chanson.

N° 1 N° 2

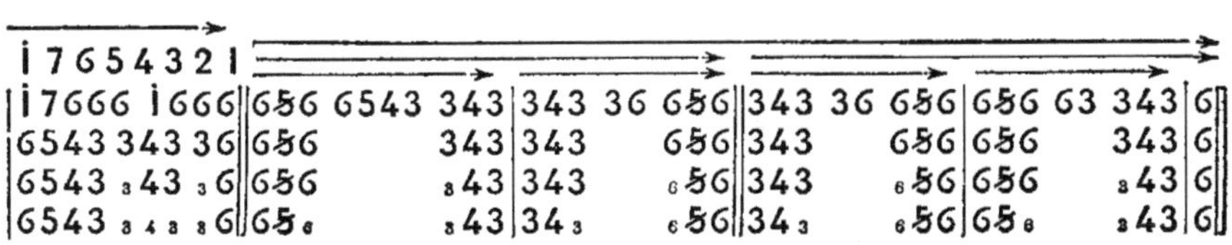

N° 3

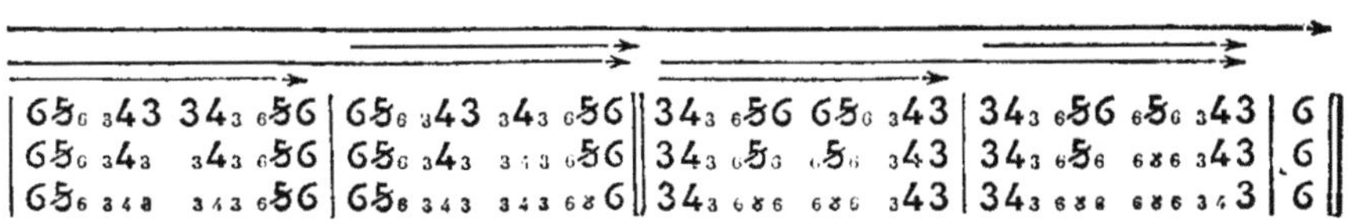

Résumé de la deuxième série.

TROISIÈME SÉRIE. — 6̣7̣123456

GROUPE I.

N° 1

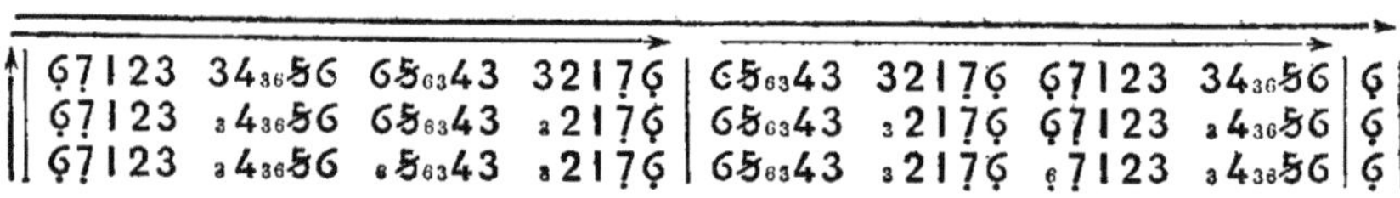

N° 2

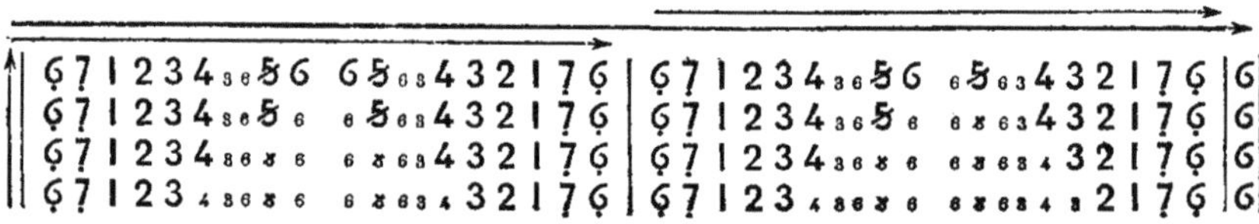

N° 3

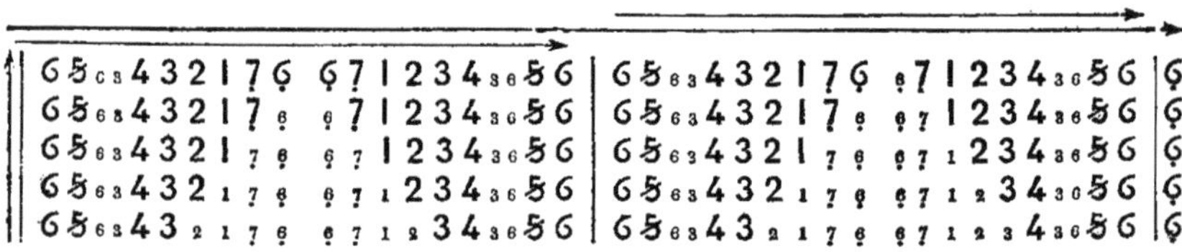

GROUPE II. — 6̣136

N° 1

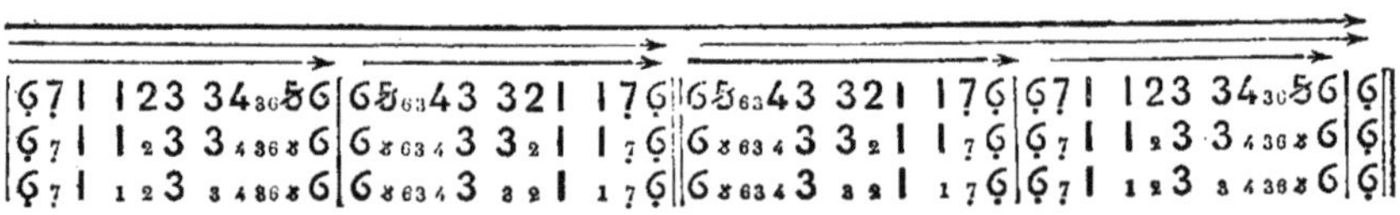

N° 2

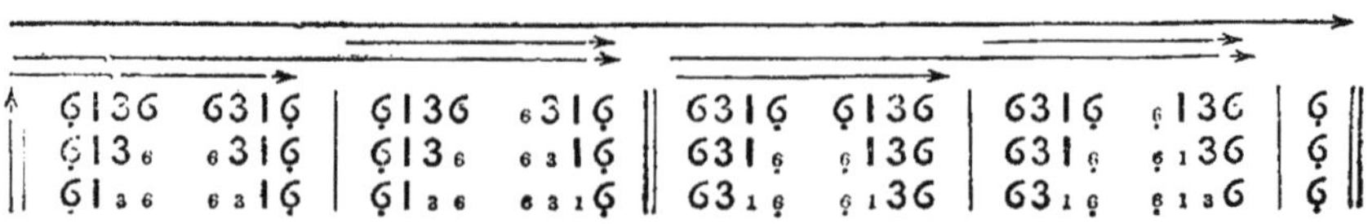

Résumé de la troisième série.

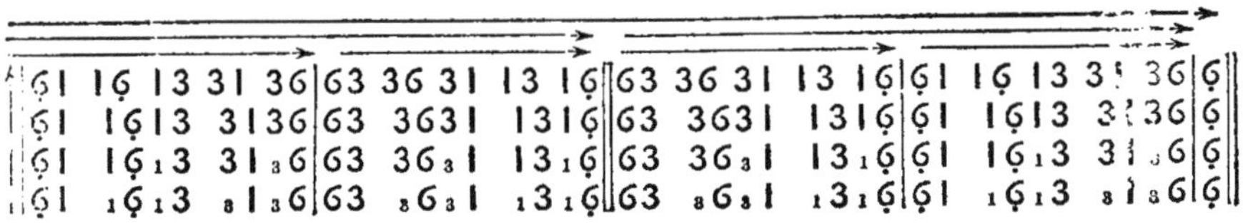

QUATRIÈME SÉRIE. — 361̇3̇

N° 1

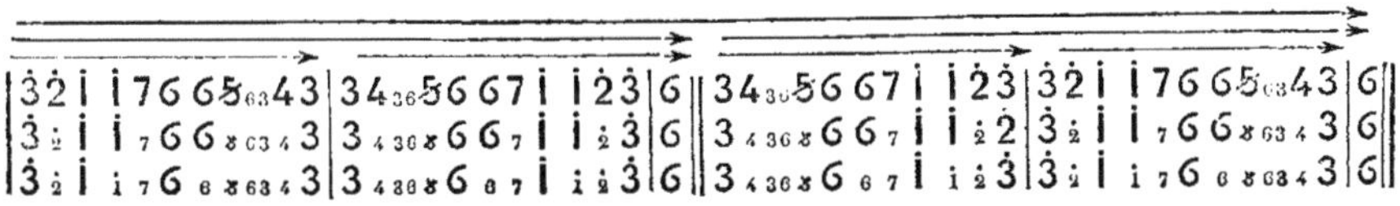

N° 2

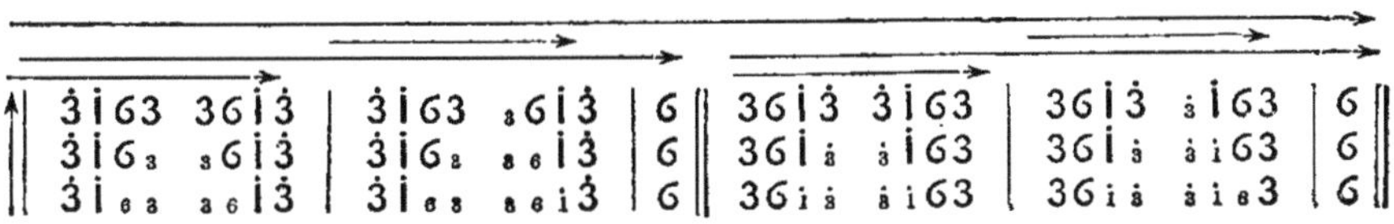

Résumé de la quatrième série.

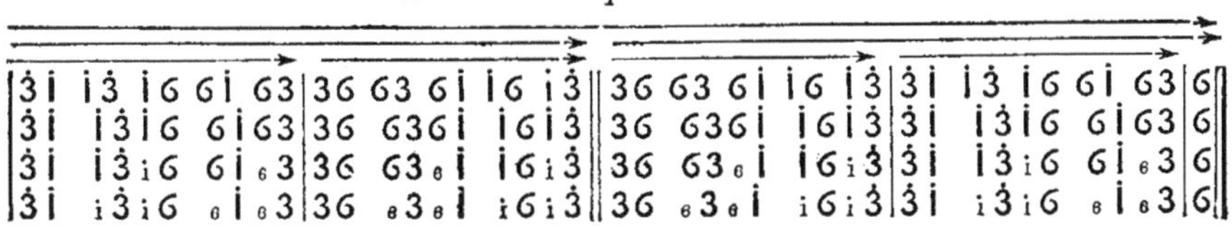

CINQUIÈME SÉRIE. — 3̣6̣136 — A RÉPÉTER SOUVENT.

N° 1

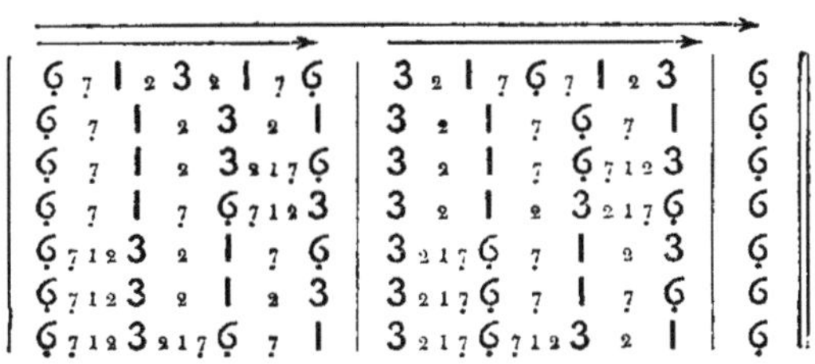

N° 2

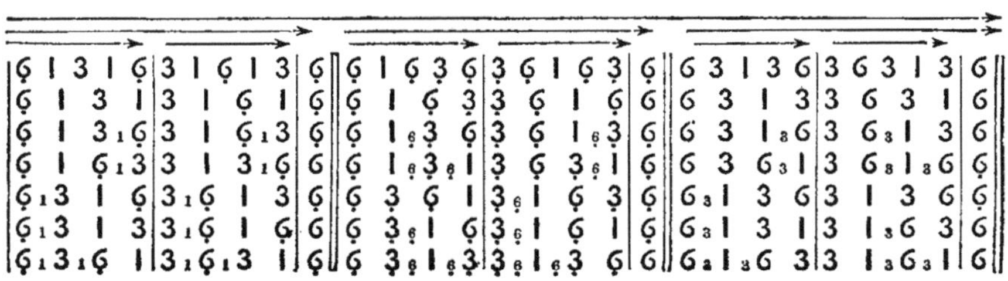

N° 3

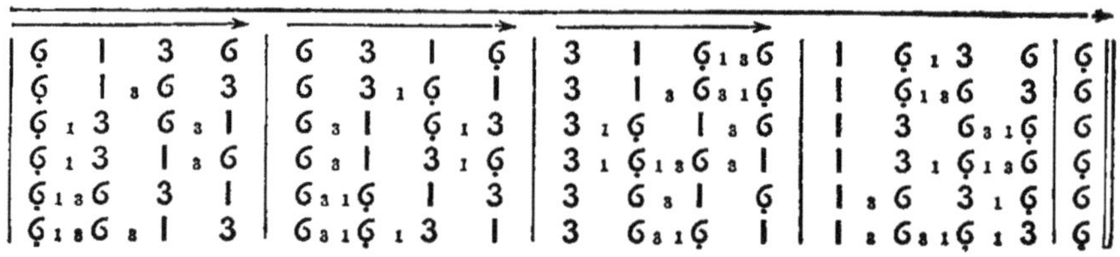

N° 4

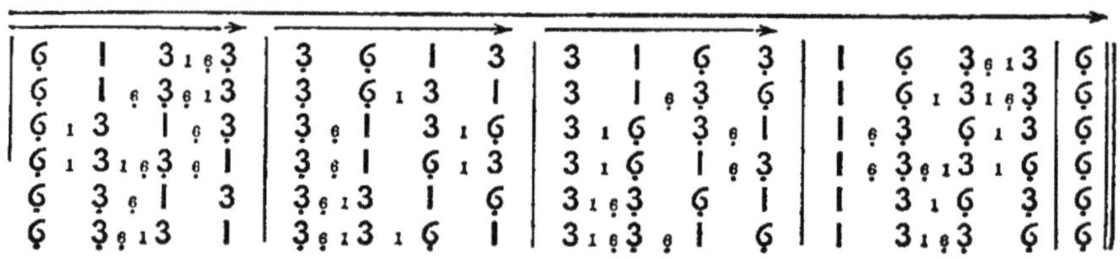

SIXIÈME SÉRIE. — 6̣13 461̇ 135 372̇

GROUPE I. — 6̣13 6̣14 5̣13 7̣23

N° 1

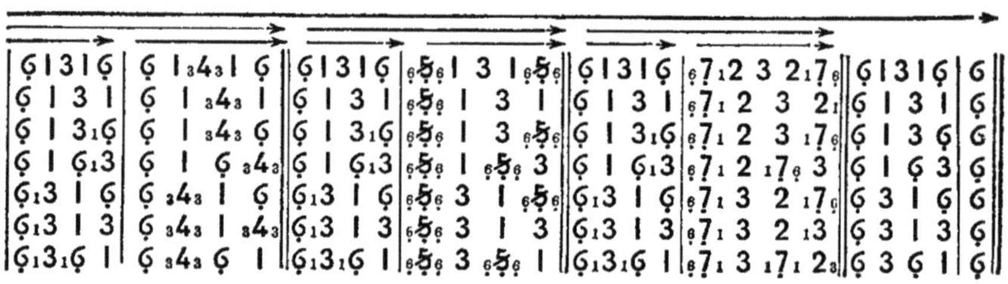

N° 2

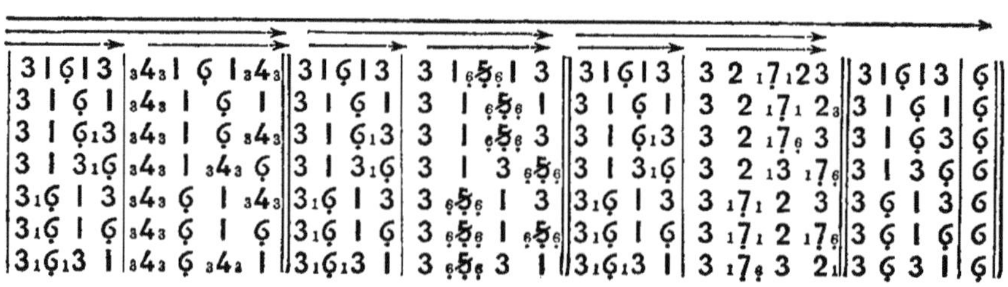

GROUPE II. — 361̇ 461̇ 351̇ 372̇

N° 1

N° 2

GROUPE III. — 136 146 135 237

N° 1

N° 2

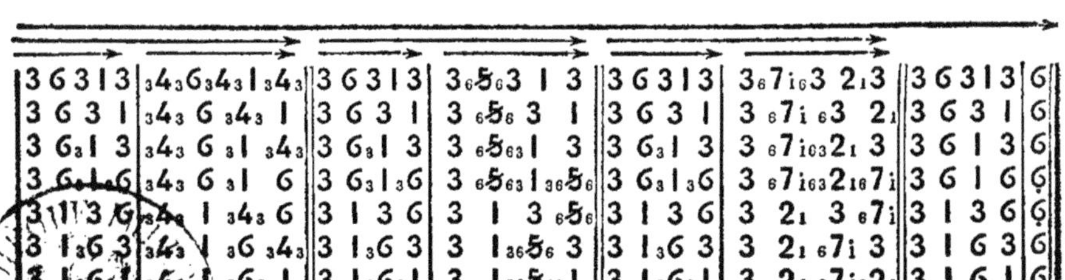

SEPTIÈME SÉRIE. — 6̣13 246 357 352̇

GROUPE I. — 6̣13 6̣24 5̣7̣3 5̣23

N° 1

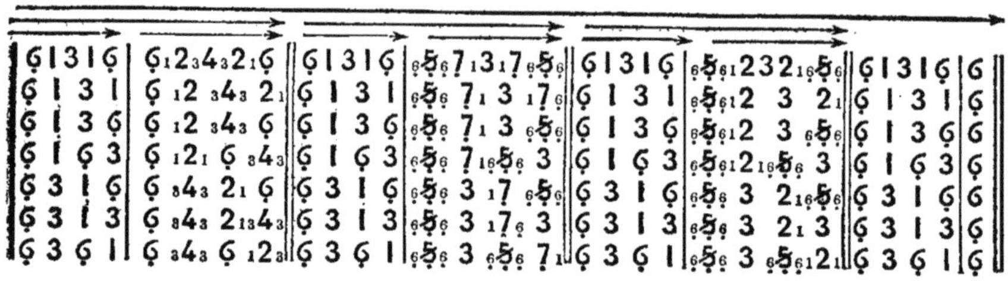

N° 2

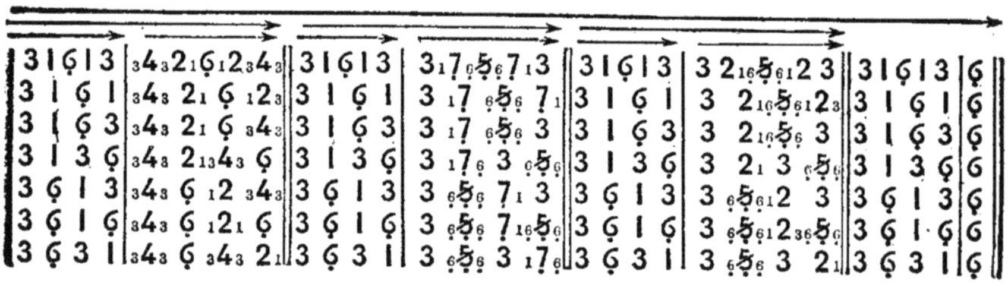

GROUPE II. — 361̇ 462̇ 357 352̇

N° 1

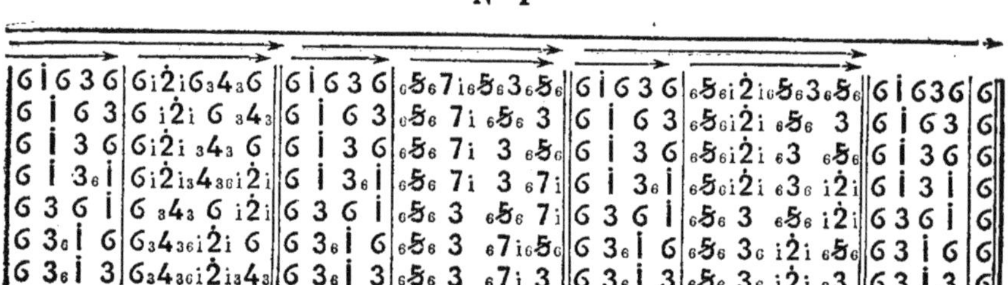

N° 2

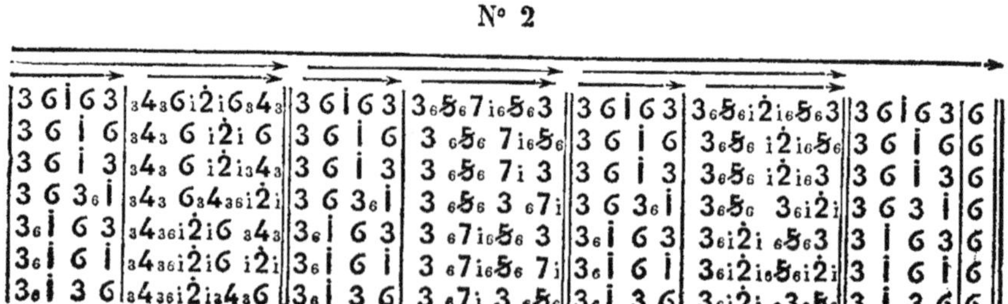

GROUPE III. — 136 246 735 235

N° 1

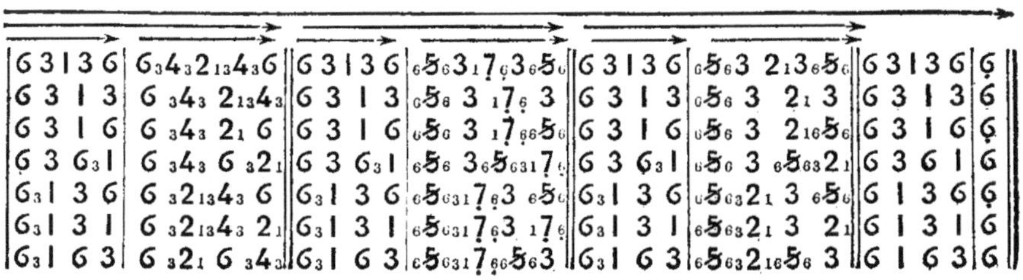

N° 2

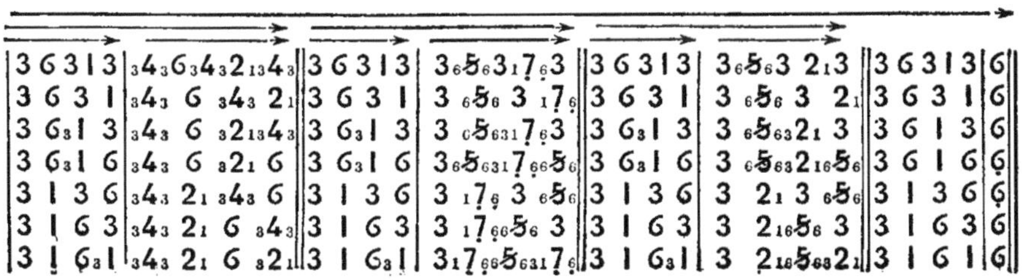

HUITIÈME SÉRIE. — 6136 7246 5724 3572

GROUPE I. — 6136 7246 7245 7235

N° 1

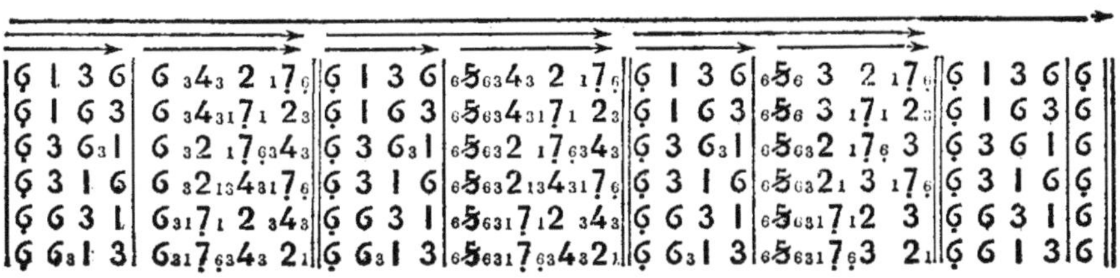

N° 2

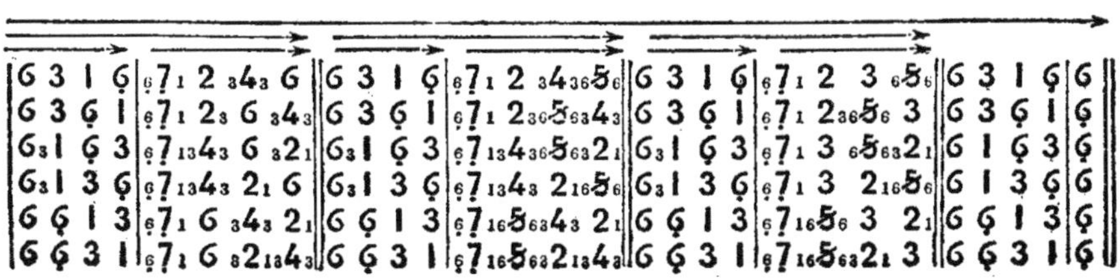

GROUPE II. — 6136 6724 5724 5723

N° 1

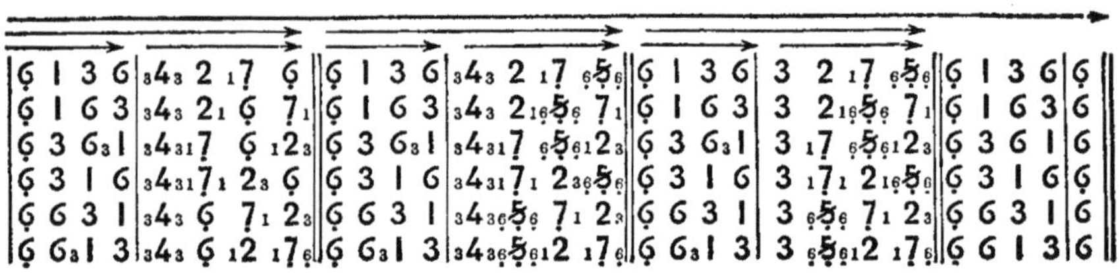

N° 2

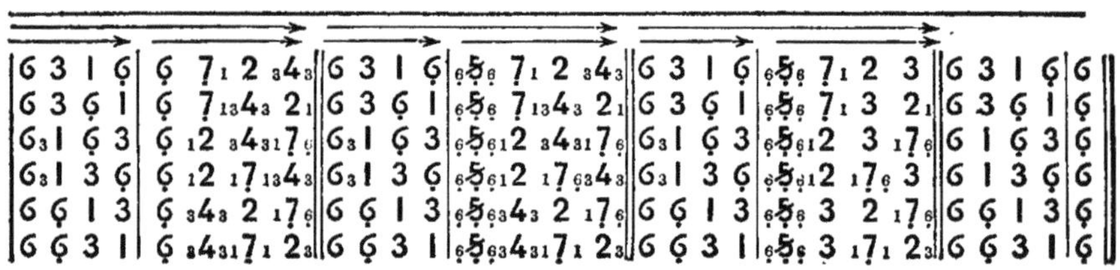

GROUPE III. — 3613 4672 4572 3572

N° 1

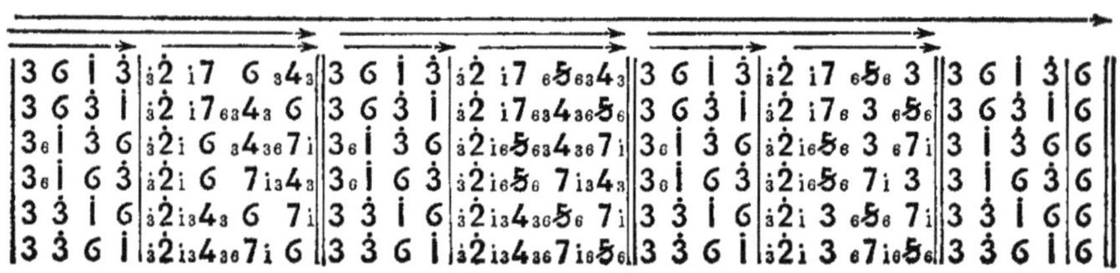

N° 2

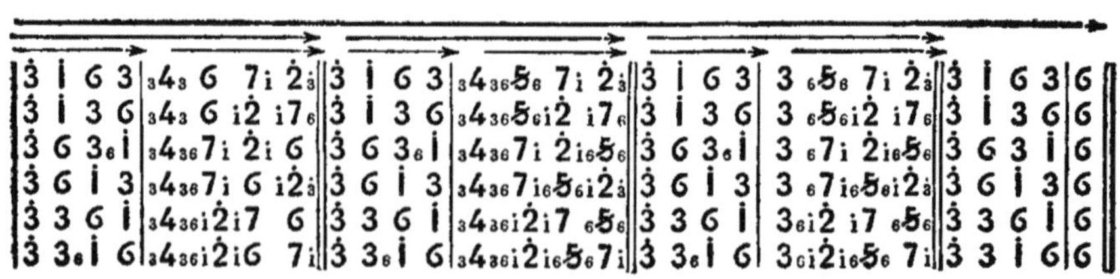

NEUVIÈME SÉRIE. — 36i̇3̇ 372̇4̇ 3574̇ 352̇4̇

N° 1

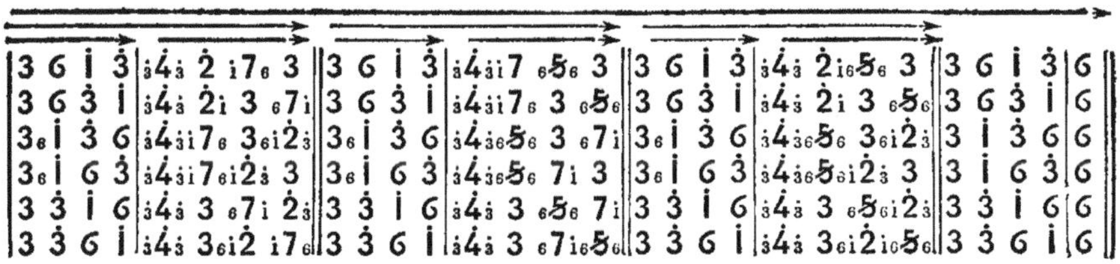

N° 2

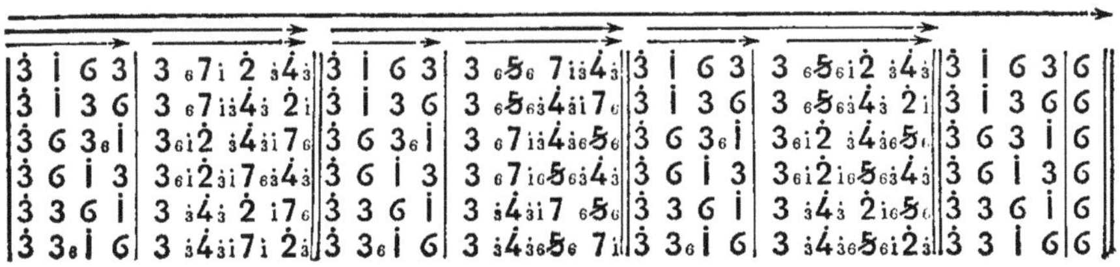

LIVRE III. — ÉTUDE DES DIÈSES ET DES BÉMOLS.

PREMIÈRE SÉRIE.

GROUPE I. — ÉTUDE DES DIÈSES.

Définition générale du DIÈSE.

Le DIÈSE *produit avec le son supérieur* le même air que le SI avec l'UT.

Comment se marque le DIÈSE.

Le DIÈSE, qui indique un son plus *aigu* que celui qu'il doit remplacer, se marque sur la note, par un trait oblique, tourné dans le même sens que l'ACCENT AIGU; ainsi : 1 2 3 4 5 6 7.

Comment on nomme les DIÈSES.

1	2	3	4	5	6	7
TÈ	RÈ	MÈ	FÈ	JÈ	LÈ	SÈ
Il remplace	*Il remplace*	*Il remplace*	*Il remplace*	*Il remplace*	*Il remplace*	*Il remplace*
UT	RE	MI	FA	SOL	LA	SI

On voit que chacun des *noms dièses* se compose d'une *articulation* à laquelle on ajoute la *finale* È (vérifiez).

Ces articulations sont les mêmes que celles des notes non diésées. Excepté pour le SOL, dont l'articulation S, se retrouvant dans le SI, a du être remplacée par J (vérifiez).

Comment on apprend à produire les DIÈSES.

Le DIÈSE devant produire avec le SON SUPÉRIEUR le même air que le SI avec l'UT, il faut, pour s'habituer à produire les DIÈSES, s'exercer à chanter sur l'air 1 7̣ 1 les syllabes RÉ TÈ RÉ, MI RÈ MI, SOL FÈ SOL, LA JÈ LA, SI LÈ SI, comme on chante, sur le même air, les différents couplets d'une chanson.

N° 1

Il faut, en chantant cet exercice, *s'écouter avec le plus grand soin*, afin e s'assurer qu'on reproduit exactement l'air UT SI UT.

1 7̣ 1	SOL FÈ SOL	5 4̸ 5
1 7̣ 1	RÉ TÈ RÉ	2 1̸ 2
1 7̣ 1	LA JÈ LA	6 5̸ 6
1 7̣ 1	MI RÈ MI	3 2̸ 3
1 7̣ 1	SI LÈ SI	7 6̸ 7
1 7̣ 1	FÈ MÈ FÈ	4̸ 3̸ 4̸
1 7̣ 1	TÈ SÈ TÈ	1̸ 7̸ 1̸

OBSERVATION DES PLUS IMPORTANTES

Sur le moyen à employer pour NE PAS PRODUIRE, *dans les exercices qui contiennent des* DIÈSES *ou des* BÉMOLS, DES SECONDES MAJEURES TROP PETITES.

Le grand nombre de SECONDES MINEURES, produites par les DIÈSES et par les BÉMOLS, que contiennent les exercices suivants, entraînent, si l'on n'y prend garde, à produire des SECONDES MAJEURES TROP PETITES. Voici le moyen *facile* et *sûr* d'éviter cette faute d'intonation :

Il suffit de chanter, lorsqu'on les rencontre, chacune des secondes 12, 23, 45, 56, 67, en pensant à la gamme entière, comme si on voulait la chanter jusqu'au bout.

EXEMPLE :

En montant.	En descendant.
1 2 3 4 5 6 7 1̇	7 6 5 4 3 2 1
2 3 4 5 6 7 1̇	6 5 4 3 2 1
4 5 6 7 1̇	5 4 3 2 1
5 6 7 1̇	3 2 1
6 7 1̇	2 1

N° 2

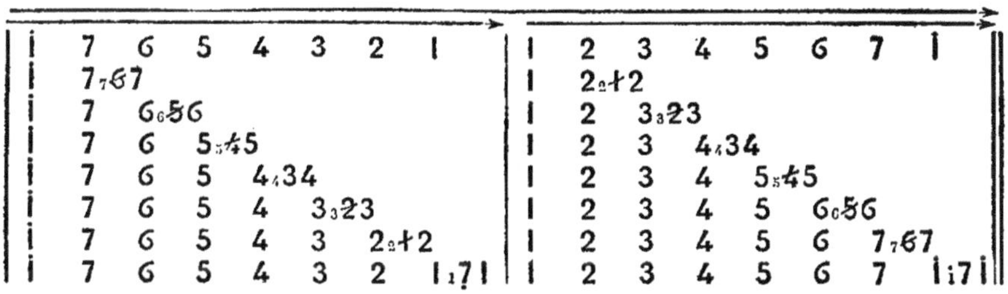

N° 3

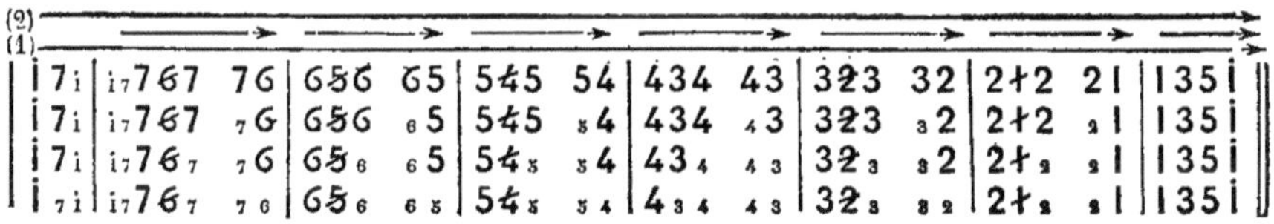

N° 4

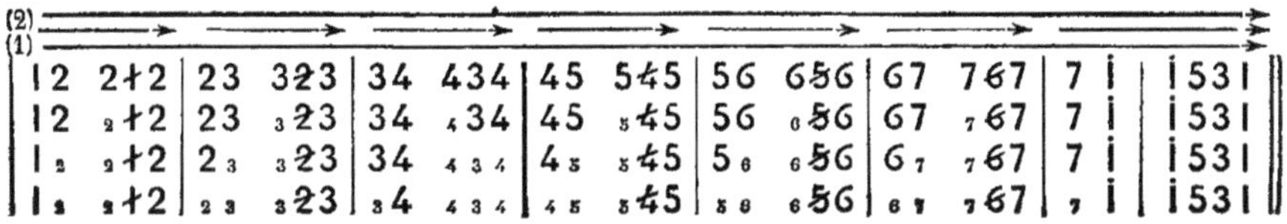

GROUPE II. — ÉTUDE DES BÉMOLS.

Définition générale du BÉMOL.

Le BÉMOL *produit avec le son inférieur* le même air que le FA avec le MI.

Comment se marque le BÉMOL.

Le BÉMOL, qui indique un son plus *grave* que celui qu'il doit remplacer, se marque sur la note, par un trait oblique, tourné dans le même sens que l'ACCENT GRAVE; ainsi : +234567.

Comment on nomme les BÉMOLS.

+	2	3	4	5	6	7
TEU	REU	MEU	FEU	JEU	LEU	SEU
Il remplace	*Il remplace*	*Il remplace*	*Il remplace*	*Il remplace*	*Il remplace*	*Il remplace*
UT	RÉ	MI	FA	SOL	LA	SI

On voit que chacun des *noms bémols* se compose d'une *articulation* à laquelle on ajoute la *finale* EU (vérifiez).

Ces articulations sont les mêmes que celles des notes non bémolisées, Excepté pour le SOL, dont l'articulation S, se retrouvant dans le SI, a du être remplacée par J (vérifiez).

(1) Ne suivez cette *première grande flèche* qu'en *chantant toutes les notes grandes et petites.*

(2) Ne suivez cette *deuxième grande flèche, sans les petites notes,* qu'après avoir suivi plusieurs fois les *petites flèches, avec et sans les petites notes*

Comment on apprend à produire les BÉMOLS.

Le BÉMOL devant produire avec le SON INFÉRIEUR le même air que le FA avec le MI, il faut, pour s'habituer à produire les BÉMOLS, s'exercer à chanter sur l'air 343 les syllabes UT REU UT, RÉ MEU RÉ, FA JEU FA, SOL LEU SOL, LA SEU LA, comme on chante, sur le même air, les différents couplets d'une chanson.

N° 1

Il faut, en chantant cet exercice, s'écouter avec le plus grand soin, afin de s'assurer qu'on reproduit exactement l'air MI FA MI.

3 4 3 2 1	LA SEU LA	6 7 6
3 4 3 2 1	RÉ MEU RÉ	2 3 2
3 4 3 2 1	SOL LEU SOL	5 6 5
3 4 3 2 1	UT REU UT	1 2 1
3 4 3 2 1	FA JEU FA	4 5 4
3 4 3 2 1	SEU TEU SEU	7 1 7
3 4 3 2 1	MEU FEU MEU	3 4 3

N° 2

1 2 3 4 5 6 7 i	i 7 6 5 4 3 2 1
1 1 2 1	i 7 7 i 7
1 2 2 3 2	i 7 6 6 7 6
1 2 3 3 4 3	i 7 6 5 5 6 5
1 2 3 4 4 5 4	i 7 6 5 4 4 5 4
1 2 3 4 5 5 6 5	i 7 6 5 4 3 3 4 3
1 2 3 4 5 6 6 7 6	i 7 6 5 4 3 2 2 3 2
1 2 3 4 5 6 7 7 i 7 7 i	i 7 6 5 4 3 2 1 1 2 1

N° 3

(2)
(1)

121 12	232 23	343 34	454 45	565 56	676 67	7 i	i531
121 12	232 23	343 34	454 45	565 56	676 67	7 i	i531
121 12	232 23	343 34	454 45	565 56	676 67	7 i	i531
121 12	232 23	343 34	454 45	565 56	676 67	7 i	i531

N° 4

(2)
(1)

i7i	i76 676	65 565	54 454	43 343	32 232	21 121	135i
i7i	i76 676	65 565	54 454	43 343	32 232	21 121	135i
i7i	i76 676	65 565	54 454	43 343	32 232	21 121	135i
i7i	i76 676	65 565	54 454	43 343	32 232	21 121	135i

(2) Voir les notes de la page précédente.

GROUPE III. — DIÈSES ET BÉMOLS RÉUNIS.

Nº 1

1̇ 7 6 5 4 3 2 1	1 2 3 4 5 6 7 1̇
1̇ 7 1̇	1 $1_1$2 1
1̇ $7_7$1̇ 7	1 $2_2$1 2
1̇ $7_7$67	1 $2_2$32
1̇ 7 $6_6$76	1 2 $3_3$23
1̇ 7 $6_6$56	1 2 $3_3$43
1̇ 7 6 $5_5$65	1 2 3 $4_4$34
1̇ 7 6 $5_5$45	1 2 3 $4_4$54
1̇ 7 6 5 $4_4$54	1 2 3 4 $5_5$45
1̇ 7 6 5 $4_4$34	1 2 3 4 $5_5$65
1̇ 7 6 5 4 $3_3$43	1 2 3 4 5 $6_6$56
1̇ 7 6 5 4 $3_3$23	1 2 3 4 5 $6_6$76
1̇ 7 6 5 4 3 $2_2$32	1 2 3 4 5 6 $7_7$67
1̇ 7 6 5 4 3 $2_2$12	1 2 3 4 5 6 $7_7$1̇ 7
1̇ 7 6 5 4 3 2 $1_1$21	1 2 3 4 5 6 7 $1̇_1$7 1̇

Nº 2

(2)
(1)

121 12 212	232 23 323	343 34 434	454 45 545	565 56 656	676 67 787	7 1̇	1̇ 5 3 1
121 12 212	232 23 323	343 34 434	454 45 545	565 56 656	676 67 787	7 1̇	1̇ 5 3 1
121 12 212	232 23 323	343 34 434	454 45 545	565 56 656	676 67 787	7 1̇	1̇ 5 3 1
121 12 212	232 23 323	343 34 434	454 45 545	565 56 656	676 67 787	7 1̇	1̇ 5 3 1
121 12 212	232 23 323	343 34 434	454 45 545	565 56 656	676 67 787	7 1̇	1̇ 5 3 1

Nº 3

(2)
(1)

1̇ 7	787 76 676	656 65 565	545 54 454	434 43 343	323 32 232	212 21 121	1 3 5 1̇
1̇ 7	787 76 676	656 65 565	545 54 454	434 43 343	323 32 232	212 21 121	1 3 5 1̇
1̇ 7	787 76 676	656 65 565	545 54 454	434 43 343	323 32 232	212 21 121	1 3 5 1̇
1̇ 7	787 76 676	656 65 565	545 54 454	434 43 343	323 32 232	212 21 121	1 3 5 1̇
1̇ 7	787 76 676	656 65 565	545 54 454	434 43 343	323 32 232	212 21 121	1 3 5 1̇

(1) (2) Voir les notes de la page 28.

DEUXIÈME SÉRIE.

ÉTUDE DU FA DIÈSE.

GROUPE I.

FA DIÈSE *pris* EN DESCENDANT.

1̇76
65 5♯45 | 5♯45 56
65 5♯45 | 5♯45 5 6
65 5♯45 | 5♯45 5 6 671̇71̇

1̇7 765
75 5♯45 | 5♯45 57
75 5♯45 | 5♯45 5 7
75 5♯45 | 5♯45 5 7 71̇71̇

1̇71̇ 1̇765
1̇5 5♯45 | 5♯45 51̇
1̇5 5♯45 | 5♯45 5 1̇
1̇5 5♯45 | 5♯45 5 1̇ 1̇71̇

GROUPE II.

FA DIÈSE *pris* EN MONTANT.

123
343 35 5♯45 | 5♯45 53 343
343 3 5 5♯45 | 5♯45 5 3 343
343 3 5 5♯45 | 5♯45 5 3 343 3217̣1

123 345
35 5♯45 | 5♯45 53
35 5♯45 | 5♯45 5 3
35 5♯45 | 5♯45 5 3 3217̣1

12 2345
25 5♯45 | 5♯45 52
25 5♯45 | 5♯45 5 2
25 5♯45 | 5♯45 5 2 2321 7 1

17̣1 12345
15 5♯45 | 5♯45 51
15 5♯45 | 5♯45 5 1
15 5♯45 | 5♯45 5 1 17̣1

ÉTUDE DU SI BÉMOL.

GROUPE I.

SI BÉMOL *pris* EN MONTANT.

135
56 6♭76 | 6♭76 65
56 6♭76 | 6♭76 6 5
56 6♭76 | 6♭76 6 5 543217̣1

1234 456
46 6♭76 | 6♭76 64
46 6♭76 | 6♭76 6 4
46 6♭76 | 6♭76 6 4 4317̣1

123 3456
36 6♭76 | 6♭76 63
36 6♭76 | 6♭76 6 3
36 6♭76 | 6♭76 6 3 3217̣1

GROUPE II.

SI BÉMOL *pris* EN DESCENDANT.

1̇71̇
1̇71̇ 1̇6 6♭76 | 6♭76 61̇ 1̇71̇
1̇71̇ 1̇ 6 6♭76 | 6♭76 6 1̇ 1̇71̇
1̇71̇ 1̇ 6 6♭76 | 6♭76 6 1̇ 1̇71̇ 1̇71̇

1̇71̇ 1̇76
1̇6 6♭76 | 6♭76 61̇
1̇6 6♭76 | 6♭76 6 1̇
1̇6 6♭76 | 6♭76 6 1̇ 1̇71̇

1̇2̇ 2̇1̇76
2̇6 6♭76 | 6♭76 62̇
2̇6 6♭76 | 6♭76 6 2̇
2̇6 6♭76 | 6♭76 6 2̇ 2̇3̇2̇1̇71̇

1̇3̇ 3̇1̇6
3̇6 6♭76 | 6♭76 63̇
3̇6 6♭76 | 6♭76 6 3̇
3̇6 6♭76 | 6♭76 6 3̇ 3̇2̇1̇71̇

TROISIÈME SÉRIE.

ÉTUDE DE L'UT DIÈSE.

GROUPE I.

UT DIÈSE *pris* EN DESCENDANT.

```
123
32   2+2 | 2+2 23
32   2+2 | 2+2 23
32   2+2 | 2+2 23 32171
```

```
1234 432
42   2+2 | 2+2 24
42   2+2 | 2+2 24
42   2+2 | 2+2 24 432171
```

```
135 5432
52   2+2 | 2+2 25
52   2+2 | 2+2 25
52   2+2 | 2+2 25 5432171
```

GROUPE II.

UT DIÈSE *pris* EN MONTANT.

```
17
717 72 2+2 | 2+2 27 717
717 72 2+2 | 2+2 27 717
717 72 2+2 | 2+2 27 717 7171
```

```
17 712
72 2+2 | 2+2 27
72 2+2 | 2+2 27
72 2+2 | 2+2 27 7171
```

```
176 6712
62   2+2 | 2+2 26
62   2+2 | 2+2 26
62   2+2 | 2+2 26 67171
```

```
1765 56712
52   2+2 | 2+2 25
52   2+2 | 2+2 25
52   2+2 | 2+2 25 567171
```

ÉTUDE DU MI BÉMOL.

GROUPE I.

MI BÉMOL *pris* EN MONTANT.

```
171
12   232 | 232 21
12   232 | 232 21
12   232 | 232 21 171
```

```
17 712
72 232 | 232 27
72 232 | 232 27
72 232 | 232 27 7171
```

```
176 6712
62   232 | 232 26
62   232 | 232 26
62   232 | 232 26 67171
```

GROUPE II.

MI BÉMOL *pris* EN DESCENDANT.

```
1234
434 42 232 | 232 24 434
434 42 232 | 232 24 434
434 42 232 | 232 24 434 432171
```

```
1234 432
42   232 | 232 24
42   232 | 232 24
42   232 | 232 24 432171
```

```
135 5432
52   232 | 232 25
52   232 | 232 25
52   232 | 232 25 5432171
```

```
1356 65432
62   232 | 232 26
62   232 | 232 26
62   232 | 232 26 65432171
```

QUATRIÈME SÉRIE.

ÉTUDE DU SOL DIÈSE.

GROUPE I.

SOL DIÈSE *pris* EN DESCENDANT.

1̇7 71̇7	
76 65̸6	65̸6 67
76 $_6$5̸6	65̸6 $_6$7
7$_6$ $_6$5̸6	65̸$_6$ $_6$7 71̇71̇

1̇71̇ 1̇76	
1̇6 65̸6	65̸6 61̇
1̇6 $_6$5̸6	65̸6 $_6$1̇
1̇$_6$ $_6$5̸6	65̸$_6$ $_6$1̇ 1̇71̇

1̇2̇ 2̇1̇76	
2̇6 65̸6	65̸6 62̇
2̇6 $_6$5̸6	65̸6 $_6$2̇
2̇$_6$ $_6$5̸6	65̸$_6$ $_6$2̇ 2̇3̇2̇1̇71̇

GROUPE II.

SOL DIÈSE *pris* EN MONTANT.

135	
56 65̸6	65̸6 65
56 $_6$5̸6	65̸6 $_6$5
5$_6$ $_6$5̸6	65̸$_6$ $_6$5 543217̣1

1234 456	
46 65̸6	65̸6 64
46 $_6$5̸6	65̸6 $_6$4
4$_6$ $_6$5̸6	65̸$_6$ $_6$4 43217̣1

123 3456	
36 65̸6	65̸6 63
36 $_6$5̸6	65̸6 $_6$3
3$_6$ $_6$5̸6	65̸$_6$ $_6$3 3217̣1

12 23456	
26 65̸6	65̸6 62
26 $_6$5̸6	65̸6 $_6$2
2$_6$ $_6$5̸6	65̸$_6$ $_6$2 23217̣1

ÉTUDE DU LA BÉMOL.

GROUPE I.

LA BÉMOL *pris* EN MONTANT.

1234 434	
45 56̸5	56̸5 54
45 $_5$6̸5	56̸5 $_5$4
4$_5$ $_5$6̸5	56̸$_5$ $_5$4 43217̣1

123 345	
35 56̸5	56̸5 53
35 $_5$6̸5	56̸5 $_5$3
3$_5$ $_5$6̸5	56̸$_5$ $_5$3 3217̣1

12 2345	
25 56̸5	56̸5 52
25 $_5$6̸5	56̸5 $_5$2
2$_5$ $_5$6̸5	56̸$_5$ $_5$2 23217̣1

ROUPE II.

LA BÉMOL *pris* EN DESCENDANT.

1̇76	
65 56̸5	56̸5 56
65 $_5$6̸5	56̸5 $_5$6
6$_5$ $_5$6̸5	56̸$_5$ $_5$6 671̇71̇

1̇7 765	
75 56̸5	56̸5 57
75 $_5$6̸5	56̸5 $_5$7
7$_5$ $_5$6̸5	56̸$_5$ $_5$7 71̇71̇

1̇71̇ 1̇765	
1̇5 56̸5	56̸5 51̇
1̇5 $_5$6̸5	56̸5 $_5$1̇
1̇$_5$ $_5$6̸5	56̸$_5$ $_5$1̇ 1̇71̇

1̇2̇ 2̇1̇765	
2̇5 56̸5	56̸5 52̇
2̇5 $_5$6̸5	56̸5 $_5$2̇
2̇$_5$ $_5$6̸5	56̸$_5$ $_5$2̇ 2̇3̇2̇1̇71̇

CINQUIÈME SÉRIE.

ÉTUDE DU RÉ DIÈSE,

GROUPE I.

RÉ DIÈSE *pris* EN DESCENDANT.

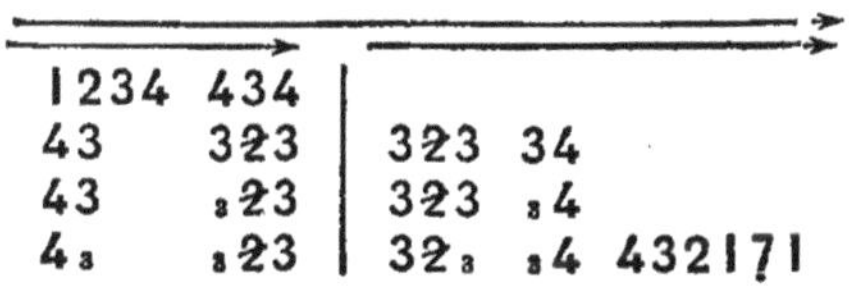

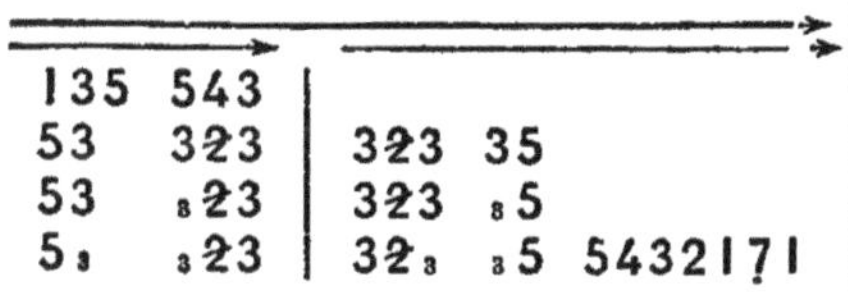

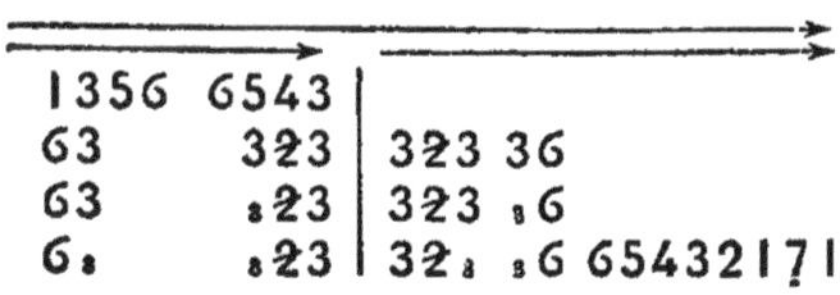

GROUPE II.

RÉ DIÈSE *pris* EN MONTANT.

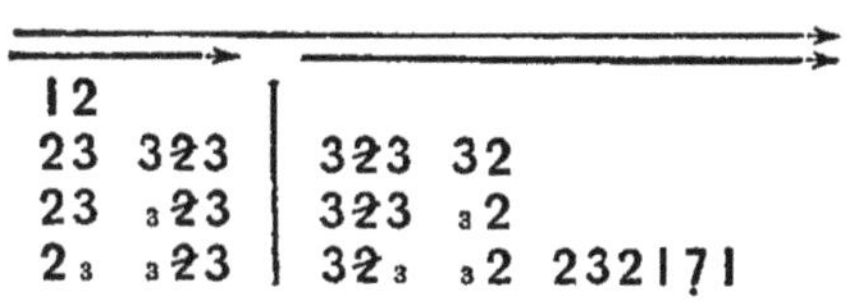

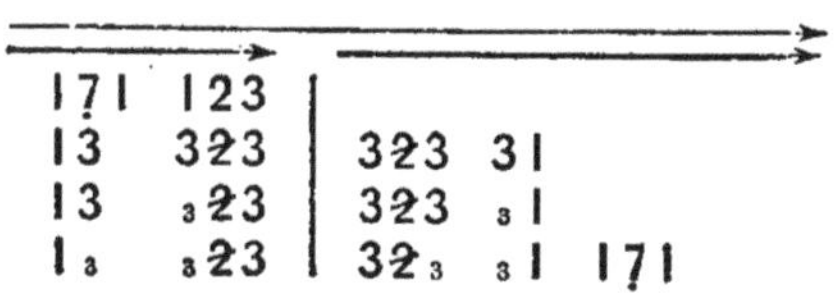

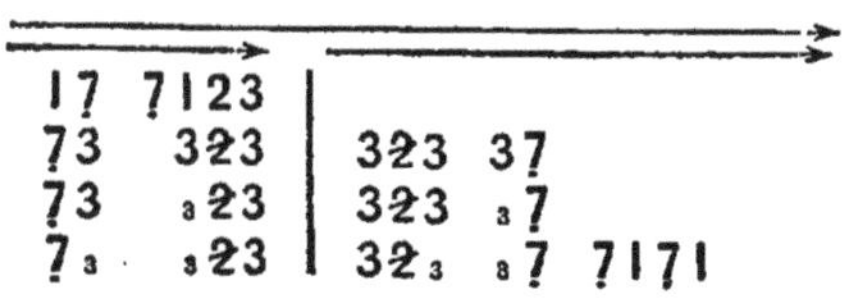

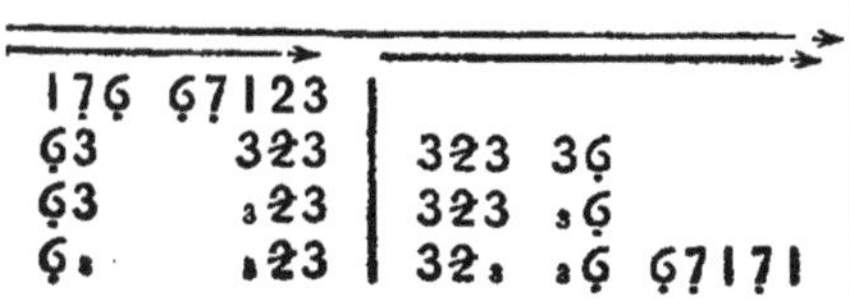

ÉTUDE DU RÉ BÉMOL.

GROUPE I.

RÉ BÉMOL *pris* EN MONTANT.

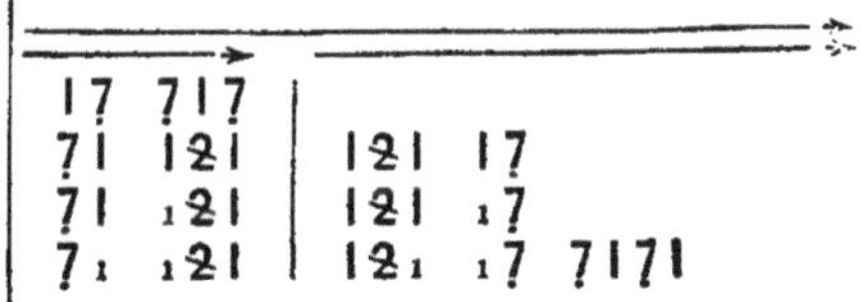

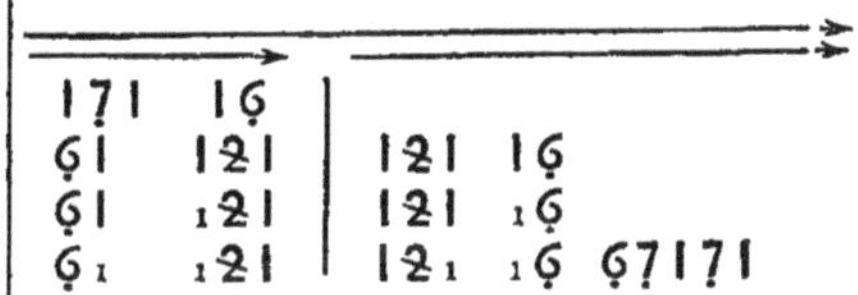

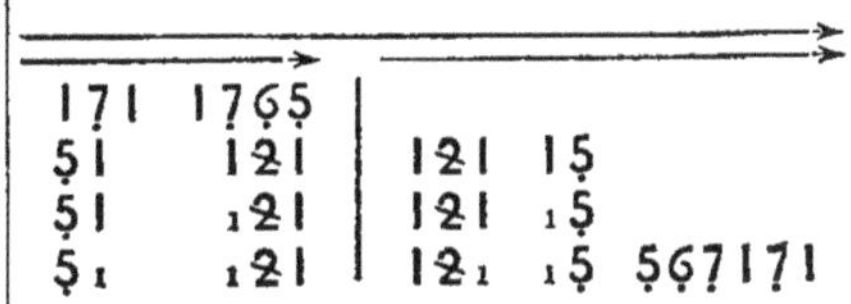

GROUPE. II.

RÉ BÉMOL *pris* EN DESCENDANT.

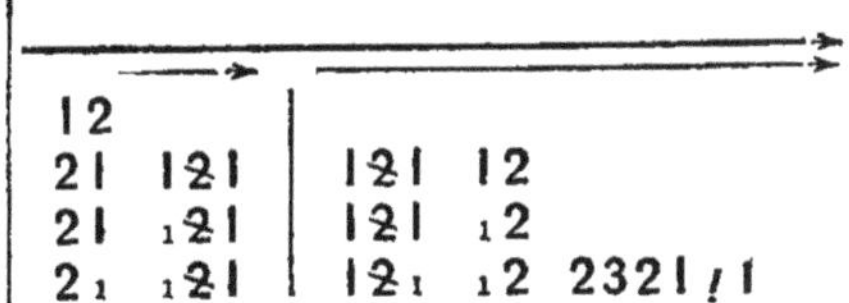

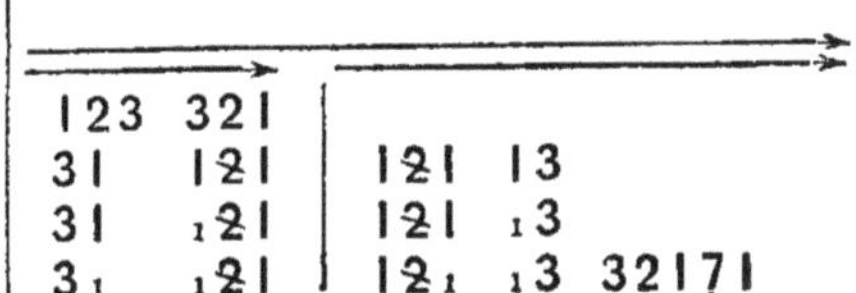

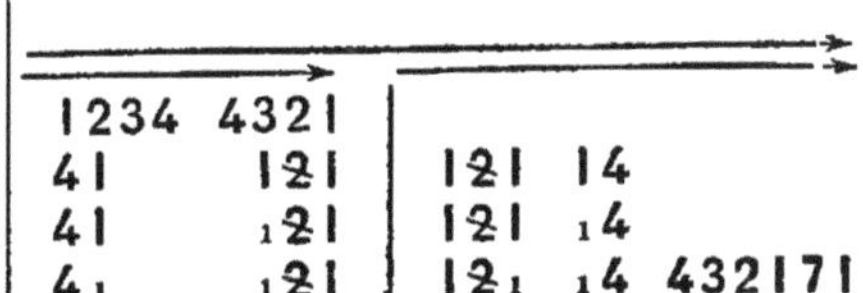

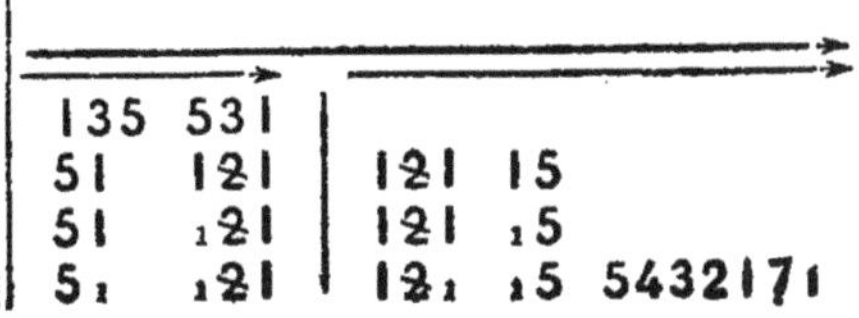

SIXIÈME SÉRIE.

ÉTUDE DU LA DIÈSE.

GROUPE I.

LA DIÈSE *pris* EN DESCENDANT.

1̇71̇
1̇7 767 | 767 71̇
1̇7 $_7$67 | 767 $_7$1̇
1̇$_7$ $_7$67 | 76$_7$ $_7$1̇ 1̇71̇

1̇2̇ 2̇1̇7
2̇7 767 | 767 72̇
2̇7 $_7$67 | 767 $_7$2̇
2̇$_7$ $_7$67 | 76$_7$ $_7$2̇ 2̇3̇2̇1̇71̇

1̇3̇ 3̇2̇1̇7
3̇7 767 | 767 73̇
3̇7 $_7$67 | 767 $_7$3̇
3̇$_7$ $_7$67 | 76$_7$ $_7$3̇ 3̇2̇1̇71̇

GROUPE II.

LA DIÈSE *pris* EN MONTANT.

1̇76
67 767 | 767 76
67 $_7$67 | 767 $_7$6
6$_7$ $_7$67 | 76$_7$ $_7$6 671̇71̇

1̇765 567
57 767 | 767 75
57 $_7$67 | 767 $_7$5
5$_7$ $_7$67 | 76$_7$ $_7$5 5671̇71̇

1̇7 71̇5434
47 767 | 767 74
47 $_7$67 | 767 $_7$4
4$_7$ $_7$67 | 76$_7$ $_7$4 43456671̇

1̇7 71̇543
37 767 | 767 73
37 $_7$67 | 767 $_7$3
3$_7$ $_7$67 | 76$_7$ $_7$3 345671̇71̇

ÉTUDE DU SOL BÉMOL.

GROUPE I.

SOL BÉMOL *pris* EN MONTANT.

13 343
34 454 | 454 43
34 $_4$54 | 454 $_4$3
3$_4$ $_4$54 | 45$_4$ $_4$3 3217̣1

12 234
24 454 | 454 42
24 $_4$54 | 454 $_4$2
2$_4$ $_4$54 | 45$_4$ $_4$2 2321 7̣1

17̣1 1234
14 454 | 454 41
14 $_4$54 | 454 $_4$1
1$_4$ $_4$54 | 45$_4$ $_4$1 17̣1

GROUPE II.

SOL BÉMOL *pris* EN DESCENDANT.

1̇765
54 454 | 454 45
54 $_4$54 | 454 $_4$5
5$_4$ $_4$54 | 45$_4$ $_4$5 5671̇71̇

1̇76 654
64 454 | 454 46
64 $_4$54 | 454 $_4$6
6$_4$ $_4$54 | 45$_4$ $_4$6 671̇71̇

1̇7 71̇534
74 454 | 454 47
74 $_4$54 | 454 $_4$7
7$_4$ $_4$54 | 45$_4$ $_4$7 71̇71̇

1̇534 434
1̇4 454 | 454 41̇
1̇4 $_4$54 | 454 $_4$1̇
1̇$_4$ $_4$54 | 45$_4$ $_4$1̇ 1̇71̇

SEPTIÈME SÉRIE. — DIÈSE ET BÉMOL *et vice versà.*

135	
545 52 232	232 545
545 5 2 232	232 545
54 5 5 2 2 32	23 2 5 45 5432171

135 i2 2i76	
676 62 2+2	2+2 676
676 6 2 2+2	2+2 676
67 6 6 2 2 +2	2+ 2 6 76 6543217 1

135 i2 2i765	
545 5i2 232	232 545
545 5 i 2 232	232 545
54 5 5 i 2 2 32	23 2 5 45 5432171

135 56	
676 642 2+2	2+2 676
676 6 4 2 2+2	2+2 676
67 6 6 4 2 2 +2	2+ 2 6 76 6543217 1

HUITIÈME SÉRIE.

PASSAGE DU MINEUR AU MAJEUR DE MÊME BASE *et vice versà.*

Comment on doit faire cette étude.

1° Il faut *chanter plusieurs fois*, en s'écoutant avec soin, *le modèle* 67123 32176 (Voyez ci-dessous, A, n° 1).

2° Il faut ensuite *chanter alternativement*, en s'écoutant avec le même soin, *le modèle* 67123 32176 et la première ligne de la colonne qui se trouve au-dessous, 12345 54321 (comme on chante sur le même air les deux couplets d'une chanson).

3° Lorsque, par le moyen que nous indiquons, on s'est rendu maître de l'air 12345 54321 au point de le reproduire très-exactement à volonté, *il faut étudier l'exercice entier en suivant l'ordre des flèches.*

Tous les exercices, au-dessus desquels se trouve un modèle, doivent être étudiés de la même manière.

A

*Passage d'*UT MINEUR *à* UT MAJEUR.

N° 1

Modèle

67123 32176

12345 54321	12345 54321	51
12345 5 4321	12345 5 4321	51
1234 5 5 4321	1234 5 5 4321	51
1234 5 5 4 321	1234 5 5 4 321	51
123 4 5 5 4 321	123 4 5 5 4 321	51
123 21	123 21	51
12 1	12 1	51

B

Passage de LA MAJEUR *à* LA MINEUR.

N° 1

Modèle

54321 12345

32+76 67+23	32176 67123	636
32+76 6 7+23	32176 6 7123	636
32+7 6 6 7+23	3217 6 6 7123	636
32+7 6 6 7 +23	3217 6 6 7 123	636
32+ 7 6 6 7 +23	321 7 6 6 7 123	636
32+ 23	321 23	636
32 3	32 3	636

N° 2

54321 12345	54321 12345	151
54321 ₁2345	54321 ₁2345	151
5432₁ ₁2345	5432₁ ₁2345	151
5432₁ ₁₂345	5432₁ ₁₂345	151
543₂₁ ₁₂345	543₂₁ ₁₂345	151
543 45	543 45	151
54 5	54 5	151

N° 2

67123 32176	67123 32176	36
67123 ₃2176	67123 ₃2176	36
6712₃ ₃2176	6712₃ ₃2176	36
6712₃ ₃₂176	6712₃ ₃₂176	36
671₂₃ ₃₂176	671₂₃ ₃₂176	36
671 76	671 76	36
67 6	67 6	36

N° 3

Modèle

6136 6316

1351 1531	1351 1531	1 1
1351 ₁531	1351 ₁531	1 1
135₁ ₁531	135₁ ₁531	1 1
135₁ ₁₅31	135₁ ₁₅31	1 1
13 1	13 1	1 1

N° 3

Modèle

1531 1351

6316 6136	6316 6136	6 6
6316 ₆136	6316 ₆136	6 6
631₆ ₆136	631₆ ₆136	6 6
631 36	631 36	6 6
63 6	63 6	6 6

N° 4

1531 1351	1531 1351	1 1
1531 ₁351	1531 ₁351	1 1
153₁ ₁351	153₁ ₁351	1 1
153 51	153 51	1 1
15 1	15 1	1 1

N° 4

6136 6316	6136 6316	6 6
6136 ₆316	6136 ₆316	6 6
613₆ ₆316	613₆ ₆316	6 6
613₆ ₆₃16	613₆ ₆₃16	6 6
61 6	61 6	6 6

N° 5

Modèle

34₃₆56 65₆₃43

5671 1765	5671 1765	151
5671 ₁765	5671 ₁765	151
567₁ ₁765	567₁ ₁765	151
567₁ ₁₇65	567₁ ₁₇65	151
56 5	56 5	151

N° 5

Modèle

1765 5671

6543 3456	6543 3456	3 6
6543 ₃456	6543 ₃456	3 6
654₃ ₃456	654₃ ₃456	3 6
654 56	654 56	3 6
65 6	65 6	3 6

N° 6

1765 5671	1765 5671	5 1
1765 ₅671	1765 ₅671	5 1
176₅ ₅671	176₅ ₅671	5 1
176 71	176 71	5 1
17 1	17 1	5 1

N° 6

3456 6543	3456 6543	636
3456 ₆543	3456 ₆543	636
345₆ ₆543	345₆ ₆543	636
345 43	345 43	636
34 3	34 3	636

NEUVIÈME SÉRIE.

DEUX DIÈSES CONSÉCUTIFS

Par degrés conjoints.

N° 1

Modèle

1765 5671

6543 3456	3456 6543	6
6543 ₃456	3456 ₆543	6
654₃ ₃456	345₆ ₆543	6
654 56	345 43	6
65 6	34 3	6

N° 2

Modèle

1765 5671

32+7 7+23	7+23 32+7	3
32+7 ₇+23	7+23 ₃2+7	3
32+₇ ₇+23	7+2₃ ₃2+7	3
32+ 23	7+2 +7	3
32 3	7+ 7	3

DEUX BÉMOLS CONSÉCUTIFS

Par degrés conjoints.

N° 1

Modèles

176-6543 34543 3456 *

1765	56765	5671
1765	56765	₅671
176₅	56765	₅671
176		71
17		1

N° 2

Modèles

176-6543 34543 3456 *

4321	12321	1234
4321	12321	₁234
432₁	12321	₁234
432		34
43		4

OBSERVATIONS TRÈS-IMPORTANTES

POUR RENDRE PLUS FACILE LA PRODUCTION DES DIÈSES ET DES BÉMOLS.

C'est surtout dans les passages qui contiennent des dièses et des bémols qu'*il importe à l'élève de conserver le sentiment de la tonalité sur l'*UT. Voici le moyen infaillible et facile d'obtenir ce résultat :

Lorsque dans la pratique on rencontre :

1° Un DIÈSE *seul* ou *plusieurs* DIÈSES *consécutifs, par degrés disjoints;*
2° Un BÉMOL *seul* ou *plusieurs* BÉMOLS *consécutifs, par degrés disjoints ;*
3° Un DIÈSE et un BÉMOL *consécutifs, par degrés conjoints ou disjoints.*

Il faut *voir et sentir, toujours :*

Chacun des DIÈSES PRÉCÉDÉ *et* SUIVI *de la note supérieure qui sert à le mesurer ;*

Chacun des BÉMOLS PRÉCÉDÉ *et* SUIVI *de la note inférieure qui sert à le mesurer.*

Ce procédé *si simple*, permet au lecteur d'exprimer, pour l'auditeur, toutes les modulations, en conservant toujours, pour lui lecteur, le sentiment de la tonalité sur l'ut; il n'est nullement difficile à mettre en pratique, ce n'est qu'une affaire de volonté; le temps qu'il exige d'abord devient de plus en plus court, et bientôt on agit presque instinctivement.

* Lorsqu'on chante en suivant cette grande flèche il faut laisser de côté la colonne du milieu.

DEUXIÈME PARTIE. — MESURE.

EXPLICATIONS INDISPENSABLES

SUR LA MANIÈRE D'ÉTUDIER LA MESURE ET LA LANGUE DES DURÉES.

1°

Sur la manière d'étudier la MESURE *au moyen de la voix seule.*

Pour s'habituer à marquer régulièrement les temps de la mesure, il faut s'exercer à dire *à haute voix, et à des intervalles égaux entre eux,* la syllabe TA; comme si on voulait imiter le bruit que fait le balancier d'une pendule quand il est en mouvement.

Il importe peu que la durée qui s'écoule d'une syllabe à l'autre soit plus ou moins longue, pourvu qu'elle soit toujours la même; nous ne tenons ici qu'à la *régularité,*

2°

Sur la manière d'étudier la MESURE *au moyen de la voix et de la main droite simultanément.*

Pour marquer la mesure avec la voix et la main simultanément, nous nous servons d'abord de *mots qui indiquent de quel côté doit se porter la main, pour marquer les différents temps d'une mesure,* soit à DEUX TEMPS, soit à TROIS TEMPS, soit à QUATRE TEMPS.

EXEMPLE :

Mesure à DEUX TEMPS :

1er temps *plancher;* 2e temps, *plafond.*

Mesure à TROIS TEMPS :

1er temps, *plancher;* 2e temps, *droite;* 3e temps, *plafond.*

Mesure à QUATRE TEMPS :

1er temps, *plancher;* 2e temps, *gauche;* 3e temps, *droite;* 4e temps, *plafond.*

Pour les trois espèces de mesure, *il faut,* jusqu'à ce qu'on ait acquis le sentiment parfait de la mesure, *frapper le* 1er *temps sur une table ou sur son genou.*

Il faut s'exercer à battre les trois espèces de mesure, en prononçant les mots indiqués pour chacun des temps de chacune d'elles, et en suivant *rigoureusement* les indications suivantes :

A. Il faut que les *mouvements de la main* soient faits d'une manière *nette,* et même un peu *brusque,* qui porte *rapidement* la main dans la direction indiquée par le mot qu'on prononce ; ce mot doit être prononcé *très-vivement, de telle sorte que la main, se déplaçant à point nommé, puisse séjourner le temps voulu au point où l'aura portée chaque déplacement.*

B. Il faut avoir soin de ne pas faire parcourir à la main, pour chaque déplacement, une étendue trop différente, parce que cela nuirait à l'égalité des mouvements.

C. Quand on est parfaitement maître de ses mouvements, et qu'on sait, au moyen des mots que nous avons indiqués plus haut, de quel côté doit se porter la main, pour marquer chacun des temps des trois espèces de mesure, on remplace, pour chacun des temps, le mot qu'on prononçait, par la syllabe TA, *articulée un peu plus fort sur le* 1er *temps* que sur les autres, et l'on passe ensuite à l'étude de la LANGUE DES DURÉES.

Cette *langue des durées*, crée par M. AIMÉ PARIS, est douée d'une immense puissance pour donner le *sentiment de la mesure.*

3°

Sur l'étude de la langue des durées.

Lorsqu'on sait bien battre la mesure à deux temps, à trois temps et à quatre temps, il faut apprendre, au moyen des deux tableaux que nous donnons, pages 36 et 37, à parler la langue des durées.

Comment on doit étudier chacune des colonnes des deux tableaux de la langue des durées.

A. Il faut s'exercer à dire *à haute voix, et à des distances égales entre elles*, c'est-à-dire *avec la plus grande régularité* (et sans battre la mesure avec la main) *les monosyllabes écrits au-dessous des points et des zéros.*

Il faut répéter cet exercice jusqu'à ce que, à la vue des points et des zéros, on puisse, sans la moindre hésitation, les nommer avec une régularité parfaite.

B. *Il faut recommencer la même opération*, mais cette fois, *en marquant avec la main la mesure*, soit à DEUX TEMPS, soit à TROIS TEMPS, soit à QUATRE TEMPS, selon le nombre de temps que contient chacune des mesures de la colonne qu'on étudie,

C. *Il faut*, nous le répétons, *déplacer brusquement la main, pour marquer l'origine de chaque temps, afin qu'elle reste complètement immobile à la place qu'elle doit occuper pendant la durée qui s'écoule d'un temps au temps suivant.*

D. Dans les colonnes où le temps est divisé, il faut que l'attention se porte principalement sur la syllabe TA ; cette syllabe qui marque *l'origine du* TEMPS, doit être dite *plus fort* que les autres, afin que l'oreille la distingue entre toutes; *elle remplit, pour la mesure, un rôle analogue à celui de la tonique pour l'intonation.*

Il faut, pour acquérir le sentiment parfait de la mesure, *marquer un peu plus fort l'origine de chacun des groupes de deux ou de trois, que produisent les sous-divisions du temps.*

PREMIER TABLEAU GÉNÉRAL DE LA LANGUE DES DURÉES.

DIVISION BINAIRE DU TEMPS.

1re COLONNE. — En étudiant cette colonne, on s'habitue à faire correspondre les mouvements de la main à ceux du gosier. — *Les temps ne sont pas divisés.* — 4 mesures à deux temps.

2e COLONNE. — En étudiant cette colonne, on s'habitue à produire deux mouvements du gosier pour un seul mouvement de la main. — *Les temps sont divisés par deux.* — 2 mesures à deux temps.

3e COLONNE. — En étudiant cette colonne on s'habitue à produire 4 mouvements du gosier pour un seul mouvement de la main. — *Les temps sont divisés par quatre.* — 1 mesure à 2 temps.

4e COLONNE. — En étudiant cette colonne, on s'habitue à produire six mouvements du gosier pour un seul mouvement de la main. — *Les temps sont divisés par six.* — 1 mesure à deux temps.

1re colonne				2e colonne				3e colonne		4e colonne	
ta ta	ta ta	ta ta	ta ta	ta té	ta té	ta té	ta té	ta fa té fé	ta fa té fé	tarala térélé	tarala térélé
ta ta	a ta	a ta	ta ta	ta té	a té	a té	ta té	ta fa é fé	a fa té fé	tarala té é lé	ta ra a térélé
ta ta	a a	a a	ta ta	ta té	a é	a é	ta té	ta fa é é	a a té fé	tarala té é é	ta a a térélé
ta ta	ta a	a a	a ta	ta té	ta é	a é	a té	ta fa té é	a a é fé	tarala té é lé	ta a la térélé
ta ta	ta ta	a ta	a ta	ta té	ta té	a té	a té	ta fa té fé	a fa é fé	tarala é é lé	a a la térélé
ta a	ta ta	a ta	a a	ta é	ta té	a té	a é	ta a té fé	a fa é é	tarala é ré lé	a ra la térélé
ta a	a ta	a ta	ta a	ta é	a té	a té	ta é	ta a é fé	a fa té é	tarala é ré é	a ra a térélé
ta ta	ta ta	ta ta	ta ta	ta té	ta té	ta té	ta té	ta fa té fé	ta fa té fé	tarala téréchu	tarachu térélé
ta ta	ta chu	u ta	ta ta	ta té	ta chu	u té	ta té	ta fa té chu	u fa té fé	tarala té é chu	ta a chu térélé
ta ta	chu u	u u	ta ta	ta té	chu u	u u	ta té	ta fa chu u	u u té fé	tarala téchuu	tachuu térélé
ta ta	chu ta	chu u	u ta	ta té	chu té	chu u	u té	ta fa chu fé	chu u u fé	tarala téchulé	tachula térélé
ta chu	u ta	chu ta	chu ta	ta chu	u té	chu té	chu té	ta chu u fé	chu fa chu fé	tarala chuulé	chuula térélé
ta chu	ta ta	chu ta	chu u	ta chu	ta té	chu té	chu u	ta chu té fé	chu fa chu u	tarala churélé	churala térélé
ta chu	ta chu	u ta	ta chu	ta chu	ta chu	u té	ta chu	ta chu té chu	u fa té chu	tarala churé é	chura a térélé

DEUXIÈME TABLEAU GÉNÉRAL DE LA LANGUE DES DURÉES.

DIVISION TERNAIRE DU TEMPS.

PREMIÈRE COLONNE.		DEUXIÈME COLONNE.		TROISIÈME COLONNE.	
En étudiant cette colonne, on s'habitue à produire trois mouvements du gosier pour un seul mouvement de la main.		En étudiant cette colonne, on s'habitue à produire six mouvements du gosier pour un seul mouvement de la main.		En étudiant cette colonne, on s'habitue à produire neuf mouvements du gosier pour un seul mouvement de la main.	
Les temps sont divisés par trois.		*Les temps sont divisés par six.*		*Les temps sont divisés par neuf.*	
1 mesure à deux temps.		1 mesure à deux temps.		1 mesure à deux temps.	
ta té ti	a é ti	ta fa té fé ti fi	ta fa té fé i fi	tarala térélé ti ri li	tarala térélé i ri li
ta é ti	a té ti	ta fa té fé ti i	ta fa té é i fi	tarala térélé ti i i	tarala té é é i ri li
ta é i	a té i	ta fa té é ti i	ta fa é é i fi	tarala té é é ti i i	tarala té é é i ri li
ta té i	a é i	ta fa té é ti fi	ta fa é é ti fi	tarala té é é ti ri li	tarala é é é ti ri li
ta té ti	chu u ti	ta a té é ti fi	ta fa é fé ti fi	ta a a té é é ti ri li	tarala é rélé ti ri li
ta é ti	chu té ti	ta a té fé ti fi	ta fa é fé ti i	ta a a térélé ti ri li	tarala é rélé ti i i
ta é i	chu té chu	ta a té fé ti i	ta fa é fé i fi	ta a a térélé ti i i	tarala é rélé i ri li
ta té ti	chu u u	ta a é fé i fi	tachu téchu tichu	ta a a é rélé i ri li	taaa churélé ti ri li
ta té chu	u u u	ta a é fé ti i	taa chufé ti fi	ta a a é rélé ti i i	ta a a chu u u ti ri li
ta é chu	u té chu	ta a é fé ti fi	ta a chuu ti fi	ta a a é rélé ti ri li	ta a a chu u u u ri li
ta chu u	u té ti	ta a é é ti fi	ta a chuu u fi	ta a a é é é ti ri li	chu u u u u u u ri li
ta chu ti	chu u ti	ta a té é i fi	chu u u u u fi	ta a a é é é i ri li	chu u u u u u ti ri li
chu u ti	a é ti	ta a té é ti fi	chu u u u ti fi	ta a a té é é i ri li	chu u u u rélé ti ri li
chu té ti	a té ti	ta a té fé i fi	chu u u fé ti fi	ta a a térélé i ri li	chu u u térélé ti ri li

EXPLICATIONS INDISPENSABLES

SUR LA MANIÈRE D'ÉTUDIER LES DEUX TABLEAUX GÉNÉRAUX DE MESURE EN CHIFFRES.

1°

Il ne faut pas commencer l'étude d'une colonne, dans l'un ou l'autre des deux tableaux généraux en chiffres, avant de s'être rendu parfaitement maître de la colonne analogue dans les tableaux de la langue des durées.

Lorsqu'on s'est rendu parfaitement maître de l'une des colonnes des tableaux de la langue des durées, on peut étudier la colonne analogue dans les tableaux généraux de mesure en chiffres.

De même, lorsqu'on s'est rendu maître de l'une des colonnes des tableaux généraux de mesure en chiffres, on peut étudier, plus loin, les exercices qui se rapportent à cette colonne.

Dans tous les exercices de mesure qui vont suivre, comme dans tous les exercices d'intonation qui précèdent, on prend l'UT à la hauteur qui permet de chanter le plus facilement les exercices.

Comment on doit étudier chacune des colonnes dans les deux tableaux généraux de mesure en chiffres.

A. ***Il faut battre la mesure en disant la langue des durées, comme si elle était écrite.***

Cette opération ne sera pas difficile, si on veut remarquer que les *chiffres*, dans les tableaux qui vont suivre, remplacent les *points à queue*, des tableaux précédents, et doivent porter, selon la position qu'ils occupent, les noms que porteraient, dans la même position, les points à queue ; quant aux points sans queue et aux zéros, il n'y a rien de changé.

EXEMPLE :					
	Points,	♫	♩	•	•♩
	Chiffres,	$\overline{1\,2}$	3	•	$\overline{\bullet 2}$
	Langue des durées,	ta té,	ta é,	a é,	a té,

B. ***Il faut chanter les notes en mesure, sans battre la mesure avec la main.***

Cette opération ne sera pas plus difficile que la précédente, si on veut remarquer que l'*articulation* et la *prolongation* des sons, qui remplacent la langue des durées, doivent être calquées exactement sur la langue qu'elles remplacent.

EXEMPLE :					
	Écriture en chiffres	$\overline{1\,2}$	3	4	$\overline{\bullet 5}$
	Première opération, *langue des durées*,	ta té,	ta é,	ta é,	a té,
	Deuxième opération, *sons chantés*,	$\overline{\text{utré}}$,	mii,	faa,	$\overline{\text{asol}}$,

On voit que, ***pour chaque note chantée, les coups de gosier doivent correspondre exactement aux syllabes de la langue des durées.***

C. *Il faut battre la mesure, avec la main droite, en chantant, comme nous venons de l'indiquer,* c'est-à-dire en faisant correspondre exactement, pour chacun des sons, les coups de gosier aux syllabes de la langue des durées.

Ces mouvements multipliés du gosier sont *indispensables* pour ceux qui, n'ayant aucune idée de la mesure, veulent arriver à la posséder parfaitement; mais ils deviendront de plus en plus faibles, à mesure qu'on deviendra plus exercé, puis, ils finiront par disparaître tout à fait lorsqu'on sentira parfaitement la mesure.

2°

Chacune des colonnes des deux tableaux généraux de mesure en chiffres doit être étudiée de plusieurs manières, ainsi qu'il suit :

PREMIER TABLEAU GÉNÉRAL. — DIVISION BINAIRE DU TEMPS.

La PREMIÈRE COLONNE doit être étudiée des *deux manières* suivantes :

1° En *quatre mesures à deux temps*, comme elle est écrite ; exemple :

| 1 2 | 3 4 | 5 4 | 3 2 || UNE SEULE NOTE pour UN MOUVEMENT de la main.

2° En *deux mesures à quatre temps*, comme si elle était écrite ainsi :

| 1 2 3 4 | 5 4 3 2 || UNE SEULE NOTE pour UN MOUVEMENT de la main.

La DEUXIÈME COLONNE doit être étudiée des *trois manières* suivantes :

1° En *quatre mesures à deux temps*, comme si elle était écrite ainsi :

| 1 2 | 3 4 | 5 4 | 3 2 || UNE SEULE NOTE pour UN MOUVEMENT de la main

2° En *deux mesures à deux temps*, comme elle est écrite ; exemple :

| $\overline{12}$ $\overline{34}$ | $\overline{54}$ $\overline{32}$ || DEUX NOTES pour UN MOUVEMENT de la main.

3° En *une mesure à quatre temps*, comme si elle était écrite ainsi :

| $\overline{12}$ $\overline{34}$ $\overline{54}$ $\overline{32}$ || DEUX NOTES pour UN MOUVEMENT de la main.

La TROISIÈME COLONNE doit être étudiée des *deux manières* suivantes :

1° En *deux mesures à deux temps*, comme si elle était écrite ainsi :

| $\overline{12}$ $\overline{34}$ | $\overline{54}$ $\overline{32}$ || DEUX NOTES pour UN MOUVEMENT de la main.

2° En *une mesure à deux temps*, comme elle est écrite ; exemple :

| $\overline{\overline{1234}}$ $\overline{\overline{5432}}$ || QUATRE NOTES pour UN MOUVEMENT de la main.

La QUATRIÈME COLONNE doit être étudiée des *trois manières* suivantes :

1° En *quatre mesures à trois temps*, comme si elle était écrite ainsi :

| 1 2 3 | 4 5 4 | 3 2 3 | 4 3 2 || UNE SEULE NOTE pour UN MOUVEMENT de la main.

2° En *une mesure à quatre temps*, comme si elle était écrite ainsi :

| 123 454 323 432 || TROIS NOTES pour UN MOUVEMENT de la main.

3° En *une mesure à deux temps*, comme elle est écrite ; exemple :

| 123454 323432 || SIX NOTES pour UN MOUVEMENT de la main.

DEUXIÈME TABLEAU GÉNÉRAL. — DIVISION TERNAIRE DU TEMPS.

La PREMIÈRE COLONNE doit être étudiée des *deux manières* suivantes :

1° En *deux mesures à trois temps*, comme si elle était écrite ainsi :

| 1 2 3 | 4 3 2 || UNE SEULE NOTE pour UN MOUVEMENT de la main.

2° En *une mesure à deux temps*, comme elle est écrite ; exemple :

| 123 432 || TROIS NOTES pour UN MOUVEMENT de la main.

La DEUXIÈME COLONNE doit être étudiée des *deux manières* suivantes :

1° En *deux mesures à trois temps*, comme si elle était écrite ainsi :

| 12 34 54 | 32 34 32 || DEUX NOTES pour UN MOUVEMENT de la main.

2° En *une mesure à deux temps*, comme elle est écrite ; exemple :

| 123454 323432 || SIX NOTES pour UN MOUVEMENT de la main.

La TROISIÈME COLONNE doit être étudiée des *deux manières* suivantes :

1° En *deux mesures à trois temps*, comme si elle était écrite ainsi :

| 123 454 323 | 454 323 432 || TROIS NOTES pour UN MOUVEMENT de la main.

2° En *une mesure à deux temps*, comme elle est écrite ; exemple :

| 123454323 454323432 || NEUF NOTES pour UN MOUVEMENT de la main.

PREMIER TABLEAU GÉNÉRAL DE MESURE EN CHIFFRES.

DIVISION BINAIRE DU TEMPS.

GROUPE I. — SANS SILENCE.

				Exercices, page 43.				Exercices, page 47.		Exercices, page 49.	
1 2	3 4	5 4	3 2	12	34	54	32	1234	5432	123454	323432
1 2	3 4	5 •	4 3	12	34	5	43	1234	5 43	123454	32345•
1 2	3 4	5 4	3 •	12	34	54	3	1234	54 3	123454	323 2
1 2	3 4	3 2	• •	12	34	32	•	1234	32 •	123454	3234•5
1 2	3 4	5 4	• 3	12	34	54	•3	1234	54•3	123454	323••2
1 2	3 4	3 •	• 2	12	34	3	•2	1234	3 •2	123454	323•45
1 2	3 4	• •	• 5	12	34	•	•5	1234	• •5	123454	323•2•
1 2	3 4	• •	3 2	12	34	•	32	1234	• 32	123454	32•345
1 2	3 4	• 5	4 3	12	34	•5	43	1234	•543	123454	3•2345
1 2	3 4	• 3	2 •	12	34	•3	2	1234	•3 2	123454	••3232
1 2	3 4	• 5	• •	12	34	•5	•	1234	•5 •	123454	•32345
1 2	3 4	• 3	• 2	12	34	•3	•2	1234	•3•2	123454	3 232

GROUPE II. — AVEC SILENCES.

1 2	3 4	5 0	4 3	12	34	50	43	1234	5043	123454	323432
1 2	3 4	3 0	2 0	12	34	30	20	1234	3020	123454	323450
1 2	3 4	5 4	3 0	12	34	54	30	1234	5430	123454	3232•0
1 2	3 4	3 2	0 0	12	34	32	0	1234	32 0	123454	323200
1 2	3 4	5 4	0 3	12	34	54	03	1234	5403	123454	323405
1 2	3 4	3 0	0 2	12	34	30	02	1234	3002	123454	320345
1 2	3 4	0 0	0 5	12	34	0	05	1234	0 05	123454	3•0232
1 2	3 4	0 0	3 2	12	34	0	32	1234	0 32	123454	300232
1 2	3 4	0 5	4 3	12	34	05	43	1234	0543	123454	302345
1 2	3 4	0 3	2 0	12	34	03	20	1234	0320	123454	032345
1 2	3 4	0 5	0 0	12	34	05	0	1234	05 0	123454	003232
1 2	3 4	0 3	0 2	12	34	03	02	1234	0302	123454	0 323

DEUXIÈME TABLEAU GÉNÉRAL DE MESURE EN CHIFFRES.

DIVISION TERNAIRE DU TEMPS.

GROUPE I. — SANS SILENCE.

Exercices, page 45.		Exercices, page 50.		Exercices, page 51.	
123	432	123454	323432	123454323	454323432
123	45•	123454	3234 5	123454323	454323 2
123	2	123454	32 3 2	123454323	454 3 2
123	4•5	123454	32 3 45	123454323	454 3 232
123	∘•2	123454	3 2 32	123454323	4 5 432
123	•45	123454	3 2345	123454323	4 543232
123	•2•	123454	3 23 2	123454323	4 543 2
123	•	123454	3 •2 3	123454323	4 •54 3
12•	345	123454	•32345	123454323	•45432345
1	232	123454	• 3232	123454323	••4543232
1•2	345	123454	∘ •323	123454323	• 454323
1∘2	3•2	123454	• • 32	123454323	• •45432

GROUPE II. — AVEC SILENCES.

123	432	123454	323432	123454323	454323432
123	450	123454	323450	123454323	454323200
123	2•0	123454	323020	123454323	454300200
123	200	123454	302030	123454323	400300200
123	405	123454	302032	123454323	400500432
123	002	123454	302345	123454323	400543232
123	045	123454	302320	123454323	400543200
123	020	123454	323045	123454323	454300232
123	0	123454	032345	123454323	045432345
120	345	123454	0 3232	123454323	004543232
1∘0	232	123454	0 0323	123454323	0 454323
100	232	123454	0 0 32	123454323	0 045432

PREMIÈRE SÉRIE (1). — DIVISION BINAIRE DU TEMPS.

Exercices sur les coupes des deux premières colonnes du premier Tableau général.

GROUPE I. — SANS SILENCE.

N° 1

$\overline{12}$ $\overline{34}$	$\overline{54}$ $\overline{32}$	1 2	3 2	$\overline{12}$ $\overline{34}$	$\overline{54}$ $\overline{32}$	1 2	3 2
$\overline{12}$ $\overline{34}$	$\overline{54}$ 3	1 2	3 $\overline{45}$	$\overline{12}$ 3	$\overline{45}$ $\overline{43}$	1 $\overline{23}$	4 5
$\overline{12}$ $\overline{34}$	3 2	1 2	$\overline{34}$ $\overline{32}$	1 2	$\overline{34}$ $\overline{32}$	$\overline{12}$ $\overline{34}$	3 2
$\overline{12}$ $\overline{34}$	5 $\overline{43}$	1 2	$\overline{34}$ 5	1 $\overline{23}$	$\overline{45}$ $\overline{43}$	$\overline{12}$ 3	4 5

$\overline{12}$ 3	$\overline{45}$ $\overline{43}$	1 $\overline{23}$	4 5	$\overline{12}$ $\overline{34}$	$\overline{54}$ 3	1 2	3 $\overline{45}$
$\overline{12}$ 3	$\overline{43}$ 2	1 $\overline{23}$	4 $\overline{32}$	$\overline{12}$ 3	$\overline{43}$ 2	1 $\overline{23}$	4 $\overline{32}$
$\overline{12}$ 3	4 5	1 $\overline{23}$	$\overline{45}$ $\overline{43}$	1 2	$\overline{34}$ 5	$\overline{12}$ $\overline{34}$	5 $\overline{43}$
$\overline{12}$ 3	4 $\overline{32}$	1 $\overline{23}$	$\overline{43}$ 2	1 $\overline{23}$	$\overline{43}$ 2	$\overline{12}$ 3	4 $\overline{32}$

N° 2

$\overline{12}$ $\overline{\bullet 3}$	$\overline{45}$ $\overline{43}$	1 $\overline{\bullet 2}$	3 2	$\overline{12}$ •	$\overline{34}$ $\overline{32}$	1 •	2 3
$\overline{12}$ $\overline{\bullet 3}$	$\overline{43}$ 2	1 $\overline{\bullet 2}$	3 $\overline{45}$	$\overline{12}$ •	$\overline{34}$ 5	1 •	2 $\overline{32}$
$\overline{12}$ $\overline{\bullet 3}$	4 5	1 $\overline{\bullet 2}$	$\overline{34}$ $\overline{32}$	$\overline{12}$ •	3 2	1 •	$\overline{23}$ $\overline{45}$
$\overline{12}$ $\overline{\bullet 3}$	4 $\overline{32}$	1 $\overline{\bullet 2}$	$\overline{34}$ 5	$\overline{12}$ •	3 $\overline{45}$	1 •	$\overline{23}$ 2

N° 3

$\overline{12}$ $\overline{34}$	$\overline{54}$ $\overline{32}$	$\overline{12}$ $\overline{34}$	5 $\overline{43}$	1 $\overline{23}$	$\overline{45}$ $\overline{43}$	1 $\overline{23}$	4 $\overline{32}$
$\overline{12}$ $\overline{34}$	$\overline{54}$ $\overline{\bullet 3}$	$\overline{12}$ $\overline{34}$	3 $\overline{\bullet 2}$	1 $\overline{23}$	$\overline{43}$ $\overline{\bullet 2}$	1 $\overline{23}$	4 $\overline{\bullet 5}$
$\overline{12}$ $\overline{34}$	$\overline{54}$ 3	$\overline{12}$ $\overline{34}$	3 2	1 $\overline{23}$	$\overline{43}$ 2	1 $\overline{23}$	4 5
$\overline{12}$ $\overline{34}$	$\overline{32}$ •	$\overline{12}$ $\overline{34}$	5 •	1 $\overline{23}$	$\overline{45}$ •	1 $\overline{23}$	2 •

N° 4

$\overline{12}$ $\overline{34}$ $\overline{32}$	$\overline{12}$ $\overline{\bullet 3}$ $\overline{45}$	$\overline{12}$ 3 $\overline{45}$	$\overline{12}$ • $\overline{32}$	$\overline{\bullet 1}$ $\overline{23}$ $\overline{45}$
$\overline{12}$ $\overline{34}$ $\overline{\bullet 5}$	$\overline{12}$ $\overline{\bullet 3}$ $\overline{\bullet 2}$	$\overline{12}$ 3 $\overline{\bullet 2}$	$\overline{12}$ • $\overline{\bullet 3}$	$\overline{\bullet 1}$ $\overline{23}$ $\overline{\bullet 2}$
$\overline{12}$ $\overline{34}$ 5	$\overline{12}$ $\overline{\bullet 3}$ 2	$\overline{12}$ 3 2	$\overline{12}$ • 3	$\overline{\bullet 1}$ $\overline{23}$ 2
$\overline{12}$ $\overline{32}$ •	$\overline{12}$ $\overline{\bullet 3}$ •	$\overline{12}$ 3 •	$\overline{12}$ • •	$\overline{\bullet 1}$ $\overline{23}$ •

(1) *Dans les trois premières séries, les numéros écrits à deux temps* doivent être étudiés des deux manières suivantes : 1° *à deux temps*, comme ils sont écrits ; 2° *à quatre temps*, en réunissant les deux mesures qui se trouvent sous la même petite flèche, pour en former une seule mesure à quatre temps.

Dans tous ces exercices de mesure il faut ajouter un *ut* final, qui termine chaque numéro.

N° 5

1 $\overline{23}$ $\overline{45}$	1 $\overline{\bullet 2}$ $\overline{32}$	1 2 $\overline{32}$	1 • $\overline{23}$	• $\overline{12}$ $\overline{32}$
1 $\overline{23}$ $\overline{\bullet 2}$	1 $\overline{\bullet 2}$ $\overline{\bullet 3}$	1 2 $\overline{\bullet 3}$	1 • $\overline{\bullet 2}$	• $\overline{12}$ $\overline{\bullet 3}$
1 $\overline{23}$ 2	1 $\overline{\bullet 2}$ 3	1 2 3	1 • 2	• $\overline{12}$ 3
1 $\overline{23}$ •	1 $\overline{\bullet 2}$ •	1 2 •	1 • •	• $\overline{12}$ •

GROUPE II. — AVEC SILENCES.

N° 1

$\overline{12}$ $\overline{30}$	$\overline{45}$ $\overline{43}$	1 $\overline{20}$	3 2	$\overline{10}$ $\overline{20}$	$\overline{34}$ $\overline{32}$	$\overline{10}$ $\overline{20}$	3 2
$\overline{12}$ $\overline{30}$	$\overline{43}$ 2	1 $\overline{20}$	3 $\overline{45}$	$\overline{10}$ $\overline{20}$	$\overline{34}$ 5	$\overline{10}$ $\overline{20}$	3 $\overline{45}$
$\overline{12}$ $\overline{30}$	4 5	1 $\overline{20}$	$\overline{34}$ $\overline{32}$	$\overline{10}$ $\overline{20}$	3 2	$\overline{10}$ $\overline{20}$	$\overline{34}$ $\overline{32}$
$\overline{12}$ $\overline{30}$	4 $\overline{32}$	1 $\overline{20}$	$\overline{34}$ 5	$\overline{10}$ $\overline{20}$	3 $\overline{45}$	$\overline{10}$ $\overline{20}$	$\overline{34}$ 5

N° 2

$\overline{12}$ $\overline{03}$	$\overline{45}$ $\overline{43}$	1 $\overline{02}$	$\overline{34}$ $\overline{32}$	$\overline{01}$ $\overline{23}$	$\overline{45}$ $\overline{43}$	$\overline{01}$ 2	$\overline{34}$ $\overline{32}$
$\overline{12}$ $\overline{03}$	$\overline{43}$ 2	1 $\overline{02}$	$\overline{34}$ 5	$\overline{01}$ $\overline{23}$	$\overline{43}$ 2	$\overline{01}$ 2	$\overline{34}$ 5
$\overline{12}$ $\overline{03}$	4 5	1 $\overline{02}$	3 2	$\overline{01}$ $\overline{23}$	4 5	$\overline{01}$ 2	3 2
$\overline{12}$ $\overline{03}$	4 $\overline{32}$	1 $\overline{02}$	3 $\overline{45}$	$\overline{01}$ $\overline{23}$	4 $\overline{32}$	$\overline{01}$ 2	3 $\overline{45}$

N° 3

$\overline{12}$ 0	$\overline{34}$ $\overline{32}$	1 0	$\overline{23}$ $\overline{45}$	0 $\overline{12}$	$\overline{34}$ $\overline{32}$	0 1	$\overline{23}$ $\overline{45}$
$\overline{12}$ 0	$\overline{34}$ 5	1 0	$\overline{23}$ 2	0 $\overline{12}$	$\overline{34}$ 5	0 1	$\overline{23}$ 2
$\overline{12}$ 0	3 2	1 0	2 3	0 $\overline{12}$	3 2	0 1	2 3
$\overline{12}$ 0	3 $\overline{45}$	1 0	2 $\overline{32}$	0 $\overline{12}$	3 $\overline{45}$	0 1	2 $\overline{32}$

N° 4

$\overline{12}$ $\overline{34}$ $\overline{32}$	1 2 $\overline{32}$	$\overline{12}$ $\overline{34}$ $\overline{32}$	1 $\overline{23}$ 2	$\overline{12}$ $\overline{\bullet 3}$ $\overline{45}$
$\overline{12}$ $\overline{34}$ $\overline{50}$	1 2 $\overline{30}$	$\overline{12}$ $\overline{30}$ $\overline{45}$	1 $\overline{20}$ 3	$\overline{12}$ $\overline{\bullet 3}$ $\overline{20}$
$\overline{12}$ $\overline{32}$ 0	1 2 0	$\overline{12}$ 0 $\overline{32}$	1 0 2	$\overline{12}$ $\overline{\bullet 3}$ 0
$\overline{12}$ $\overline{34}$ $\overline{05}$	1 2 $\overline{03}$	$\overline{12}$ $\overline{03}$ $\overline{45}$	1 $\overline{02}$ 3	$\overline{12}$ $\overline{\bullet 3}$ $\overline{02}$

N° 5

12	3	45	1	23	45	12	34	5	1	23	45	1	•2	32
12	3	20	1	23	20	12	30	2	1	20	32	1	•2	30
12	3	0	1	23	0	12	0	3	1	0	23	1	•2	0
12	3	02	1	23	02	12	03	2	1	02	32	1	•2	03

N° 6

10	23	45	12	30	45	10	2	32	1	20	32	10	02	32
10	23	20	12	30	20	10	2	30	1	20	30	10	02	30
10	23	0	12	30	0	10	2	0	1	20	0	10	02	0
10	23	02	12	30	02	10	2	03	1	20	03	10	02	03

DEUXIÈME SÉRIE. — DIVISION TERNAIRE DU TEMPS.

Exercices sur les coupes de la première colonne du deuxième Tableau général.

GROUPE I. — SANS SILENCE.

N° 1

123	454	323	432	1	234	3	2	123	45∘	432	345	1	23•	4	5
123	454	323	2	1	234	5	432	123	45•	432	3	1	23•	4	543
123	454	3	2	1	234	543	232	123	45•	4	3	1	23•	454	323
123	454	3	232	1	234	543	2	123	45•	4	323	1	23•	454	3

N° 2

123	4•5	432	345	1	2•3	4	5	123	•45	432	345	1	•23	4	5
123	4•5	432	3	1	2•3	4	543	123	•45	432	3	1	•23	4	543
123	4•5	4	3	1	2•3	454	323	123	•45	4	3	1	•23	454	323
123	4•5	4	323	1	2•3	454	3	123	•45	4	323	1	•23	454	3

N° 3

123	••4	543	232	1	••2	3	2	123	•4•	543	232	1	•2•	3	2
123	••4	543	2	1	••2	3	432	123	•4•	543	2	1	•2•	3	432
123	••4	3	2	1	••2	345	432	123	•4•	3	2	1	•2•	345	432
123	••4	5	432	1	••2	343	2	123	•4∘	5	432	1	•2•	343	2

N° 4

123 454 323	1 234 ••5	123 4 543	1 2 ••3
123 454 32•	1 234 •32	123 4 32•	1 2 •32
123 454 3	1 234 •5•	123 4 5	1 2 •3•
123 454 3•2	1 232 •	123 4 3•2	1 2 •

N° 5

1•2 345 432	1•2 343 ••2	1•2 3 432	1•2 3 ••2
1•2 345 43•	1•2 345 •43	1•2 3 45•	1•2 3 •45
1•2 343 2	1•2 343 •2•	1•2 3 2	1•2 3 •2•
1•2 345 4•3	1•2 345 •	1•2 3 4•5	1•2 3 •

N° 6

1•2 3•4 543	1•2 3•4 ••5	1•2 •34 543	1•2 •34 ••5
1•2 3•4 32•	1•2 3•4 •32	1•2 •34 32•	1•2 •34 •32
1•2 3•4 5	1•2 3•4 •5•	1•2 •34 5	1•2 •34 •5•
1•2 3•4 3•2	1•2 3•4 •	1•2 •34 3•2	1•2 •34 •

GROUPE II. — AVEC SILENCES.

N° 1

123 400	543 232	1 200	3 2	123 405	432 345	1 203	4 5
123 400	543 2	1 200	3 432	123 405	432 3	1 203	4 543
123 400	3 2	1 200	345 432	123 405	4 3	1 203	454 323
123 400	5 432	1 200	343 2	123 405	4 323	1 203	454 3

N° 2

123 450	432 345	1 230	4 5	123 4•0	543 232	1 2•0	3 2
123 450	432 3	1 230	4 543	123 4•0	543 2	1 2•0	3 432
123 450	4 3	1 230	454 323	123 4•0	3 2	1 2•0	345 432
123 450	4 323	1 230	454 3	123 4•0	5 432	1 2•0	343 2

N° 3

123 045	432 345	1 023	4 5	123 004	543 232	1 002	3 2
123 045	432 3	1 023	4 543	123 004	543 2	1 002	3 432
123 045	4 3	1 023	454 323	123 004	3 2	1 002	345 432
123 045	4 323	1 023	454 3	123 004	5 432	1 002	343 2

N° 4

123 04•	543 232	1 02•	3 2	123 040	543 232	1 020	3 2
123 04•	543 2	1 02•	3 432	123 040	543 2	1 020	3 432
123 04•	3 2	1 02•	345 432	123 040	3 2	1 020	345 432
123 04•	5 432	1 02•	343 2	123 040	5 432	1 020	343 2

TROISIÈME SÉRIE. — DIVISION MIXTE DU TEMPS.

N° 1

12 34	54 32	123 454	323 432	12 34	54 32	123 454	323 432
12 34	54 3	123 454	323 2	12 34	54 •3	123 454	323 •45
12 34	3 2	123 454	3 2	12 34	•3 •2	123 454	•32 •32
12 34	5 43	123 454	3 232	12 34	•5 43	123 454	•32 345

N° 2

12 34	54 32	123 454	323 432	12 345	43 23	123 45	432 345
12 34	54 323	123 454	323 45	12 345	43 232	123 45	432 32
12 34	54 •32	123 454	323 •2	12 •34	54 •32	123 •4	543 •2
12 34	•54 32	123 454	•3 232	12 •34	•54 32	123 •4	•5 432

QUATRIÈME SÉRIE. — DIVISION BINAIRE DU TEMPS, SOUS-DIVISION BINAIRE.

Exercices sur les coupes de la troisième colonne du premier Tableau général.

GROUPE I. — SANS SILENCE.

N° 1

1234 5432	3454 3232	1234 5432	3454 3232	1234 5432	3454 3232
1234 5432	3454 3 23	1234 5432	3454 3 2	1234 5432	3454 323
1234 5432	3 454 32	1234 5432	3 4 3 2	1234 5432	345 432
1234 5432	3 45 4323	1234 5432	3 4 5432	1234 5432	345 4323

Nº 2

1234	543	2345	4323	1234	54	3234	5432	1234	543	2345	4323
1234	543	2345	4 32	1234	54	3234	3 2	1234	543	2345	432
1234	543	2 34	5 43	1234	54	3 2	3 2	1234	543	234	543
1234	543	2 34	5432	1234	54	3 2	3432	1234	543	234	5432

Nº 3

1234	5432	3454	3232	1234	543	234	543	1234	54	32	32
1234	5432	3454	32•3	1234	543	234	3•2	1234	54	32	3
1234	5432	34•5	43•2	1234	543	2•3	4•5	1234	54	3	2
1234	5432	34•5	4323	1234	543	2•3	432	1234	54	3	23

Nº 4

1234	543	234	543	1234	5432	3454	3232	1234	543	234	543
1234	543	234	32•	1234	5432	3454	•323	1234	543	234	•32
1234	543	23•	45•	1234	5432	•345	•432	1234	543	•23	•45
1234	543	23•	432	1234	5432	•345	4323	1234	543	•23	432

Nº 5

1234	54	32	32	1234	543	234	543	1234	5432	3454	3232
1234	54	32	•3	1234	543	234	•32	1234	5432	3454	•3•2
1234	54	•3	•2	1234	543	•23	•45	1234	5432	•3•4	•3•2
1234	54	•3	23	1234	543	•23	432	1234	5432	•3•4	5432

Nº 6

1234	543	234	543	1234	54	32	32	1234	543	234	543
1234	543	234	••5	1234	54	32	•	1234	543	234	•5•
1234	543	••2	••3	1234	32	•	•	1234	543	•2•	•3•
1234	543	••2	345	1234	54	•	32	1234	543	•2•	345

GROUPE II. — AVEC SILENCES.

N° 1

1234 5043	1234 3020	1234 5430	1234 302	1234 320	1234 500
123 4032	123 4050	123 4320	123 405	123 450	123 200
1 2 3045	1 2 3020	1 2 3450	1 2 302	1 2 320	1 2 300
123 4032	123 4050	123 4320	123 405	123 450	123 200

N° 2

1234 320	1234 5403	1234 3002	1234 302	1234 05	1234 005
123 450	123 4302	123 4005	123 405	123 02	123 002
1 2 320	1 2 3405	1 2 3002	1 2 302	1 2 03	1 2 003
123 450	123 4302	123 4005	123 405	123 02	123 002

CINQUIÈME SÉRIE. — DIVISION BINAIRE DU TEMPS, SOUS-DIVISION TERNAIRE.

Exercices sur les coupes de la quatrième colonne du premier Tableau général.

N° 1

123432 123454 323432	123432 1234 543232	123432 12 345432
123432 123454 323 2	123432 123 4543 2	123432 12 343 2
123432 123454 3 2	123432 123 4 3 2	123432 1 2 3 2
123432 123454 3 232	123432 123 45 432	123432 1 2 3 432

N° 2

123432 1234 543232	1232 123454 323432	1232 1234 543232
123432 1234 543 2	1232 123454 323.45	1232 1234 5432.3
123432 1234 3 2	1232 123454 .32.32	1232 1234 5.43.2
123432 1234 5 432	1232 123454 .32345	1232 1234 5.4323

SIXIÈME SÉRIE. — DIVISION BINAIRE DU TEMPS, SOUS-DIVISION MIXTE.

N° 1

1234 5432	123454 323432	1234 5432	123454 323432
1234 543	123454 323 2	1234 54323	123454 32345
1234 3 2	123454 3 2	1234 543232	123454 3232
1234 543	123454 3 232	12345 432345	12345 4323

N° 2

12 3 4543	123 4 543232	12345 4323	12345 432345
12 3 43 2	123 4 543 2	12345 43232	12345 43232
12 3 4 5	123 4 3 2	12345 432345	12345 4323
12 3 4 32	123 4 5 432	12345 43232	12345 43232

SEPTIÈME SÉRIE. — DIVISION TERNAIRE DU TEMPS, SOUS-DIVISION BINAIRE.

Exercices sur les coupes de la deuxième colonne du deuxième Tableau général.

GROUPE I. — SANS SILENCE.

N° 1

123454 323432	12345 432345	1234 543232	12345 432345
123454 32 34 5	12345 43 23 2	1234 54 32 3	12345 43 23 2
123454 32 3 2	12345 43 2 3	1234 54 3 2	12345 43 2 3
123454 32 3 45	12345 43 2 32	1234 54 3 23	12345 43 2 32

N° 2

123454 3 2 32	12 34 5 4 3 23	12 3 4 5 4 32	12 3 45 4 3 23
123454 3 23 45	12 34 5 4 32 32	12 3 4 5 43 23	12 3 45 4 32 32
123454 3 23 2	12 34 5 4 32 3	12 3 4 5 43 2	12 3 45 4 32 3
123454 3 2 3	12 34 5 4 3 2	12 3 4 5 4 3	12 3 45 4 3 2

N° 3

1 2 34 543232	1 23 45 432345	1 23 4 543232	1 2 3 454323
1 2 34 54 32 3	1 23 45 43 23 2	1 23 4 54 32 3	1 2 3 45 43 2
1 2 34 54 3 2	1 23 45 43 2 3	1 23 4 54 3 2	1 2 3 45 4 3
1 2 34 54 3 23	1 23 45 43 2 32	1 23 4 54 3 23	1 2 3 45 4 32

N° 4

1 2 34 5 4 32	1 23 45 4 3 23	1 23 4 5 4 32	1 2 3 4 5 43
1 2 34 5 43 23	1 23 45 4 32 32	1 23 4 5 43 23	1 2 3 4 54 32
1 2 34 5 43 2	1 23 45 4 32 3	1 23 4 5 43 2	1 2 3 4 54 3
1 2 34 5 •4 3	1 23 45 4 •3 2	1 23 4 5 •4 3	1 2 3 4 •3 2

N° 5

123454	•32345	1 2 34	• 54 32	123454	• •3 23	1 2 34	••32
12 34 5	•43232	1 23 45	• 43 23	12 34 5	• •4 32	1 23 45	••43
12 3 4	•54323	1 23 4	• 54 32	12 3 4	• •5 43	1 23 4	••32
12 3 45	•43232	1 •2 3	• 45 43	12 3 45	• •4 32	1 •2 3	••45

GROUPE II. — AVEC SILENCES.

123454	032345	1 2 34	0 54 32	123454	0 03 23	1 2 34	0032
12 34 5	043232	1 23 45	0 43 23	12 34 5	0 04 32	1 23 45	0043
12 3 4	054323	1 23 4	0 54 32	12 3 4	0 05 43	1 23 4	0032
12 3 45	043232	1 02 3	0 45 43	12 3 45	0 04 32	1 02 3	0045

HUITIÈME SÉRIE. — DIVISION TERNAIRE DU TEMPS, SOUS-DIVISION TERNAIRE.

Exercices sur les coupes de la troisième colonne du deuxième Tableau général.

GROUPE I. — SANS SILENCE.

N° 1

123454323	454323432	1234543	234543232	12345	432345432
123454323	454 323 2	123 454 3	234 543 2	123 4 5	432 343 2
123454323	454 3 2	123 454 3	234 3 2	123 4 5	432 3 2
123454323	454 3 232	123 454 3	234 5 432	123 4 5	432 3 432

N° 2

123 4 543	2 3 432	1 2 345	4 3 232	1 234 543	2 3 432
123 4 543	2 345 432	1 2 345	4 323 432	1 234 543	2 345 432
123 4 543	2 343 2	1 2 345	4 323 2	1 234 543	2 343 2
123 4 543	2 3 2	1 2 345	4 3 2	1 234 543	2 3 2

N° 3

1 234 5	432345432	1 2 3	4 5 432	1	234543232
1 234 5	432 343 2	1 2 3	4 543 232	1	234 543 2
1 234 5	432 3 2	1 2 3	4 543 2	1	234 3 2
1 234 5	432 3 432	1 2 3	4 3 2	1	234 5 432

N° 4

123454323 4.54323	1234543 2345432.3	1234543 023454323
123454323 4 .54 3	1234543 2345.43.2	1234543 0 023 432
123454323 4 5 .43	1234543 234 5.4 3	1234543 0 0 023
123454323 .454323	1234543 2 3.4 543	1234543 203405403

NEUVIÈME SÉRIE. — DIVISION TERNAIRE DU TEMPS, SOUS-DIVISION MIXTE.

N° 1

123454 323432	123454323 454323432	12 34 543 23 454 3
123454 32 34 5	123454323 454 323 2	12345432 34543232
123454 32 3 2	123454323 454 3 2	12 345 4 323 45 43
123454 32 3 45	123454323 454 3 232	1 23 454 3 23 432

N° 2

123454 3 2 32	123454323 4 5 432	123 45 4 32 34 543
123454 3 23 45	123454323 4543232	12345432 34543232
123454 3 23 2	123454323 4 543 2	12 345 43 23 454 3
123454 3 2 3	123454323 4 3 2	1 234 54 3 23 432

FIN DES EXERCICES ÉLÉMENTAIRES.

EXERCICES DE LECTURE

PAR

ÉMILE CHEVÉ.

PREMIÈRE SÉRIE. — AIRS MAJEURS.

PREMIER GROUPE. — TEMPS NON DIVISÉS.

N° 1. — TON DE RÉ. (5-1) M.M. 88.

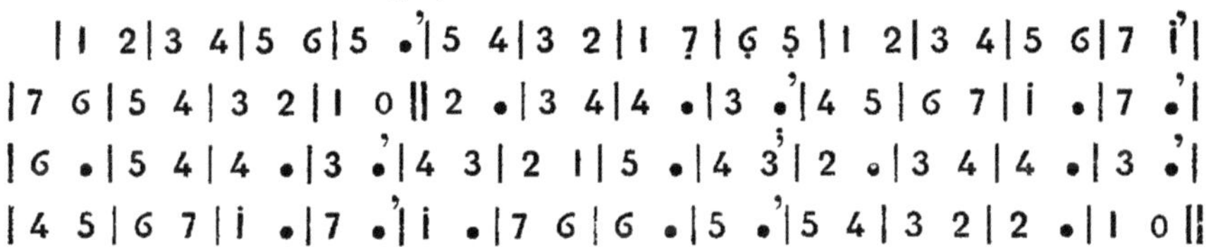

N° 2. — TON DE REU. (1-2) M.M. 104

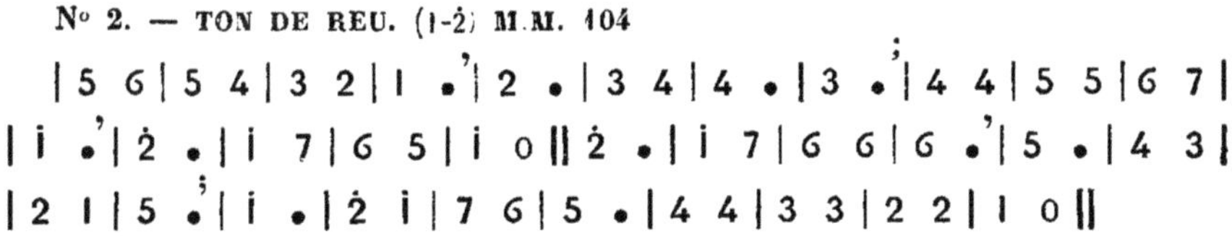

N° 3. — TON DE SOL. (5-5) M.M. 104.

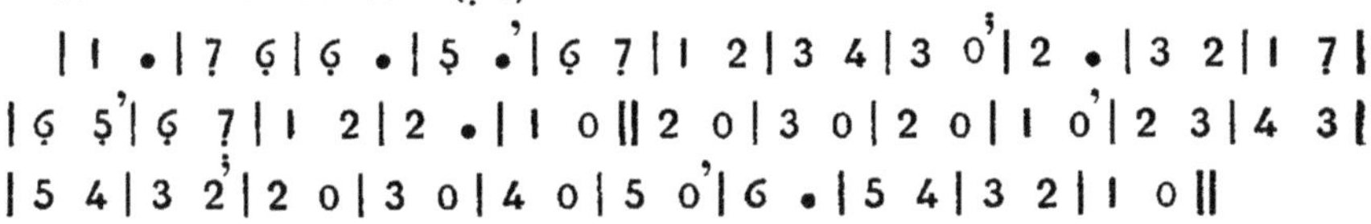

N° 4. — TON DE SEU. (1-4) M.M. 104.

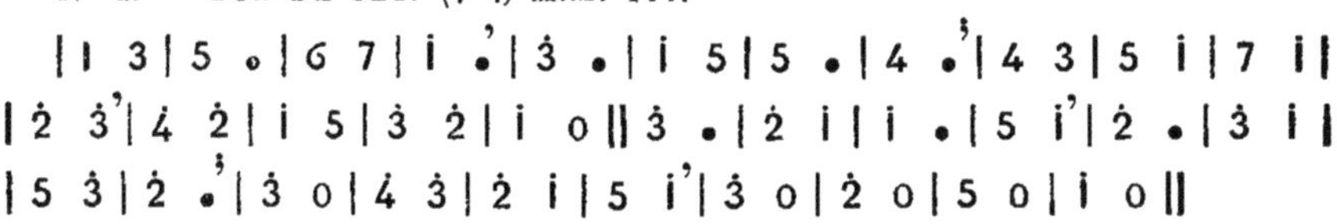

N° 5. — TON DE SEU. (1-4) M.M. 104.

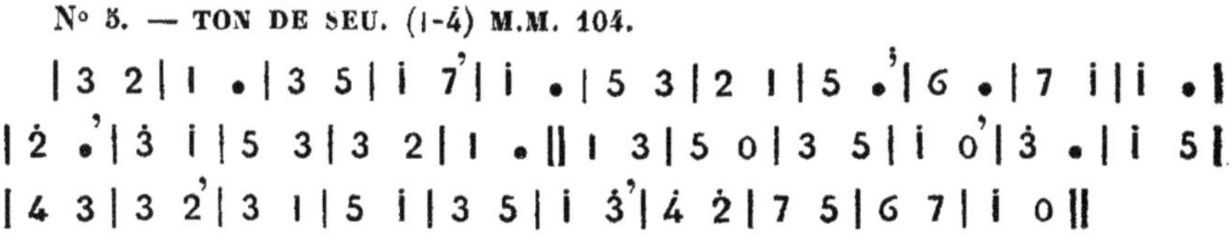

N° 6. — TON DE REU. (1-2) M.M. 104.

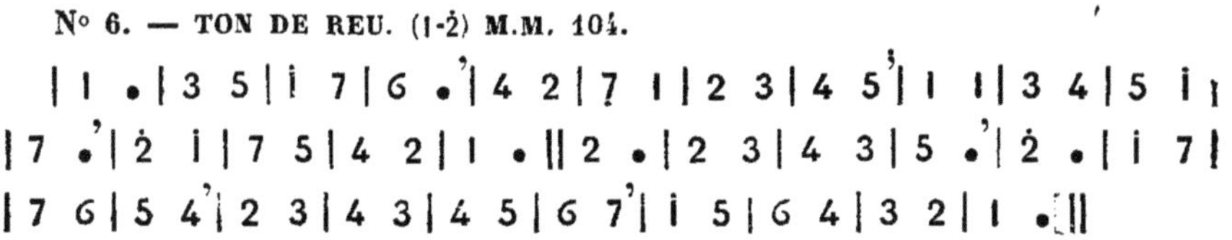

N° 7. — TON DE REU. (1-2̇) M.M. 104.

|1 2|3 2|1 3|5 •'|1̇ •|7 6|6 5|4 3'|2 •|3 4|6 5|

|2̇ •'|1̇ 7|6 5|5 •|1 •||2 •|3 2|3 5|4 •'|3 •|4 3|

|4 6|5 •'|7 •|2̇ 1̇|6 4|3 •'|5 •|1̇ 3|2 •|1 0||

N° 8. — TON DE MEU. (5̣-1̇) M.M. 104.

|5 •|4 3|1 5̣|1 2'|3 •|4 •|6 5|2 3'|4 •|5 •|6 7|

|1̇ •'|3 2|4 •|3 2|1 •||7̣ 1|2 0'|1 2|3 0'|6 1̇|5 •|

|4 3|2 •'|7̣ 0|1 2|3 5|4 0'|6 0|5 1̇|3 2̇|1 0||

N° 9. — TON DE REU. (7̣-2̇) M.M. 104.

|3 2|1 0|5 1̇|1̇ 7'|2 •|4 6|2̇ 1̇|7 0'|6 1̇|4 6|2 7̣|

|5 •'|3 0|2 1|5 0|1̇ 7'|2 0|4 6|2̇ 0|7 0'|1̇ 6|4 2|

|7̣ •|1 0||7̣ 0|2 0|4 0|6 0'|1̇ 7|1̇ 5|4 •|3 •'|7̣ 2|

|0 0|4 6|0 0|7 1̇|4 3|2 5|1 0||

N° 10. — TON DE SI. (1-3̇) M.M. 100.

|5 4 3|3 • 5|1̇ 1̇ 2̇|3̇ • 2̇'|1̇ • 7|6 • 5|5 4 3|2 3 4'|5 6 4|3 • 5|

|1̇ 2̇ 3̇|3̇ • 2̇'|1̇ 7 6|6 • 5|4 3 2|1 • 0||5 • •|5 4 3|3 • •|4 • •'|6 • •|

|6 5 4|4 • •|3 5 1̇'|2̇ • •|1̇ 7 6|6 7 1̇|5 • •'|3̇ • •|1̇ 5 3|3 • 2|1 • 0||

N° 11. — TON DE MEU. (7̣-1̇) M.M. 108.

|3 2 7̣|1 • 3|5 4 3|2 • •'|3 • 2|1 7̣ 1|2 3 4|3 2 1'|4 3 2|1 0 3|

|5 4 3|2 • •'|3 0 2|1 7̣ 1|3 • 2|1 • 0||2 5 •|3 5 •|4 5 •|1̇ 7 6'|5 2 •|

|5 3 •|5 4 •|3 2 1̇'|2 5 0|3 5 0|4 5 0|1̇ • •'|7 6 0|6 5 0|4 3 2|1 • 0||

N° 12. — TON DE REU. (1-2̇) M.M. 108.

|1 • 3|5 • 7|2̇ 1̇ 6|5 • •'|6 5 4|3 2 1|7̣ 1 2|3 4 5'|1 0 3|5 0 7|

|2̇ 1̇ 6|5 0 0'|6 7 6|5 0 0|4 3 2|1 • 0||:2 0 3|4 0 5|6 0 7|1̇ • 7||

Première fois. Deuxième fois.

|2̇ • 1̇|1̇ 7 6|6 5 4|3 • •:||7 6 5|2 • •|3 4 5|1 • 0||

N° 13. — TON DE SI. (1-3̇) M.M. 108.

|5 • 6|5 1̇ 3̇|3̇ • 2̇|1̇ • 0'|7 2̇ 1̇|7 6 4|3 • •|2 0 0'|4 • •|7 1̇ 2̇|

|3̇ 1̇ 6|5 • •'|6 7 6|6 • •|5 4 2|1 • 0||2 4 •|3 • •|3 5 •|4 0 7'|2̇ 1̇ 7|

|6 0 6|6 5 4|3 • •'|2 0 4|3 0 5|4 0 6|5 0 7'|1̇ • 7|6 4 2|2 • •|1 • 0||

N° 14. — TON DE SI. (1-3̇) M.M. 112.

|1 3 5|5 1̇ 2̇|3̇ • 2̇|1̇ • •'|1̇ 6 4|2 • 2|3 2 1|5 • •'|3 5 1̇|1̇ • 2̇|

|3̇ 2̇ 1̇|7 • 6'|5 4 3|6 7 1̇|3 • 2|1 • 0||2 • 3|4 • •|4 3 4|5 • •'|1̇ • 7|

|2̇ • 1̇|7 6 5|5 • 4'|2 0 3|4 0 0|4 0 3|5 0 0'|1 7 6|5 • •|4 3 2|1 • 0||

N° 15. — TON DE SI. (1-3̇) M.M. 112.

5 6 7	1̇ • •	3̇ 2̇ 1̇	7 • 6'	6 • 5	4 • 3	2 3 1	5 • •'	5 0 5	1̇ 0 0
3̇ 2̇ 1̇	6 • •'	7 1̇ 2̇	5 • •	6 4 2	1 • 0		2 3 0	4 5 0	6 7 1̇	5 5 0'	1̇ 5 0
3 5 0	6 7 1̇	2̇ • •'	2 • 3	4 • 5	6 7 1̇	2̇ • •'	1̇ 7 6	5 4 3	4 3 2	1 • 0	

N° 16. — TON DE REU. (1-2̇) M.M. 112.

5 0 6	5 0 0	4 3 2	1 3 5'	1̇ 7 0	7 6 0	7 1̇ 2̇	5 4 3'	5 0 6	7 1̇ 5
4 3 2	1 • •'	2 3 0	3 4 0	5 6 7	1̇ • 0		1̇ 2̇ 0	1̇ 7 6	5 1̇ 0	7 6 5'	6 5 0
5 4 0	4 3 0	2 3 1'	5 1̇ 2̇	1̇ 7 0	6 5 4	3 5 0	'5 1̇ 3	2 3 4	5 • 5	1 • 0	

N° 17. — TON DE SOL. (5̣-5) M.M. 112.

5̣ 1 3 2	1 • • 7̣	7̣ 1 2 3	2 • • 0'	4 • 3 •	2 • 3 1	5 • 3 1	2 1 7̣ 6̣'
5̣ • 3 2	1 • 5̣ 1	7̣ 1 2 3	4 • • 0'	4 • 3 2	5 • 3 1	7̣ • 2 •	1 • • 0	
3 • 1 7̣	7̣ • 6̣ 5̣	1 5̣ 3 1	5 • 4 3'	2 • • •	2 • • •	3 • 1 •	7̣ • 1 2'
3 4 3 2	1 7̣ 6̣ 5̣	1 7̣ 1 3	2 • 5 •'	4 • 4 3	2 • 7̣ 1	2 3 4 5	1 • • 0	

N° 18. — TON D'UT. (1-3̇) M.M. 126.

3 • 2 3	1 1̇ 5 •'	6 • 7 6	6 • 5 •'	4 • 3 2	3 5 1̇ •'	2̇ • 1̇ •	7 • 1̇ 5'
3 4 3 2	1 • 5 1̇	7 1̇ 2̇ 1̇	7 • 6 •'	5 • 4 2	3 5 1̇ 5	2̇ • 7 •	1̇ • • 0	
1̇ 7 7 6	6 • 5 0'	3 5 1̇ 7	2̇ • • 0'	2̇ 1̇ 1̇ 7	7 6 6 5	5 4 3 1	5 • 7 2̇'
3̇ 2̇ 1̇ 7	6 • 5 4	3 5 1̇ 7	2̇ • • 0'	2̇ • 7 5	1̇ • 5 3	2̇ 5 6 7	1̇ • • 0	

N° 19. — TON DE REU. (7̣-2̇) M.M. 126.

1 • 2 3	4 • 5 •	2̇ 1̇ 7 6	4 • 3 •'	2 1 7̣ 1	3 5 1̇ •	2̇ 7 5 4	2 • • 0'
1 • 3 2	4 3 5 •'	6 2̇ 1̇ 7	7 6 5 •'	6 • 4 2	5 • 3 1	4 • 2 •	1 • • 0	
7̣ 1 2 3	4 • • 5	6 2̇ 1̇ 7	7 • 6 •'	7̣ 1 2 3	4 • 5 •	6 • 7 •	1 • • 0	

N° 20. — TON DE LEU. (5̣-6) M.M. 126.

|5̣ 6̣ 7̣ 1|3 2 1 •|5 • 4 •|3 2 1 7̣|6̣ 7̣ 1 2|3 4 5 •'|5̣ 6̣ 7̣ 2|2 • 1 0||
|4 3 2 1|5 4 3 2|1 3 2 4|4 • 3 •'|6 5 4 3|5 4 3 2|4 2 7̣ 5̣|5̣ • 1 0||

N° 21. — TON DE SI. (1-3̇) M.M. 126.

|1̇ 5 3 1|2 • 3 •|4 3 2 1|5 • 7 •'|2̇ 7 5 4|3 • 4 5|6 • 7 2̇|1̇ • • 0||
|7 5 5 2̇|1̇ 5 3 1|4 • 4 •|3 • 2 •'|3 4 5 6|7 1̇ 2̇ 3̇|5 • 6 7|1̇ • • 0||

N° 22. — TON DE RÉ. (7̣-2̇) M.M. 126.

|1 3 2 1|1 3 5 1̇|1̇ 7 2̇ 1̇|7 • 6 •|5 4 3 2|1 • • 2|3 1 4 3|2 • • •'|
|1 3 • 2|1 0 5 1̇|1̇ 0 2̇ 1̇|7 0 6 0'|4 0 2 0|7̣ 1 2 3|4 • 5 •|1 • • 0||

N° 23. — **TON D'UT.** (1-3̇) M.M. 126.

|1̇ • 7 6|5 4 3 0|2 4 6 1̇|7 7 • 1̇'|2̇ • 3̇ 2̇|1̇ 1̇ • 7|6 0 5 0|4 0 2 0|
|1̇ 7 • 6|5 0 4 2|3 1 4 2|7 1̇ 2̇ 0'|3̇ 1̇ • 6|6 4 • 2|6 • 5 •|1 • • 0||

N° 24. — **TON DE RÉ.** (7̣-2̇) M.M. 126.

5 • 3 2	1 • 0 3	4 3 5 4	6 5 7 0'	2̇ 1̇ • 7	7 6 • 5	4 0 4 0	2 0 7 6'
5 0 3 2	1 7̣ 1 0'	4 • 5 •	6 7 5 0'	2̇ 7 5 4	4 3 2 1	6 7 0 7	1̇ • • 0	
7 5 6 0	6 4 5 0	5 3 7 1̇	2̇ 1̇ 7 0'	7 6 0 5	5 4 0 3	3 2 1 3	5 • 5 0'
7 5 6 0	6 4 5 0	5 0 0 7	2̇ 1̇ 7 0'	6 5 0 4	4 3 0 2	6 0 5 0	1 • • 0	

CANONS DU PREMIER GROUPE.

N° 25. — **TON DE SI.** (3-3̇) M.M. 120.

|A 3 3 5 5|B 1̇ • 2̇ •|3̇ • 2̇ •|1̇ 1̇ 5 5|6 • 7 •|1̇ • 3̇ 2̇|1̇ 5 5 4|
|3 3 4 5|1̇ 1̇ 2̇ 7|1̇ • 0 0||

N° 26. — **TON DE RÉ.** (1-1̇) M.M. 120.

|A 1 3 5 5|B 1̇ 1̇ 7 •|6 6 5 •|4 4 3 3|2 2 1 •|4 4 3 3|6 6 5 •|
|4 4 3 3|2 2 1 •|0 0 0 0||

N° 27. — **TON DE RÉ.** (1-1̇) M.M. 120.

|A 5 6 7 1̇|7 6 5 •|B 3 4 2 3|5 4 3 •|C 1 • 1 •|1 • 1 •||

N° 28. — **TON DE LA.** (1-5̇) M.M. 120.

A 5̇|5̇ 4̇ 3̇ 2̇|1̇ 7 1̇ B 1̇|7 6 5 4|3 2 1 C 3̇|2̇ 1̇ 7 6|5 4 3||

N° 29. — **TON DE SOL.** (5̣-5) M.M. 132.

|A 5 5 3 1|B 7̣ 2 1 3|C 2 4 3 5|D 5̣ 7̣ 1 5̣||

N° 30. — **TON DE MEU.** (5̣-1̇) M.M. 132.

|A 5 6 5|5 • 1̇|5 4 3|B 3 4 3|3 2 1|3 2 1|C 1 • 1|1 7̣ 6̣|5̣ 5̣ 1||

N° 31. — **TON DE LA.** (1̣-5) M.M. 116.

|A 1 2|3 1|D 2 7̣|1 5̣|B 3 4|5 3|4 2|3 1|C 0 0|0 0|
|5̣ 5̣|1 1̣|0 0|0 0|5 5|5 3||

N° 32. — **TON DE LA.** (5̣-5) M.M. 120.

A 5̣	1 3 1 3	1 • 1 1	2 2 2 3	1 • 0 5̣	1 3 1 3	1 • 1 1	2 2 2 3
B 1 • 0 0	0 0 0 5̣	3 • 5 •	0 7̣ 7̣ 7̣	1 1 0 0	0 0 0 5̣	3 • 5 •	0 7̣ 7̣ 7̣
C 1 1 0 0	0 5 3 0	0 5 3 0	0 0 0 5	3 • 0 0	0 5 3 0	0 5 3 0	0 0 0 5	3 • 0	

N° 33. — TON DE LA. (5̣-5) M.M. 116.

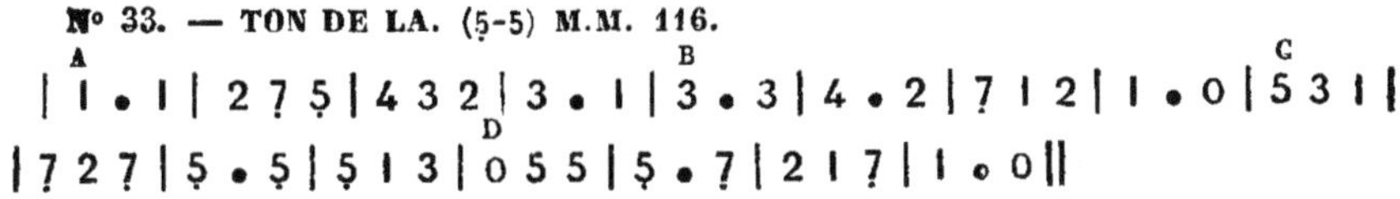

N° 34. — TON DE RÉ. (1-i) M.M. 116.

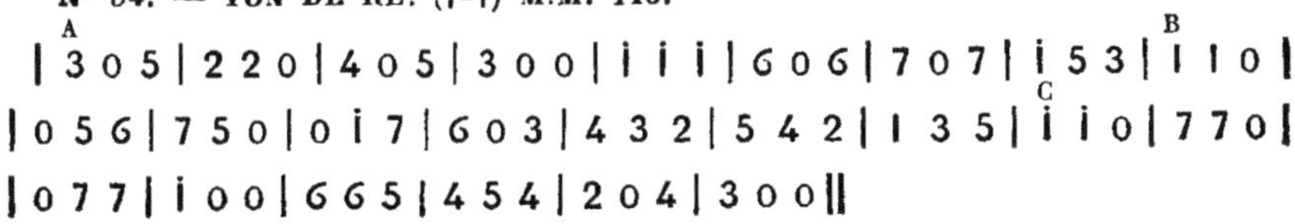

DEUXIÈME GROUPE. — DIVISION BINAIRE.

N° 35. — TON DE REU. (7̣-2̇) M.M. 116.

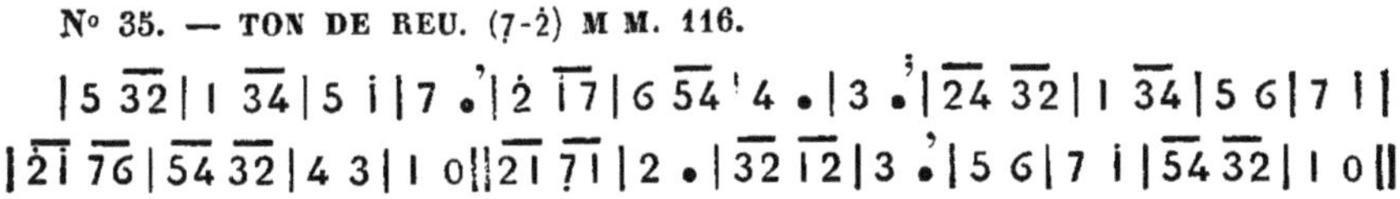

N° 36. — TON DE RÉ. (1-2̇) M.M. 116.

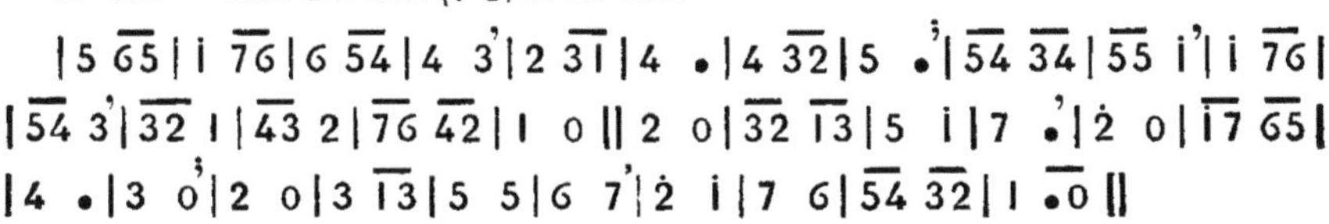

N° 37. — TON D'UT. (1-4̇) M.M. 76.

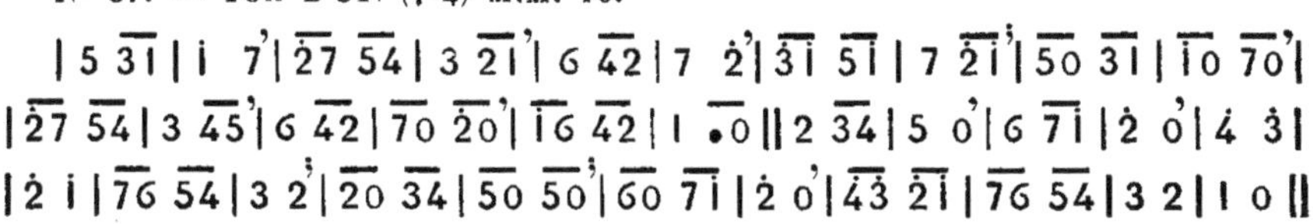

N° 38. — TON DE SEU. (1-4̇) M.M. 80.

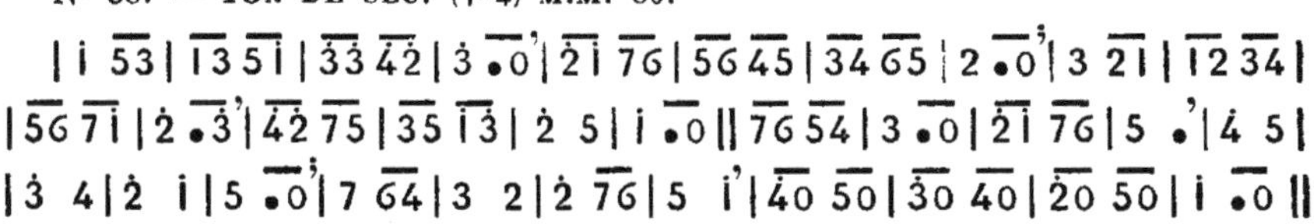

N° 39. — TON DE RÉ. (6̣-2̇) M.M. 100.

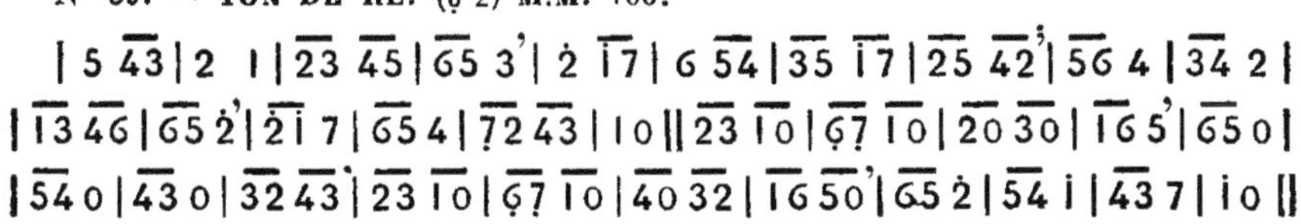

N° 40. — TON DE RÉ. (1-2̇) M.M. 100.

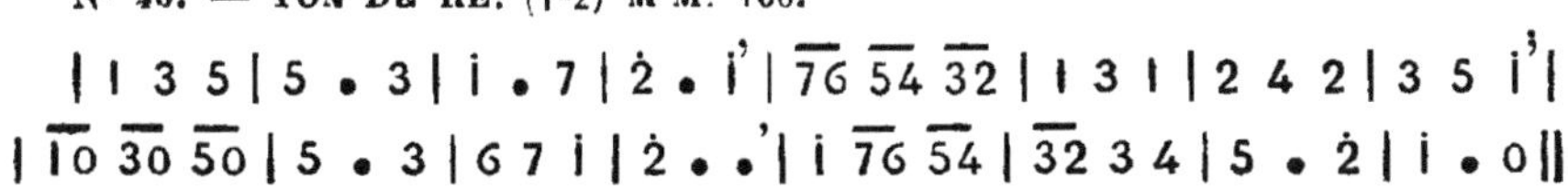

N° 41. — TON DE JEU. (5̣-6) M.M. 120.

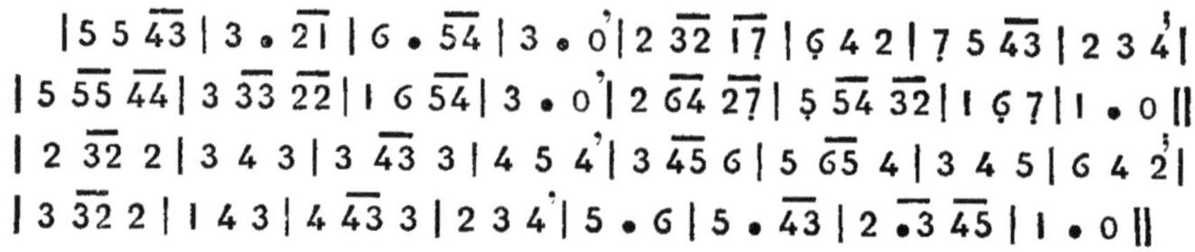

N° 42. — TON DE RÉ. (7̣-2̇) M.M. 120.

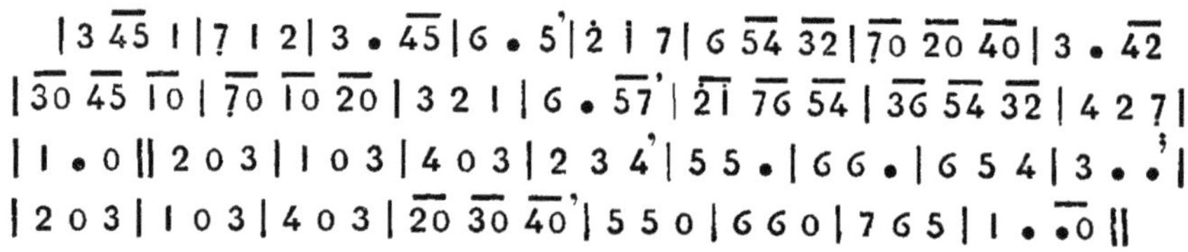

N° 43. — TON DE SI. (1-3̇) M.M. 120.

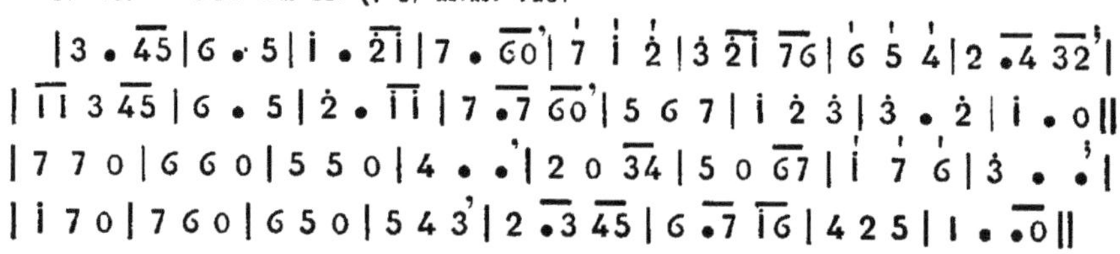

N° 44. — TON DE RÉ. (1-2̇) M.M. 120.

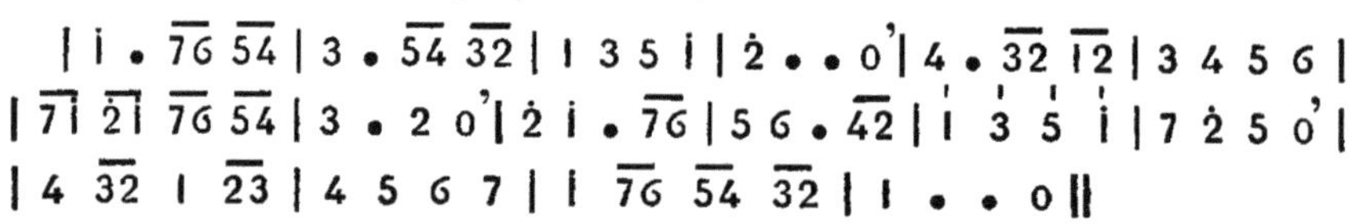

N° 45. — TON DE MI. (5̣-6) M.M. 120.

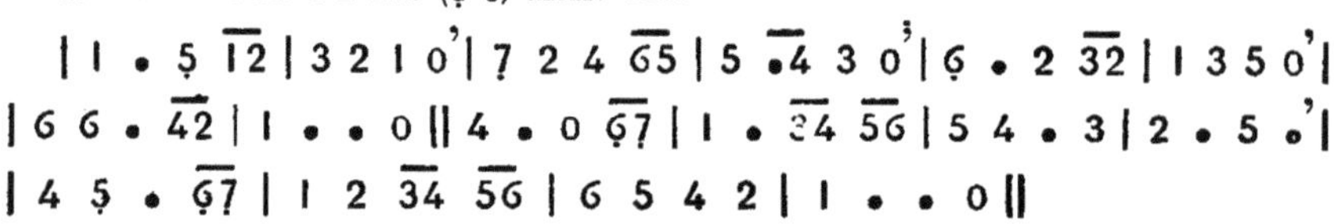

N° 46. — TON DE LEU. (3̣-5) M.M. 120.

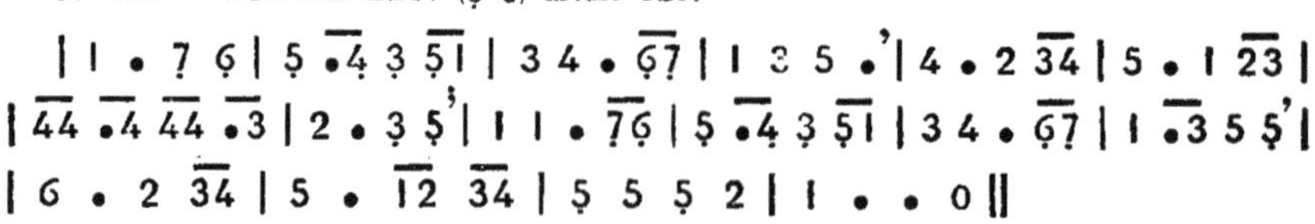

N° 47. — TON DE RÉ. (1-2̇) M.M. 120.

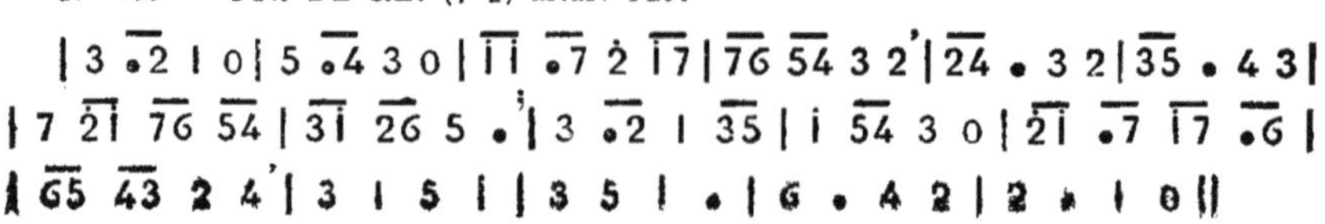

CANONS DU DEUXIÈME GROUPE.

N° 48. — TON DE SOL. (5̣-5) M.M. 120.

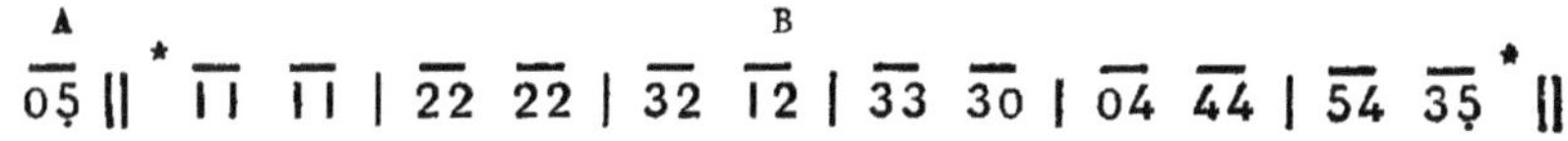

N° 49. — TON DE LA. (5̣-5) M.M. 120.

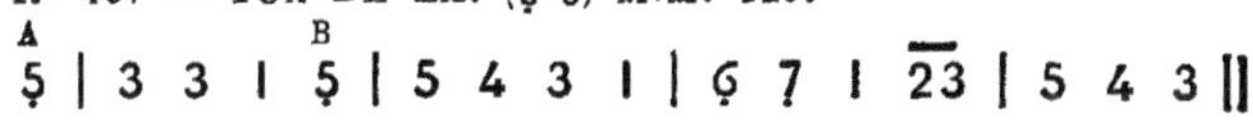

N° 50. — TON DE LA. (5̣-6) M.M. 120.

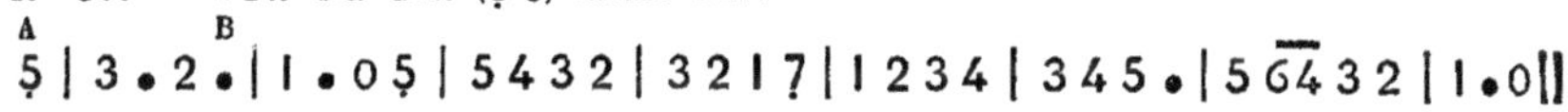

N° 51. — TON DE LA. (5̣-5) M.M. 120.

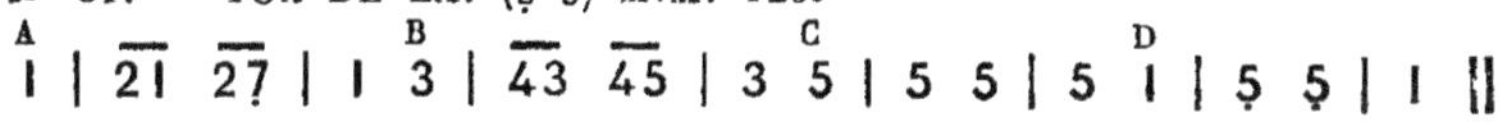

N° 52. — TON DE MI. (1-1̇) M.M. 120.

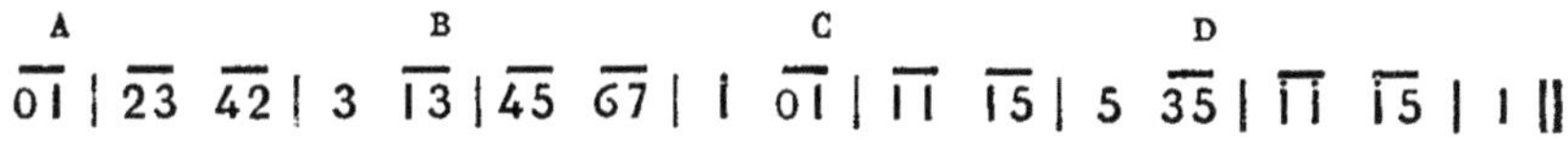

N° 53. — TON DE SOL. (5̣-5) M.M. 120.

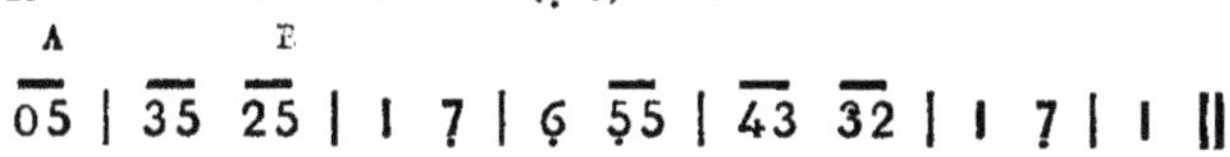

N° 54. — TON D'UT. (1-4̇) M.M. 120.

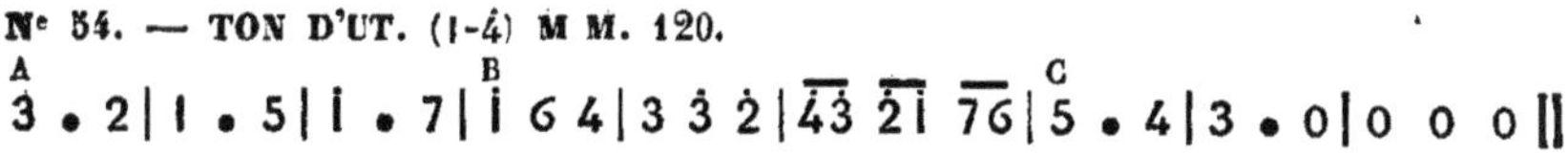

N° 55. — TON DE RÉ. (7̣-1̇) M.M. 120.

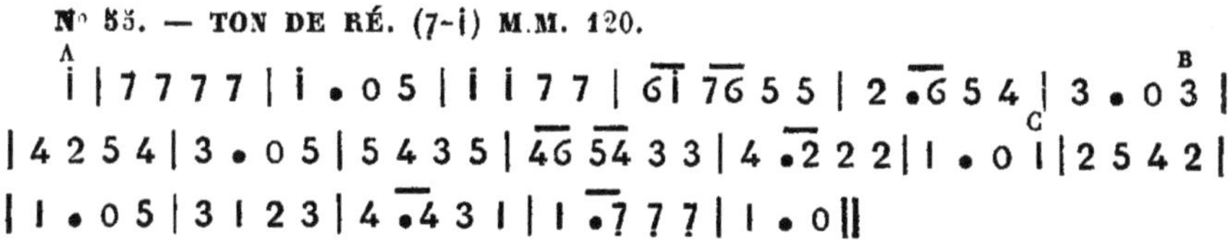

N° 56. — TON DE RÉ. (1-1̇) M.M. 120.

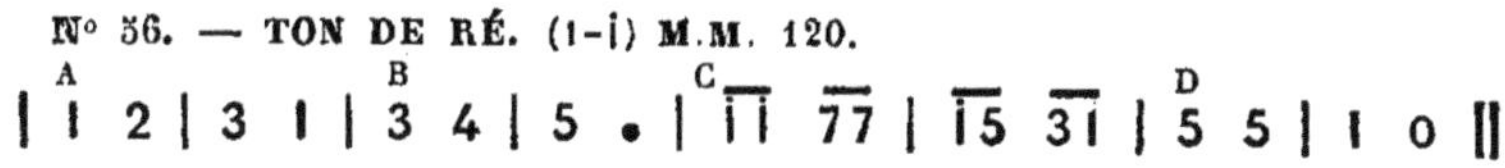

N° 57. — TON D'UT. (1-3̇) M.M. 120.

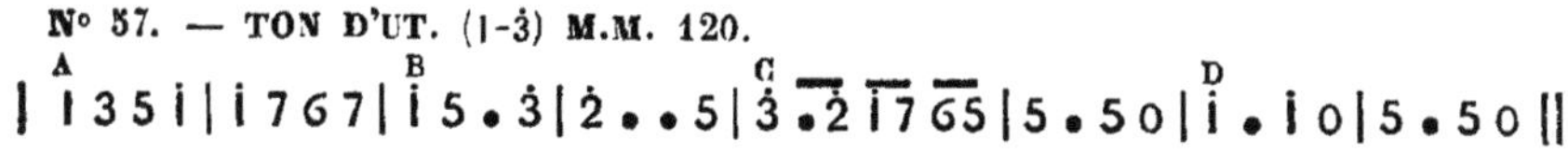

N° 58. — TON DE MEU. (1-1̇) M.M. 120.

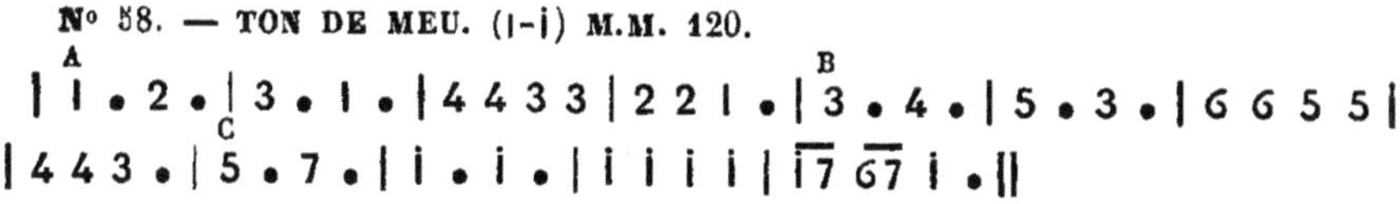

N° 59. — TON DE SI. (7̣-4̇) M.M. 120.

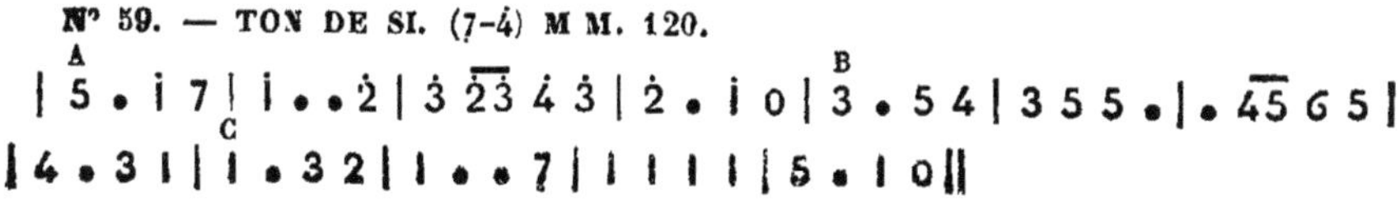

N° 60. — TON DE MI. (5-1) M.M. 120.

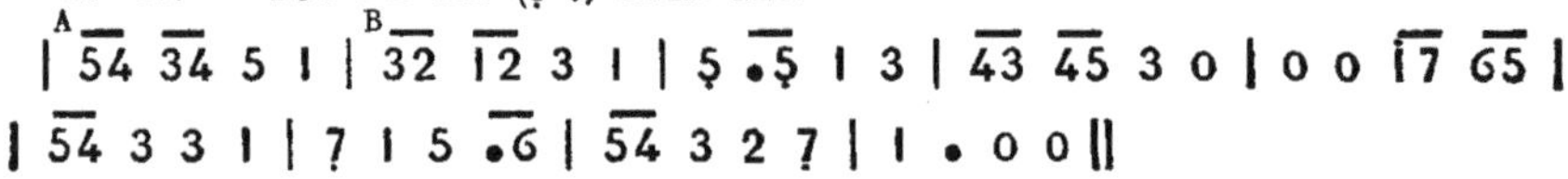

N° 61. — TON DE REU. (5-3) M.M. 120.

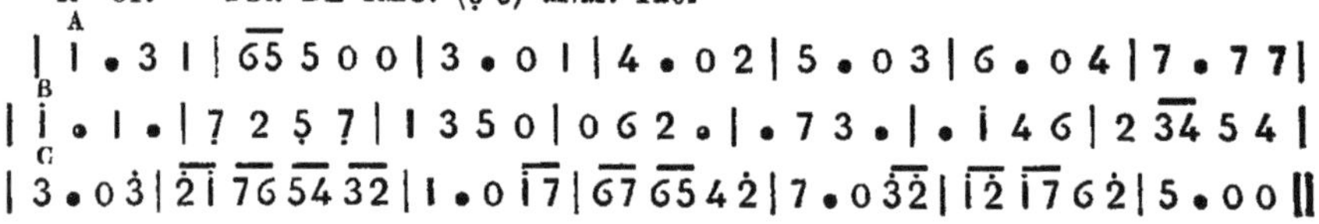

N° 62. — TON DE SOL. (5-6) M.M. 120.

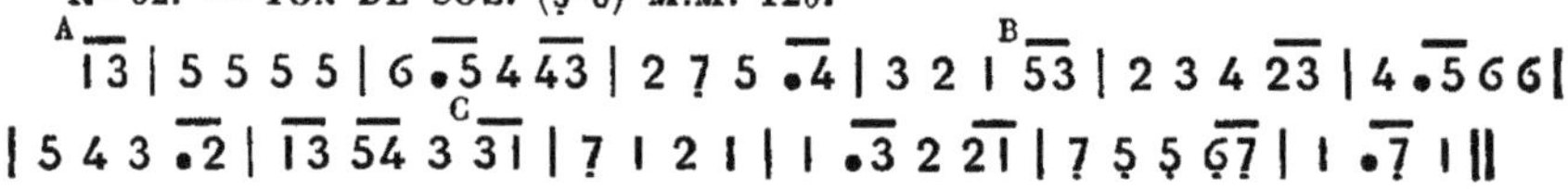

N° 63. — TON DE RÉ. (1-2) M.M. 120.

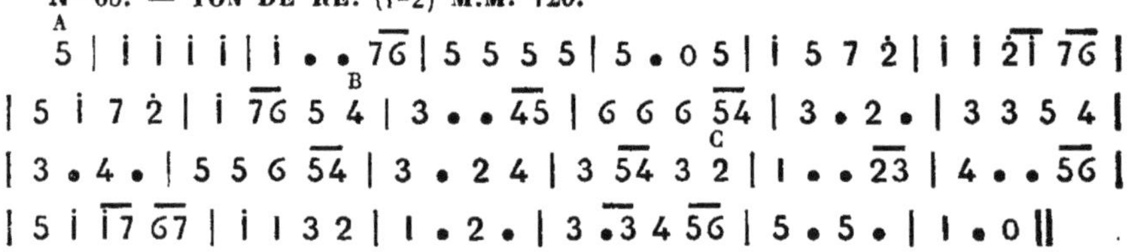

N° 64. — TON DE SI. (7-4) M.M. 120.

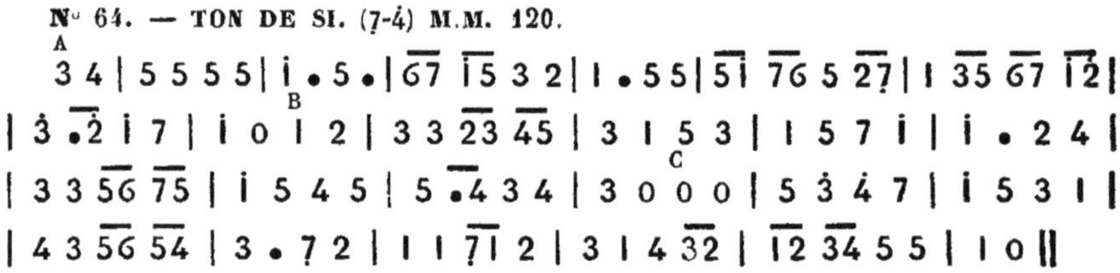

N° 65. — TON DE FA. (5-1) M.M. 120.

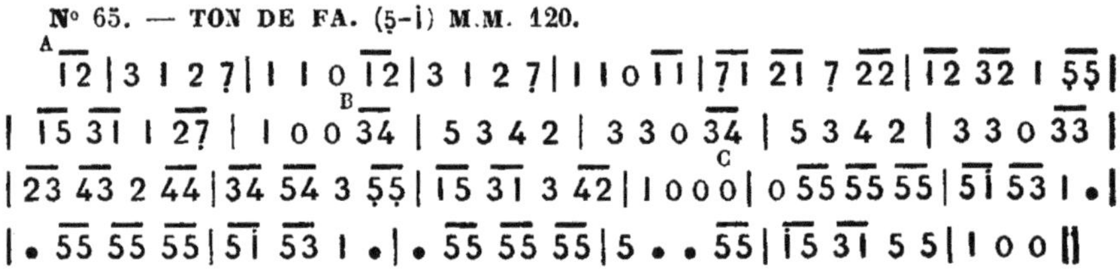

N° 66. — TON DE SI. (1-4) M.M. 112.

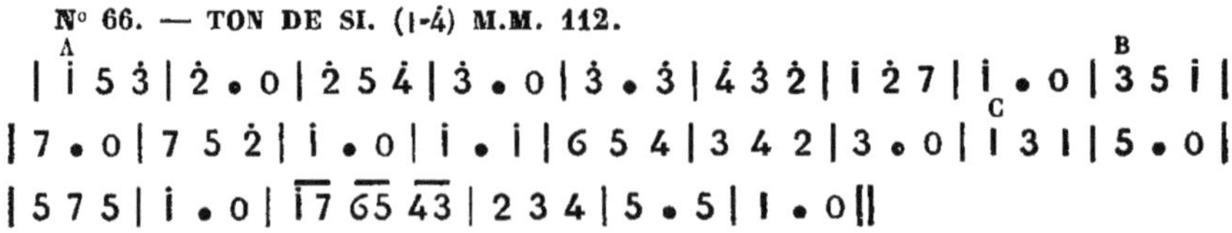

N° 67. — TON D'UT. (7-4) M.M. 112.

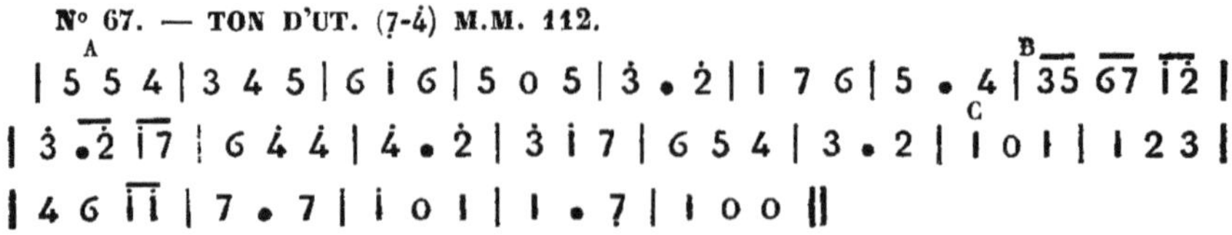

N° 68. — TON DE SEU. (1-5̇) M.M. 112.

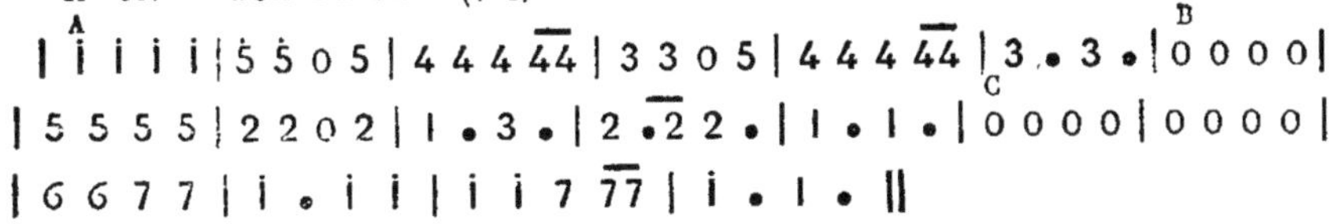

N° 69. — TON DE FA. (4-1̇) M.M. 112.

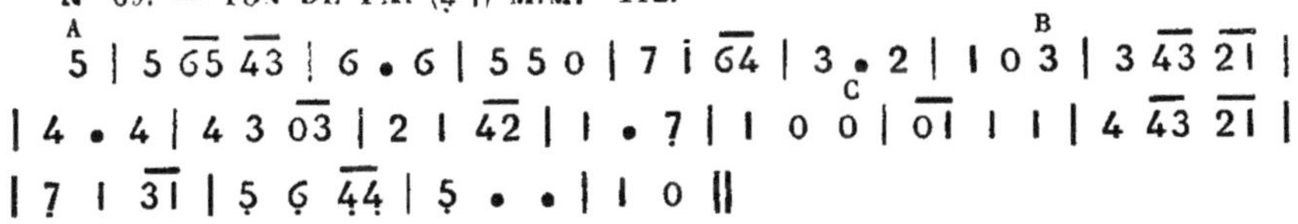

N° 70. — TON D'UT. (1-3̇) M.M. 112.

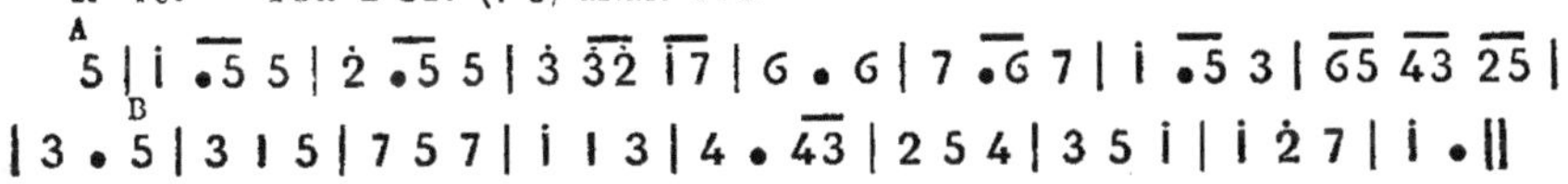

TROISIÈME GROUPE. — DIVISION TERNAIRE.

N° 71. — TON DE REU. (7-2̇) M.M. 92.

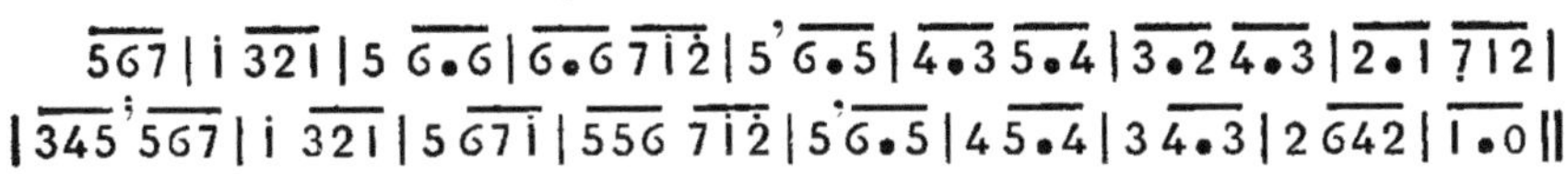

N° 72. — TON DE SI. (1-4̇) M.M. 88.

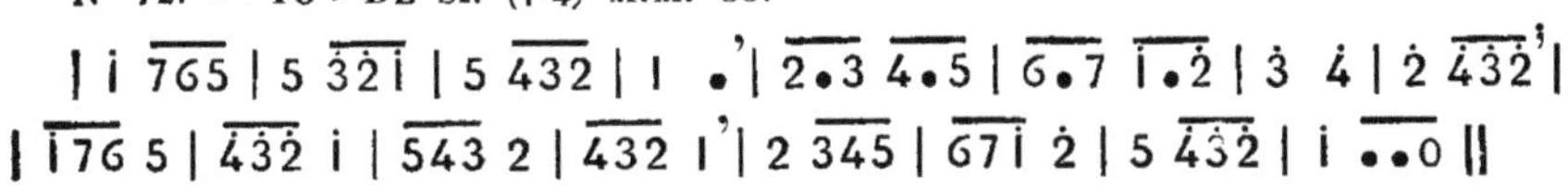

N° 73. — TON DE LEU. (5-5) M.M. 88.

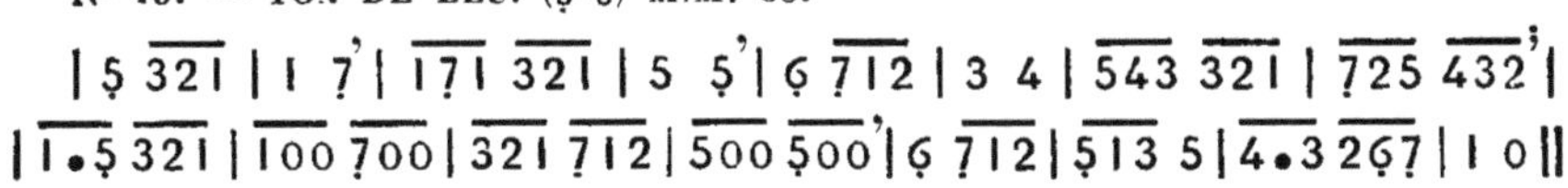

N° 74. — TON DE RÉ. (1-2̇) M.M. 92.

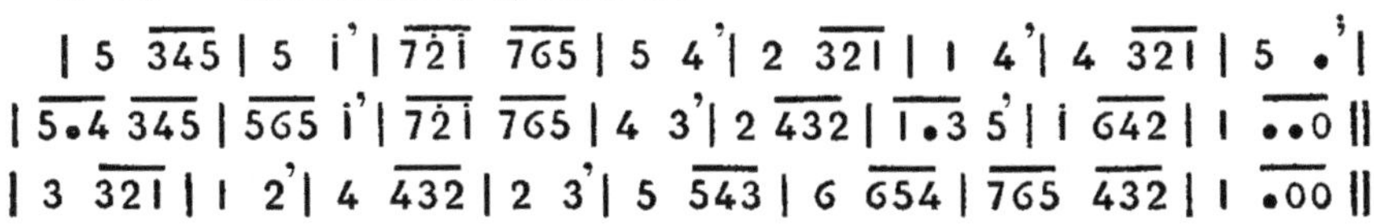

N° 75. — TON DE MI. (5-1̇) M.M. 92.

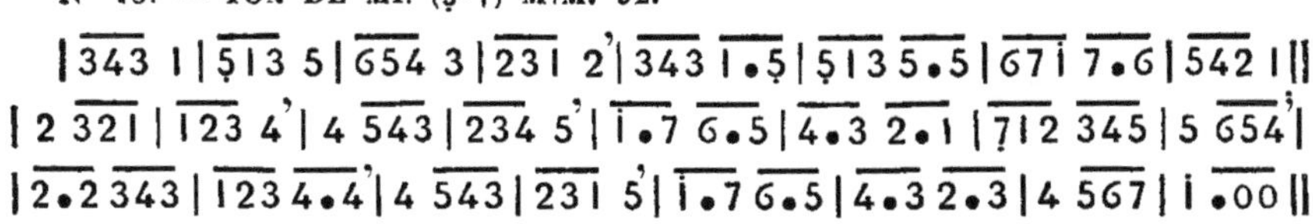

N° 76. — TON DE RÉ. (1-2̇) M.M. 92.

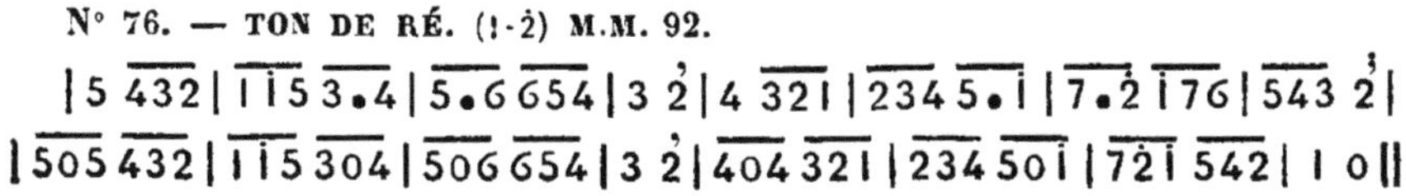

N° 77. — TON DE SI. (1-3) M.M. 76.

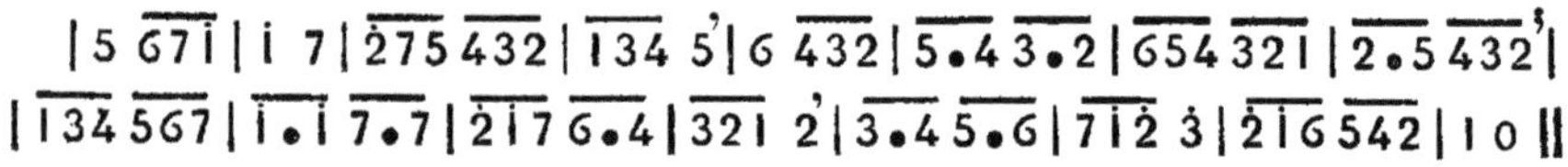

N° 78. — TON DE LA. (3-4) M.M. 92.

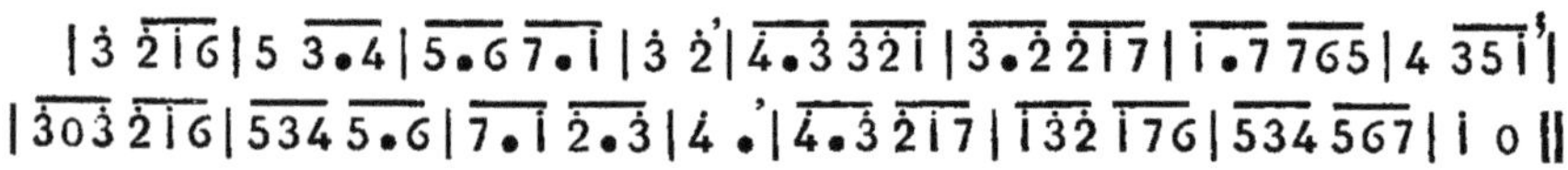

N° 79. — TON DE SI. (1-3) M.M. 84.

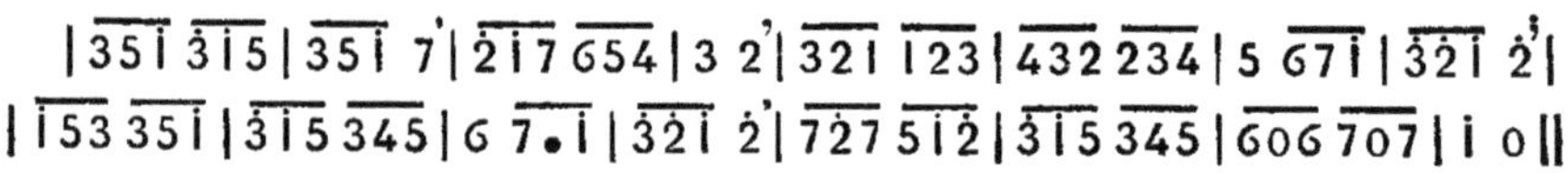

N° 80. — TON DE SI. (1-3) M.M. 84.

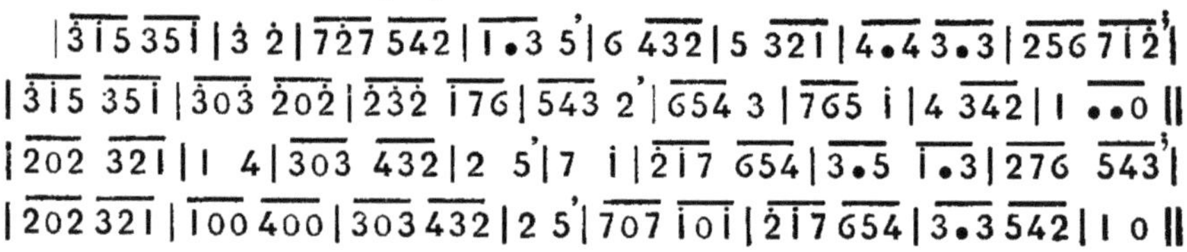

N° 81. — TON DE FA. (5-6) M.M. 84.

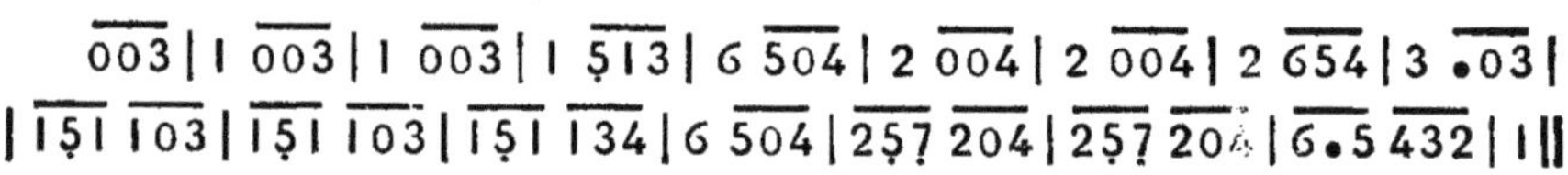

N° 82. — TON DE RÉ. (1-2) M.M. 84.

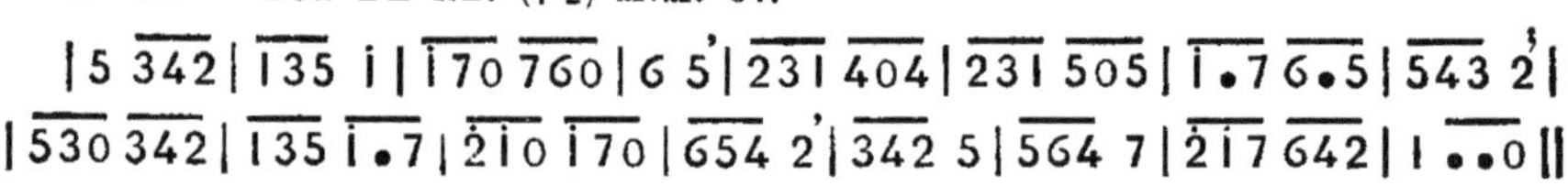

N° 83. — TON DE SI. (1-3) M.M. 104.

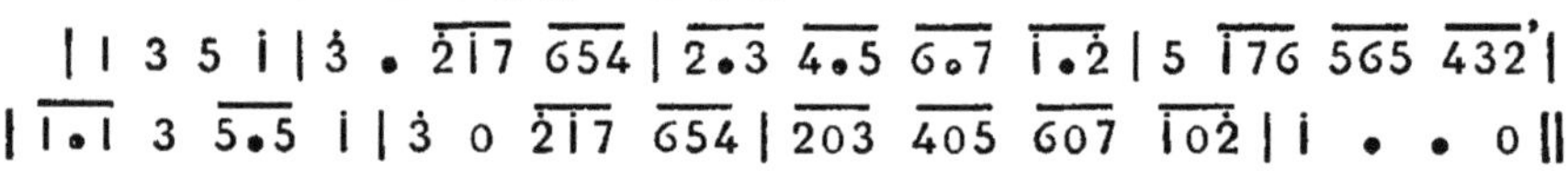

N° 84. — TON DE REU. (1-2) M.M. 80.

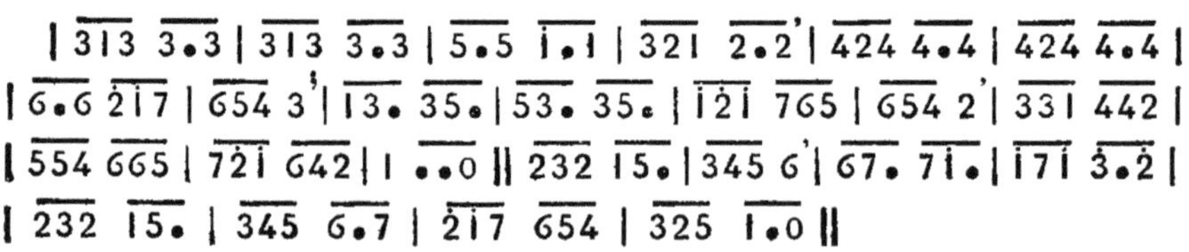

N° 85. — TON DE REU. (1-2) M.M. 84.

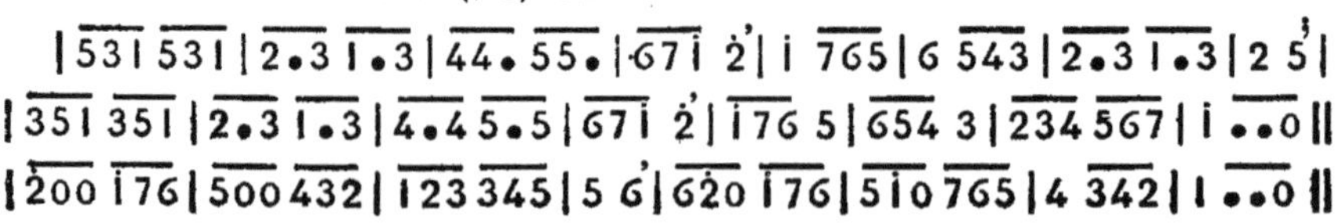

N° 86. — TON DE SEU. (2-4) M M. 84.

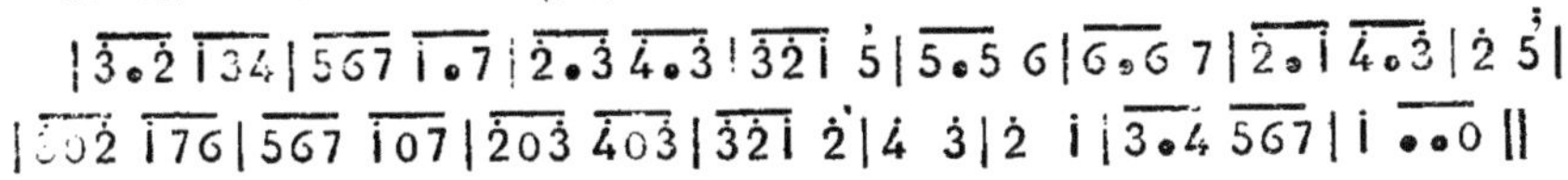

N° 87. — TON DE SI (1-4) M.M. 84.

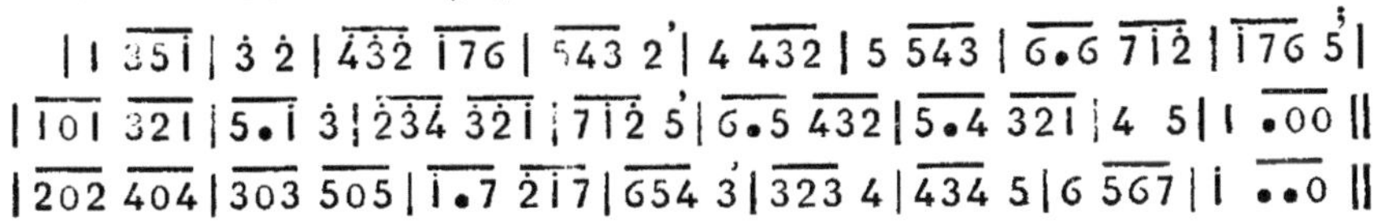

QUATRIÈME GROUPE. — DIVISION BINO-BINAIRE.

N° 88. — TON DE SEU. (5-5) M.M. 108.

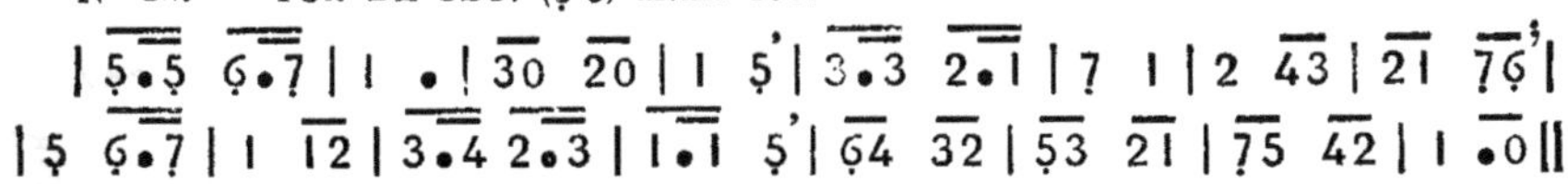

N° 89. — TON DE FA. (5-1) M.M. 104.

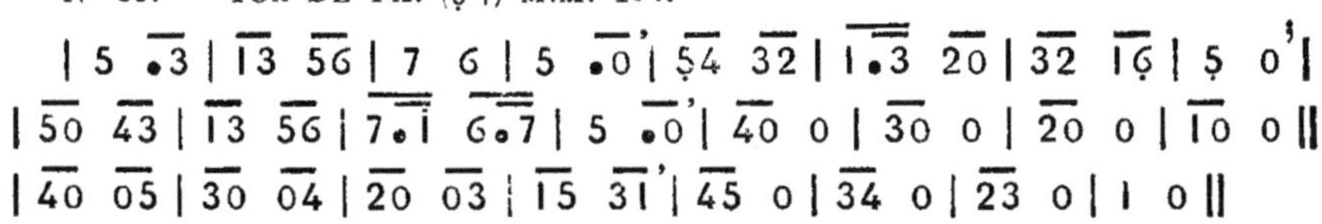

N° 90. — TON DE RÉ. (7-1) M.M. 116.

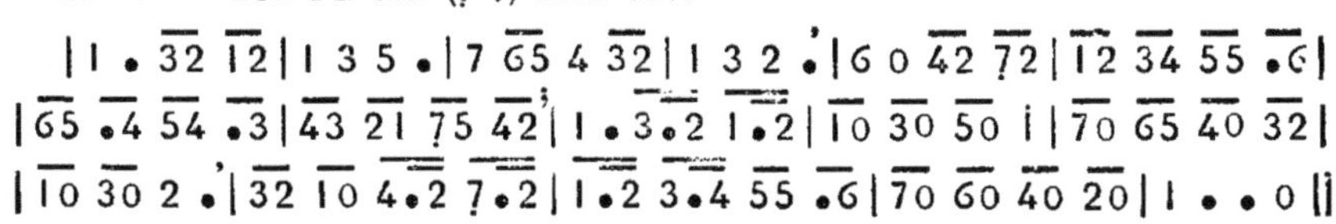

N° 91. — TON DE SI. (1-4) M.M. 108.

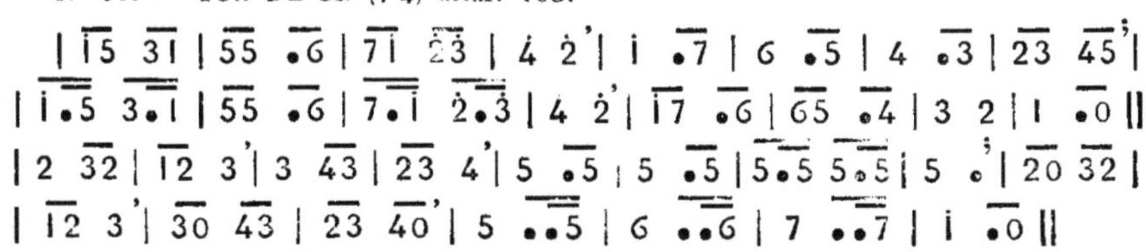

N° 92. — TON DE SEU. (2-4) M M. 92.

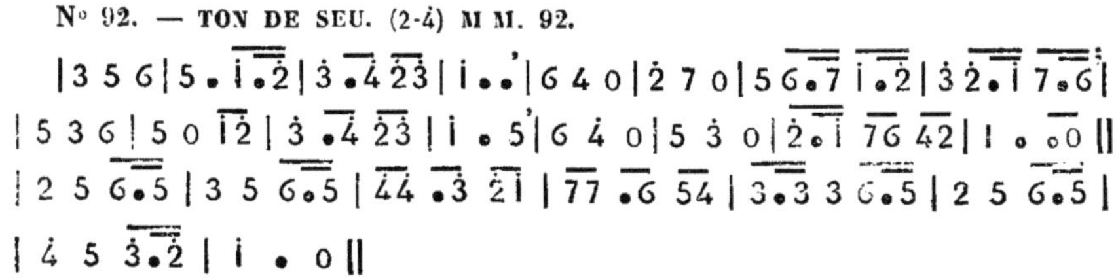

N° 93. — TON DE SI. (1-3̇) M.M. 100.

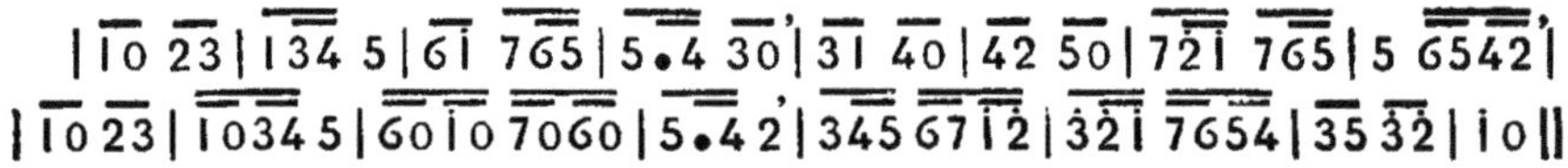

N° 94. — TON DE MEU (7̣-1̇) M.M. 100.

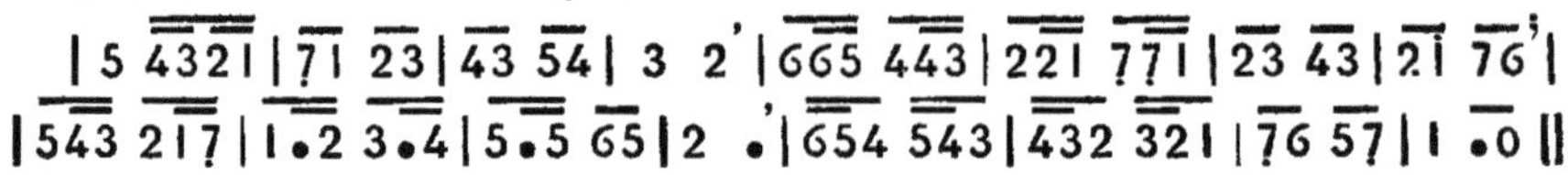

N° 95. — TON DE REU. (1-2̇) M.M. 100.

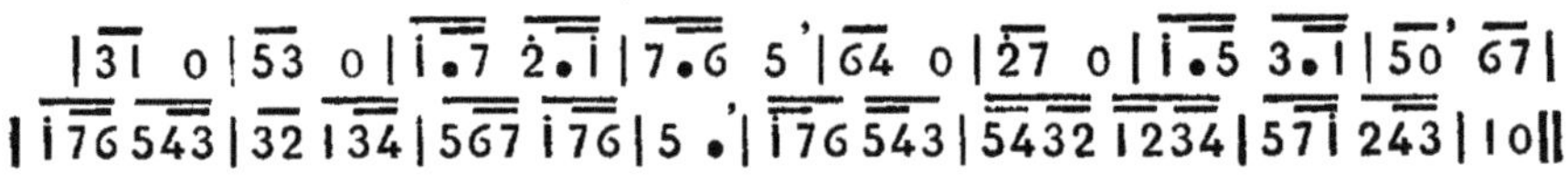

N° 96. — TON DE SI. (1-3̇) M.M. 116.

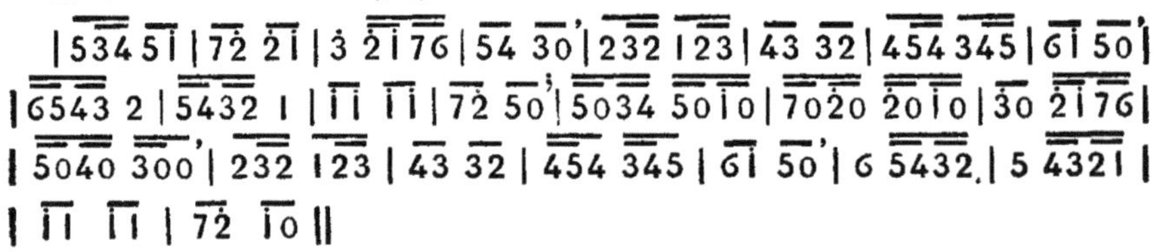

N° 97. — TON DE SEU. (2-4̇) M.M. 108.

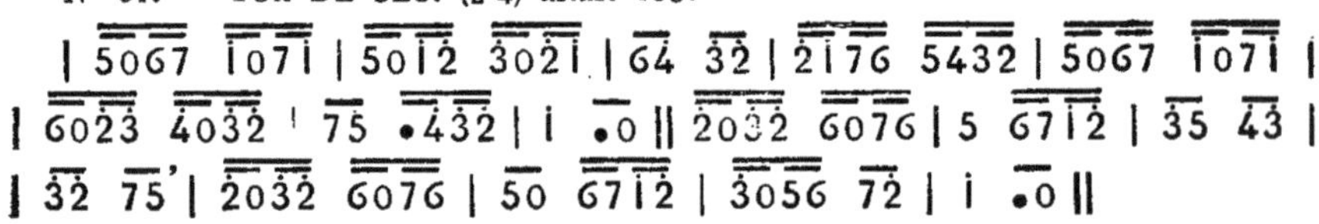

N° 98. — TON DE REU. (1-2̇) M.M. 96.

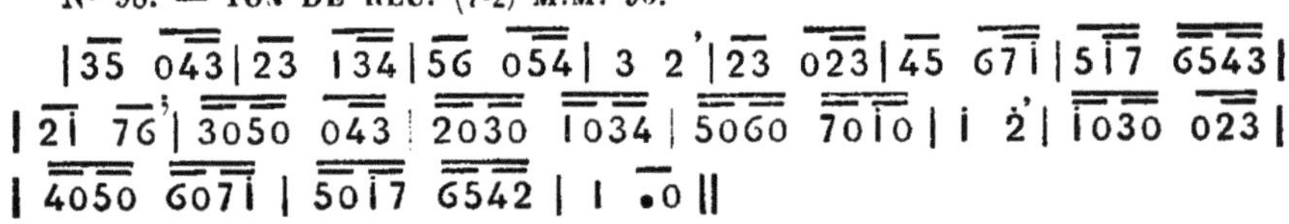

CANONS DU QUATRIÈME GROUPE.

N° 99. — TON DE SI. — (1-4̇) M.M. 100.

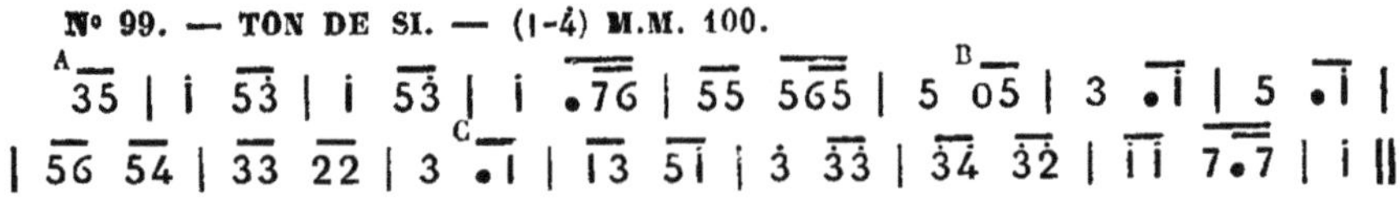

N° 100. — TON DE LEU. — (5̣-5) M.M. 100.

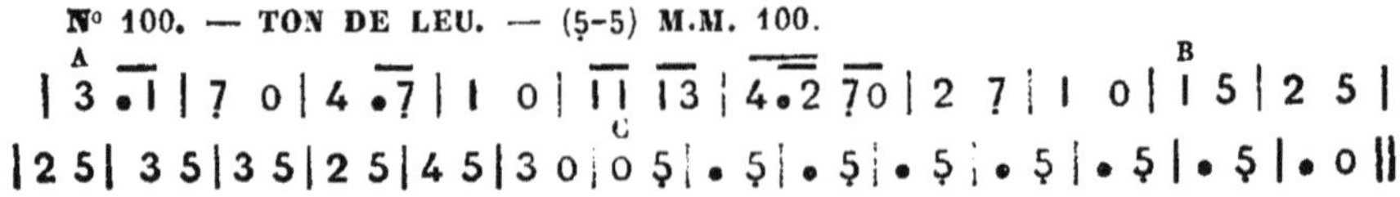

N° 101. — TON DE LA. — (1-5) M.M. 108.

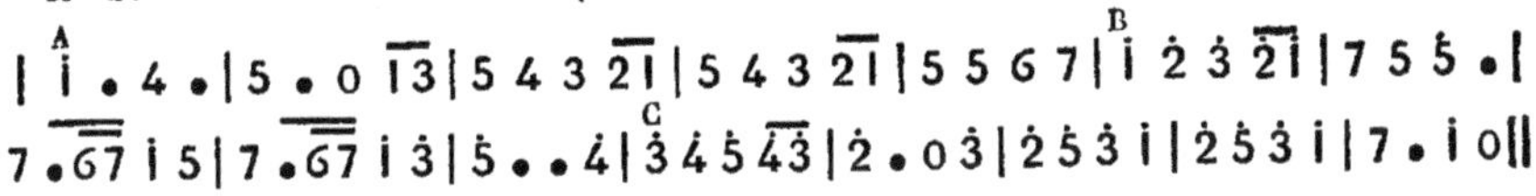

N° 102. — TON DE LEU. — (5-5) M.M. 112.

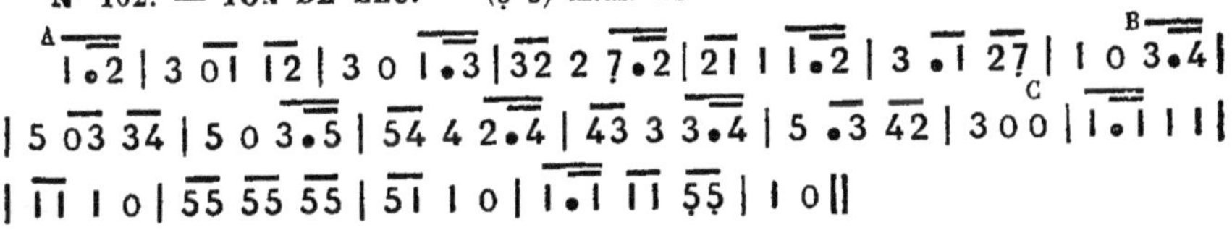

N° 103. — TON DE LA. — (1-6) M.M. 112.

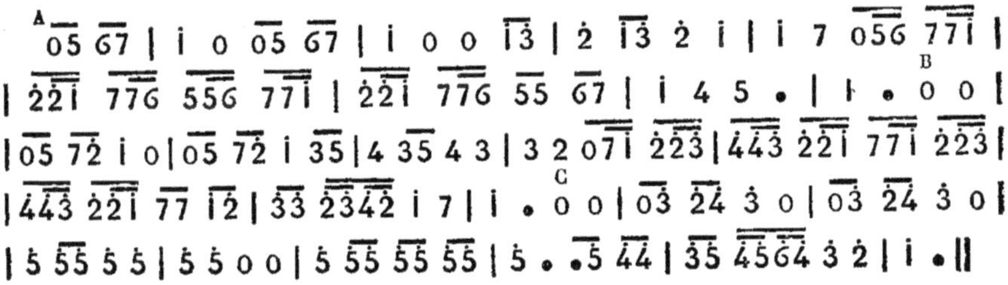

DEUXIÈME SÉRIE. — AIRS MINEURS.

(Sans indication de groupes.)

N° 104. — TON DE MEU MINEUR. (5-6) M.M. 92.

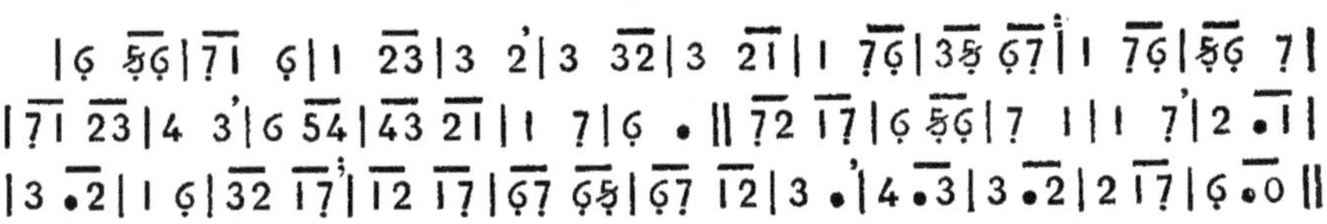

N° 105. — TON DE LEU MINEUR. (1-4) M.M. 112.

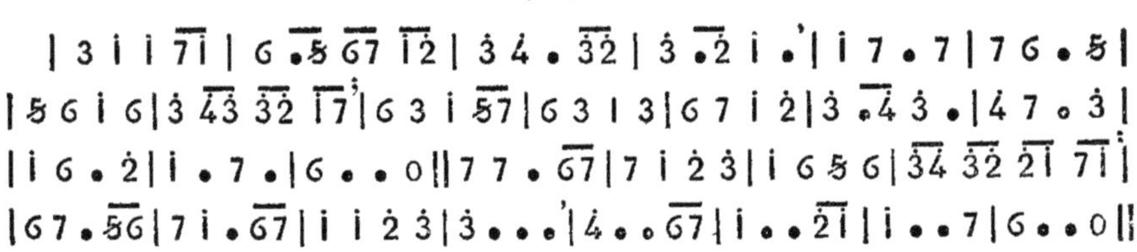

N° 106. — TON D'UT MINEUR. (6-1) M.M. 112.

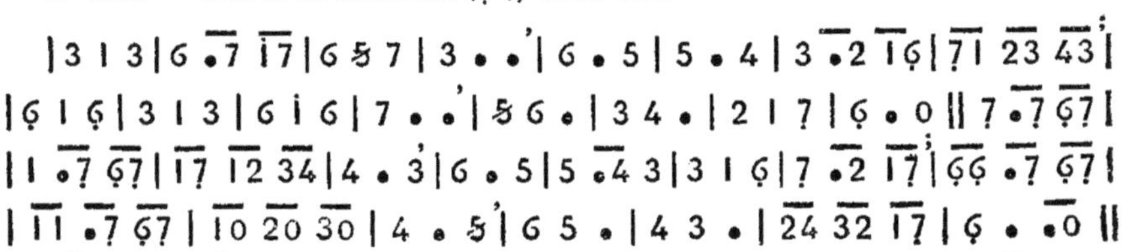

N° 107. — TON DE FÈ MINEUR. (5-4) M.M. 76.

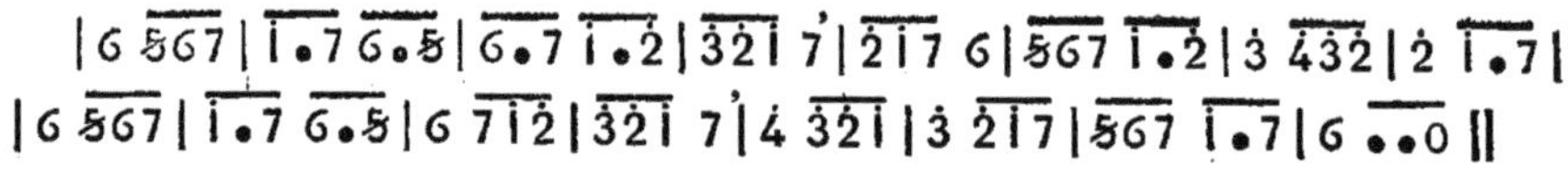

N° 108. — TON DE REU MINEUR. (7-1) M.M. 96.

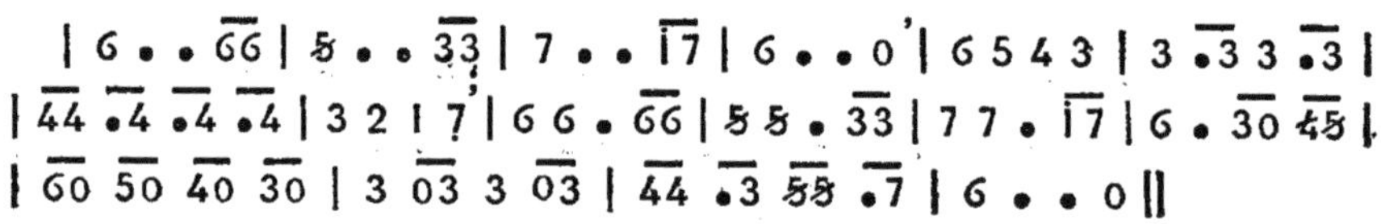

N° 109. — TON DE SOL MINEUR. (3-4) M.M. 100.

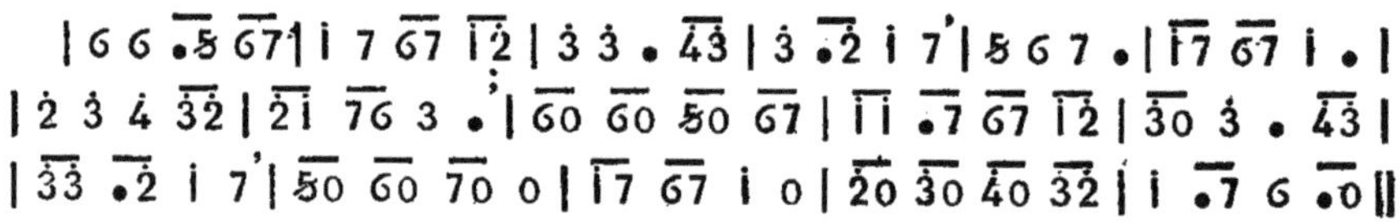

N° 110. — TON DE SOL MINEUR. (3-4) M.M. 96.

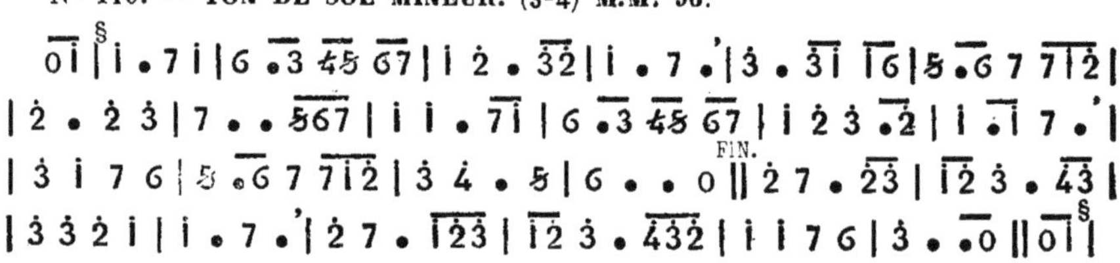

N° 111. — TON DE MEU MINEUR. (5-6) M.M. 76.

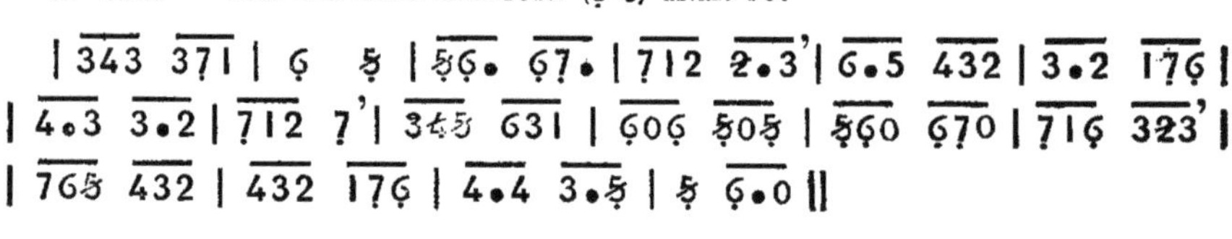

N° 112. — TON DE SOL MINEUR. (3-4) M.M. 76.

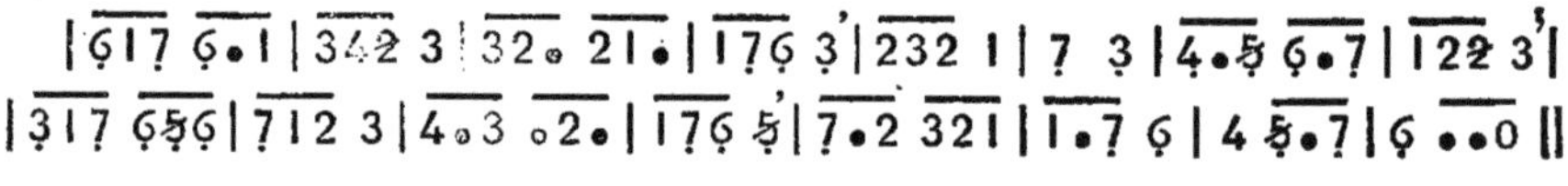

N° 113. — TON DE SOL MINEUR. (3-4) M.M. 76.

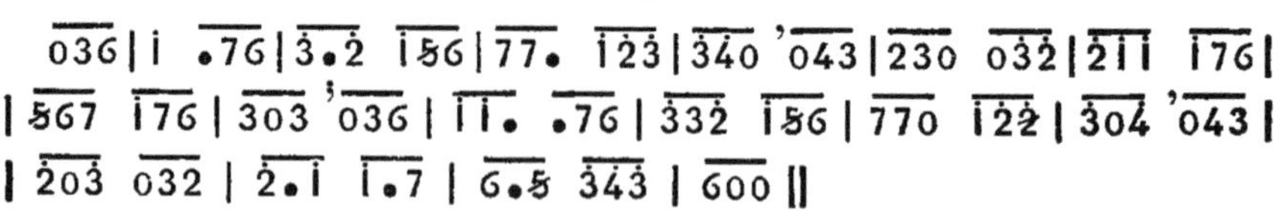

N° 114. — TON DE MEU MINEUR. (6-6) M.M. 80.

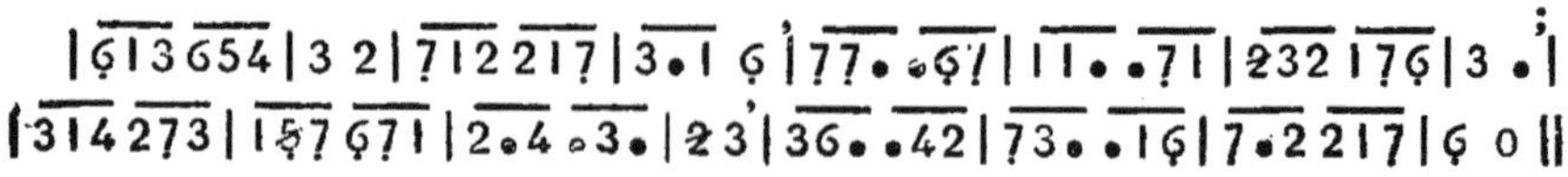

N° 115. — TON D'UT MINEUR. (5-1) M.M. 96.

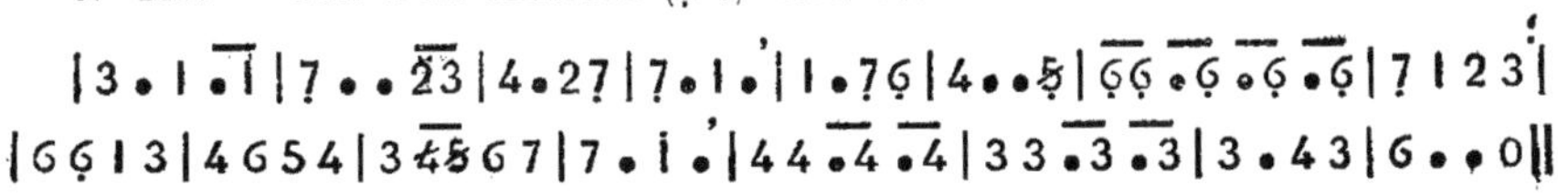

N° 116. — TON DE LEU MINEUR. (1-4) M.M. 76.

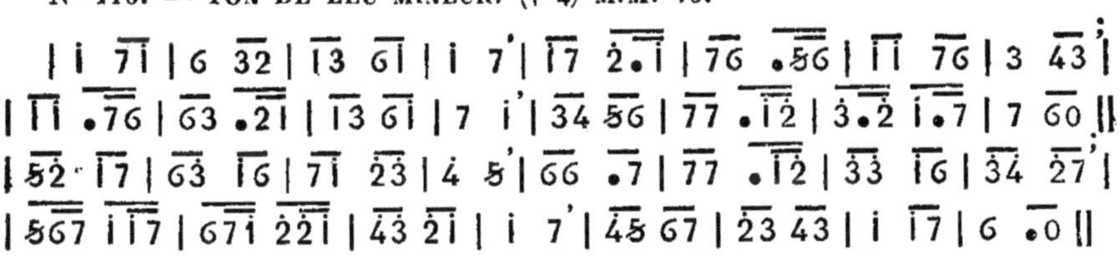

N° 117. — TON DE LA MINEUR. (6-3) M.M. 76.

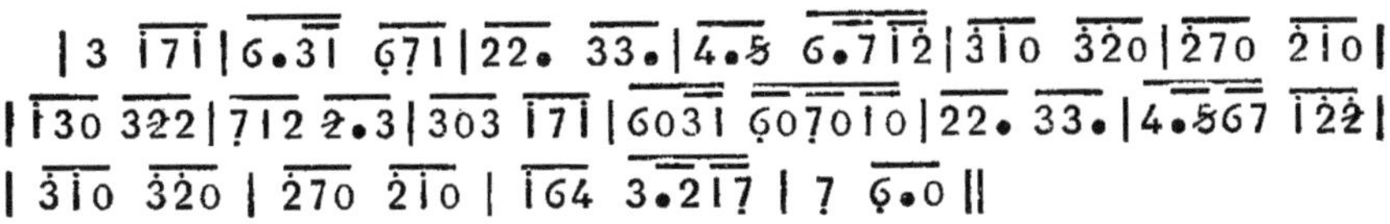

N° 118. — TON DE TÈ MINEUR. (5-1) M.M. 84.

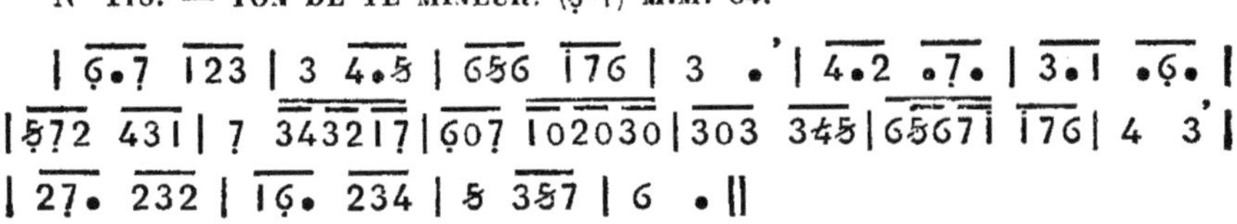

N° 119. — TON DE SOL MINEUR. (3-4) M.M. 69.

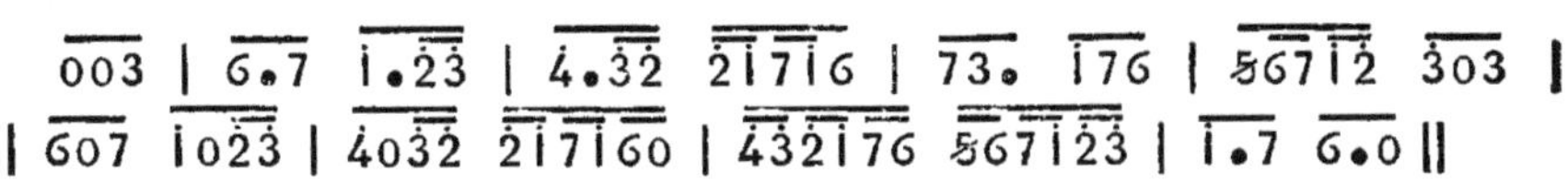

TROISIÈME SÉRIE. — MODULATIONS.

PREMIER GROUPE. — DIVISION BINAIRE.

N° 120. — TON DE RÉ. (1-2) M.M. 126.

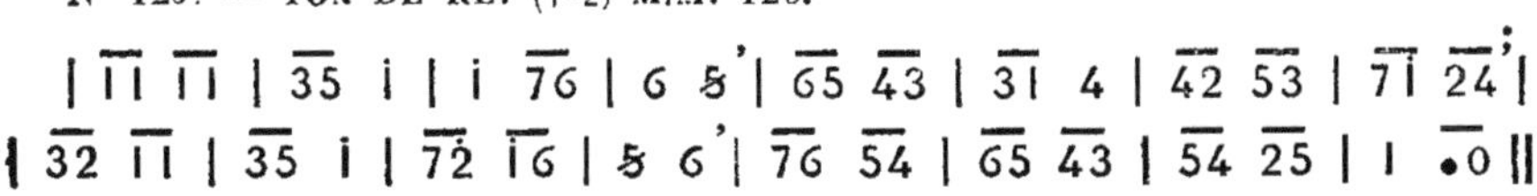

N° 121. — TON D'UT. (1-3) M.M. 144.

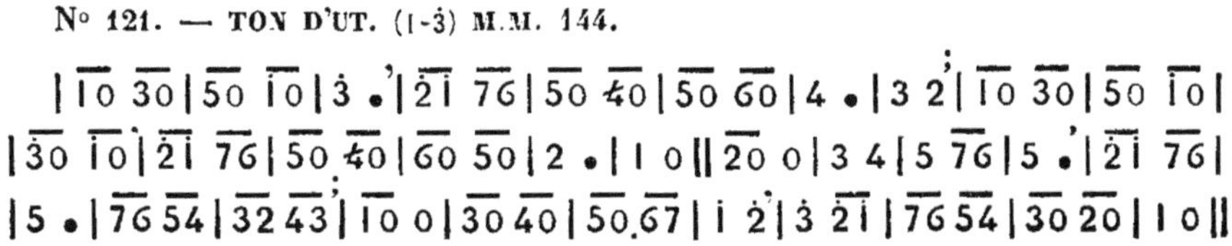

N° 122. — TON DE SI. (1-3̇) M.M. 120.

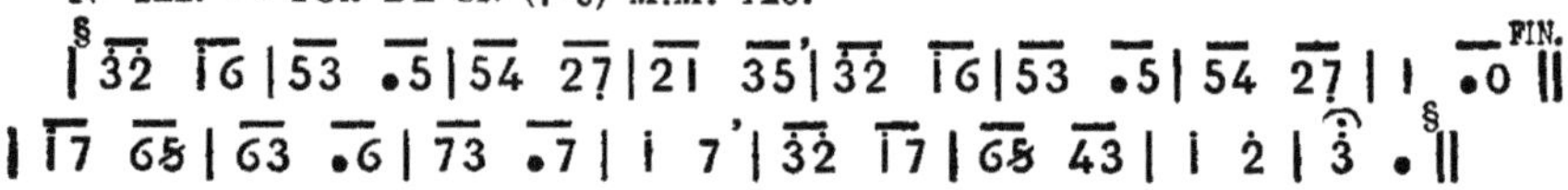

N° 123. — TON D'UT. (1-3̇) M.M. 132.

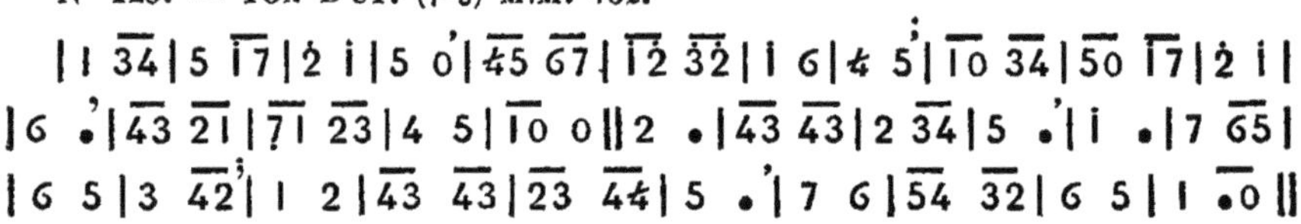

N° 124. — TON D'UT. (1-3̇) M.M. 132.

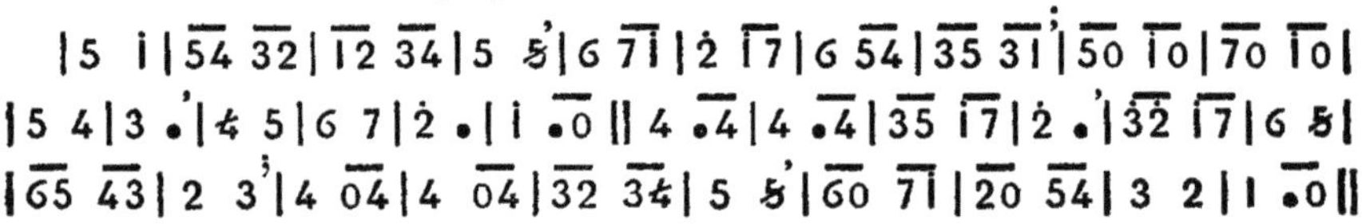

N° 125. — TON DE RÉ. (5̣-2̇) M.M. 126.

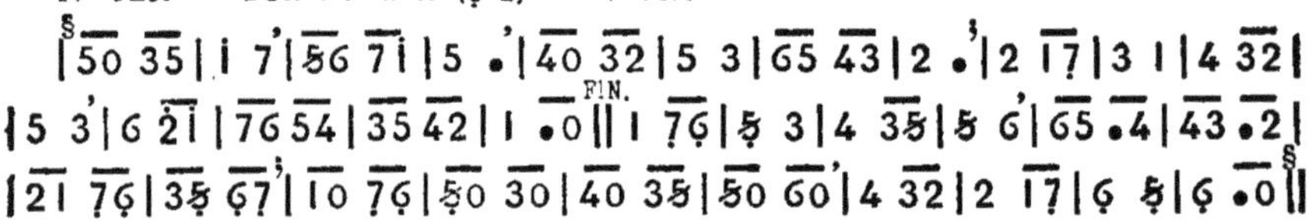

N° 126. — TON DE LEU. (5̣-6) M.M. 132.

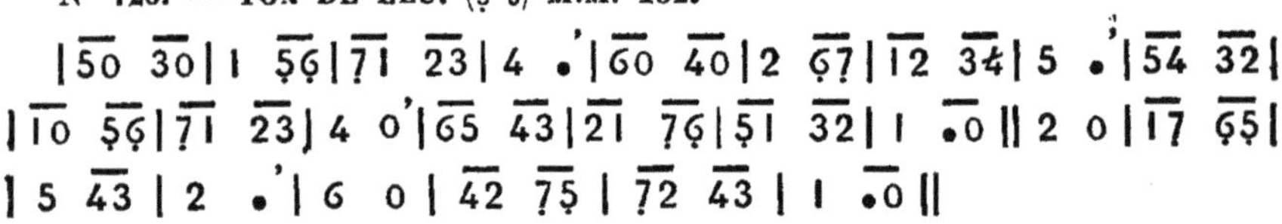

N° 127. — TON DE LEU. (4̣-6) M.M. 132.

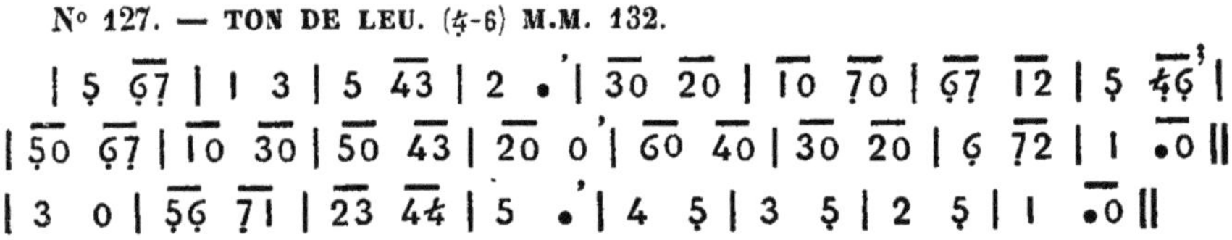

N° 128. — TON DE SEU. (1-2̇) M.M. 120.

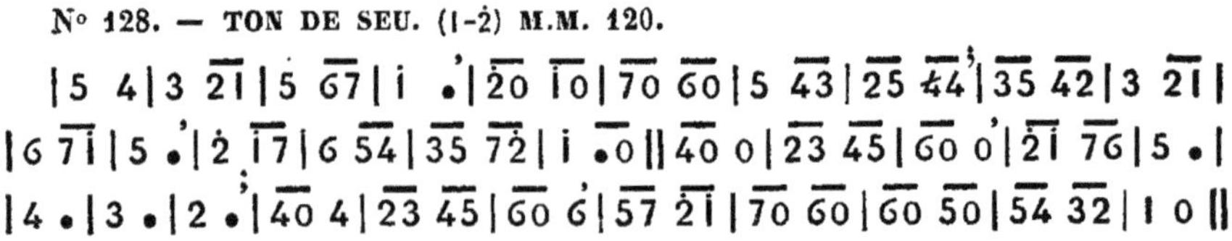

N° 129. — TON D'UT. (5̣-2̇) M.M. 126.

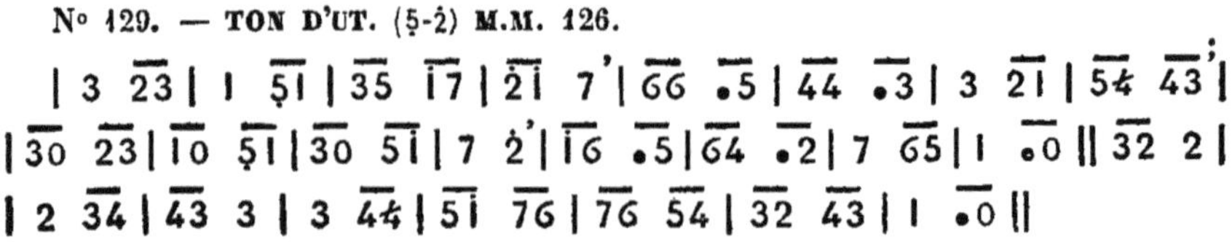

Nº 130. — TON DE SEU. (1-3̇) M.M. 126.

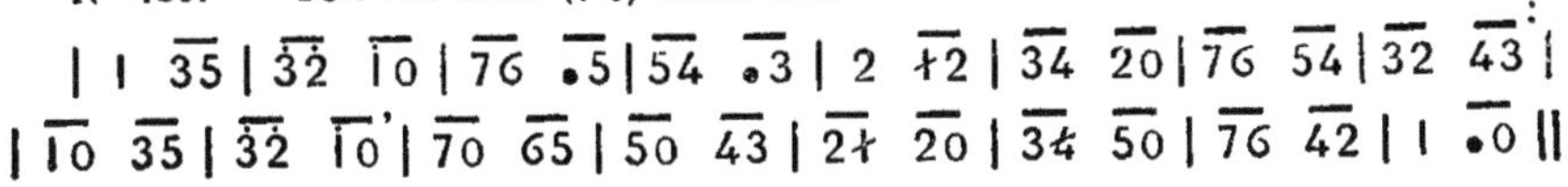

Nº 131. — TON DE SEU. (3-4̇) M.M. 126.

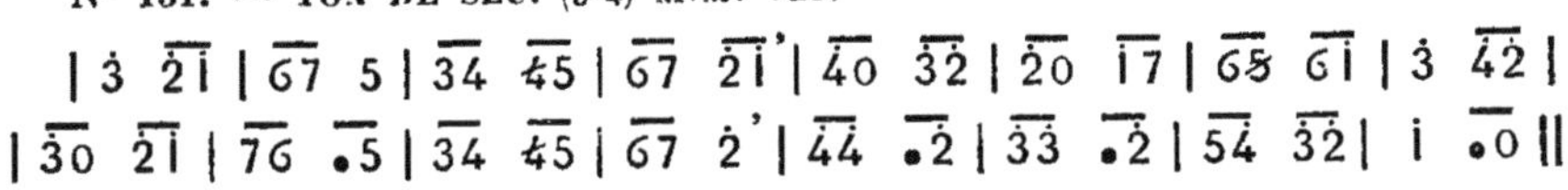

Nº 132. — TON DE REU. (7̣-2̇) M.M. 126.

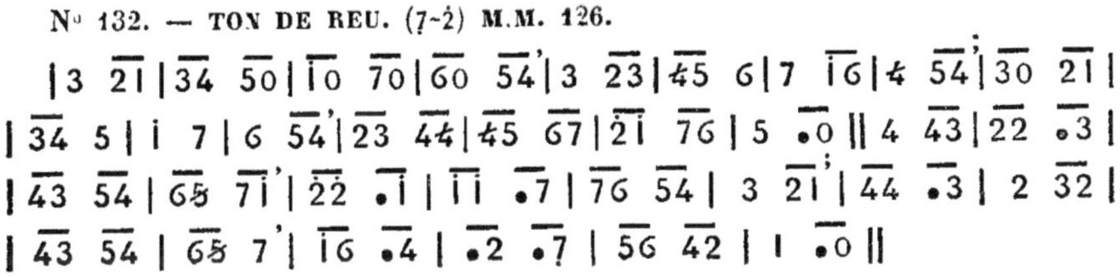

Nº 133. — TON DE SEU. (1-3̇) M.M. 84.

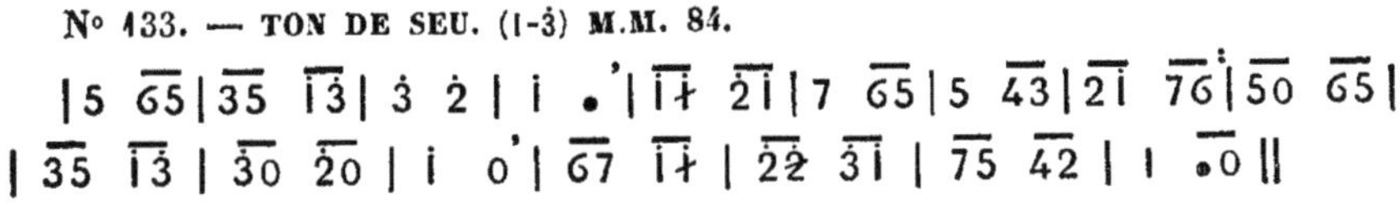

Nº 134. — TON D'UT. (6̣-4̇) M.M. 88.

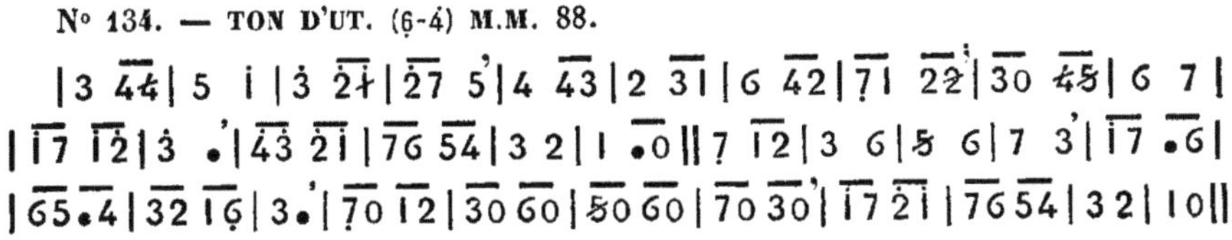

Nº 135. — TON DE FÈ. (5̣-6) M.M. 126.

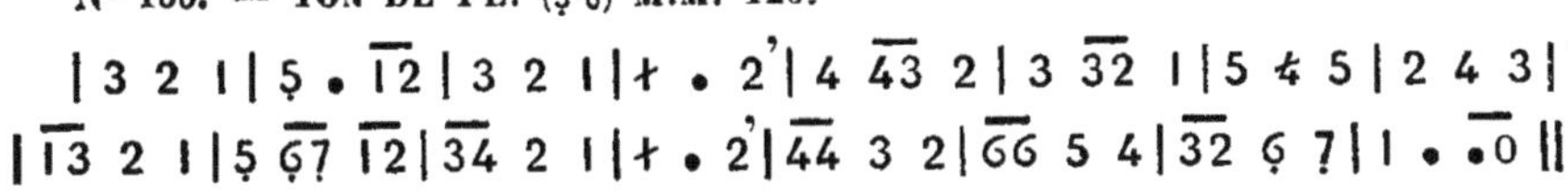

Nº 136. — TON DE LA. (4-4̇) M.M. 126.

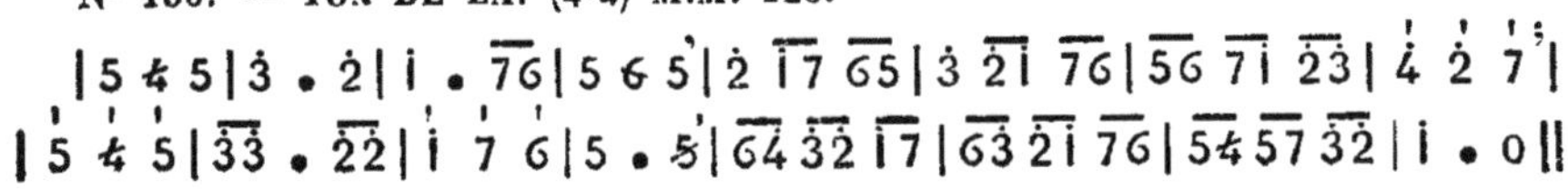

Nº 137. — TON DE MI. (7̣-7) M.M. 138.

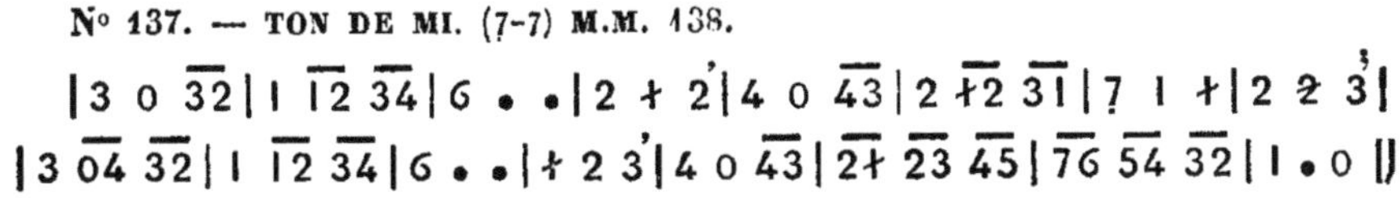

Nº 138. — TON DE SEU. (2-4̇) M.M. 108.

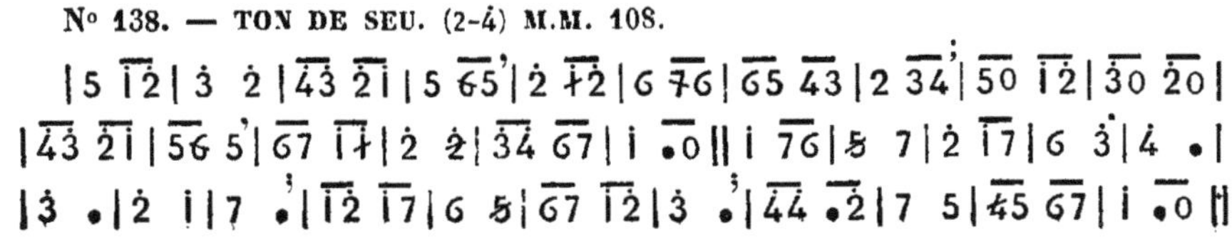

N° 139. — TON DE REU. (7-2̇) M.M. 126.

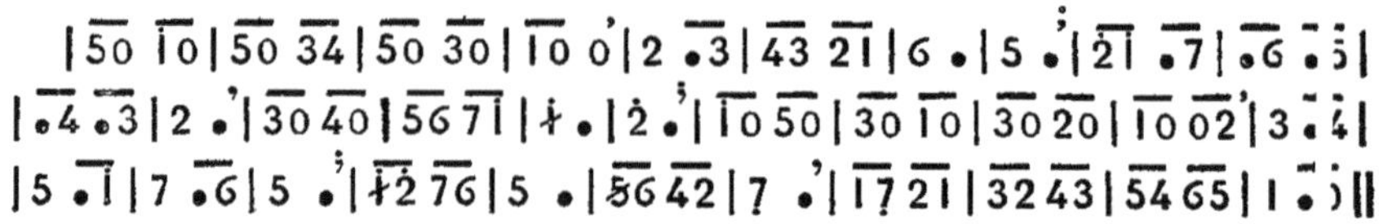

N° 140. — TON DE FA. (1-6) M.M. 126.

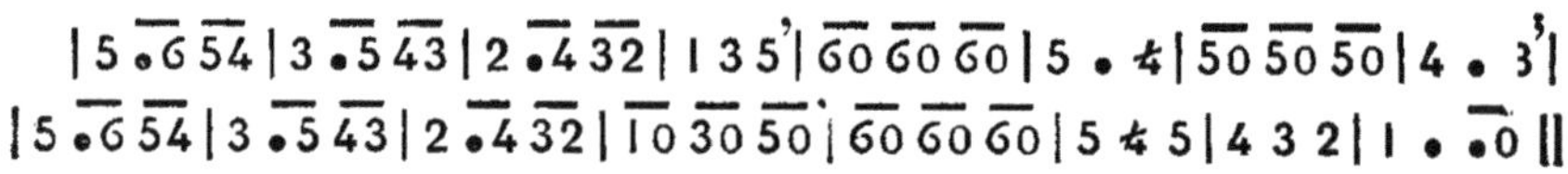

N° 141. — TON DE SEU. (1-4̇) M.M. 126.

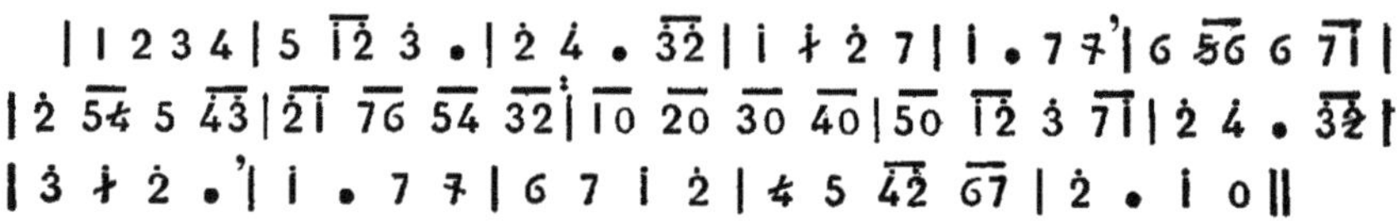

DEUXIÈME GROUPE. — DIVISION TERNAIRE.

N° 142. — TON DE REU. (1-2̇) M.M. 104.

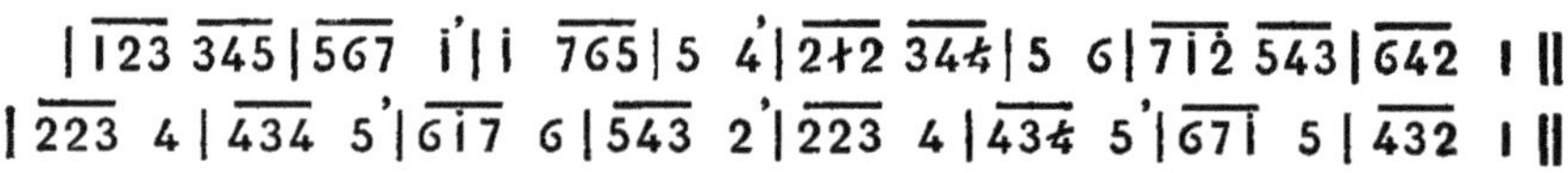

N° 143. — TON DE SI. (1-4̇) M.M. 104.

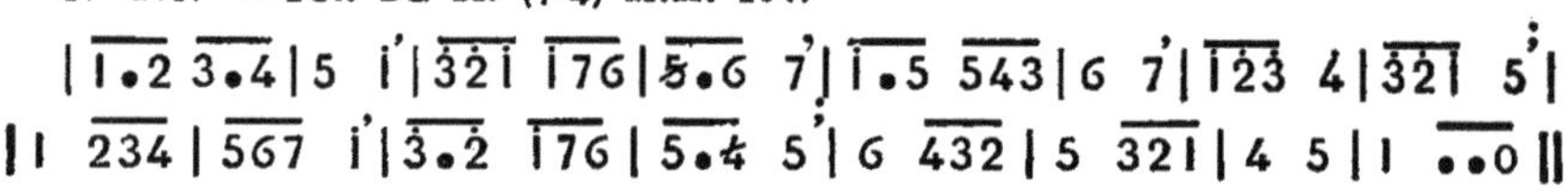

N° 144. — TON DE MEU. (5̣-1̇) M.M. 104.

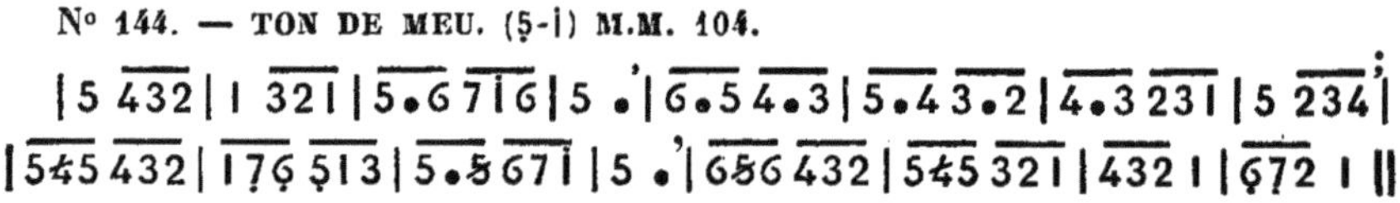

N° 145. — TON DE MI. (5̣-7) M.M. 100.

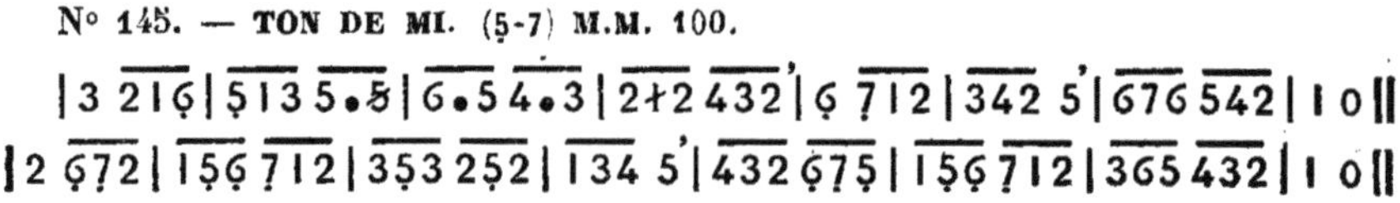

N° 146. — TON DE SI. (1-3̇) M.M. 104.

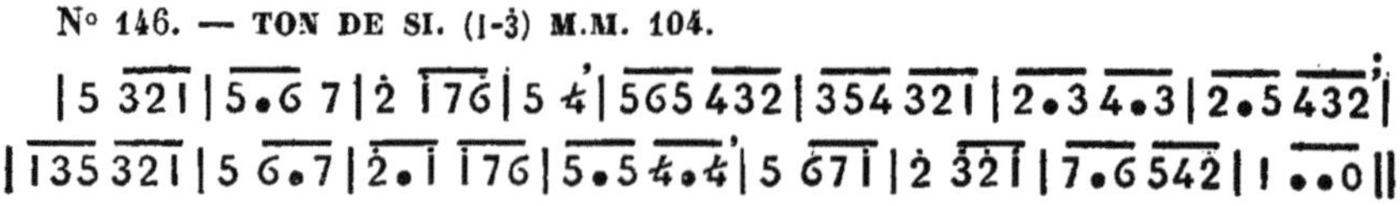

N° 147. — TON DE REU. (1-2̇) M.M. 104.

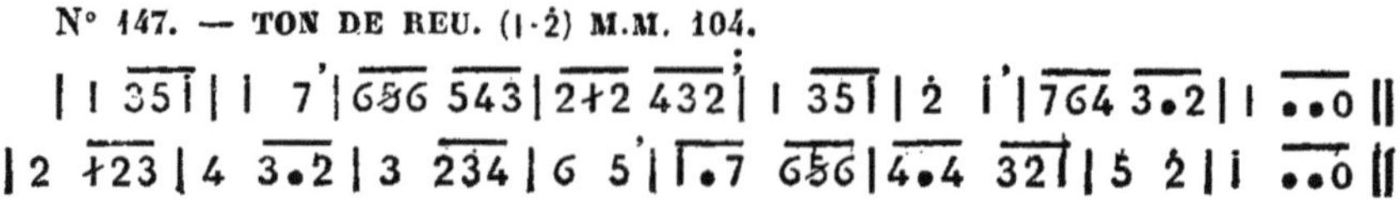

Nº 148. — TON DE LA. (1-4) M.M. 104.

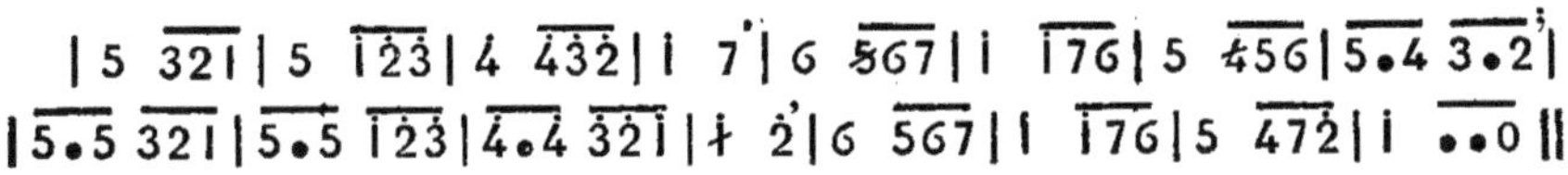

Nº 149. — TON DE SI. (1-3) M.M. 104.

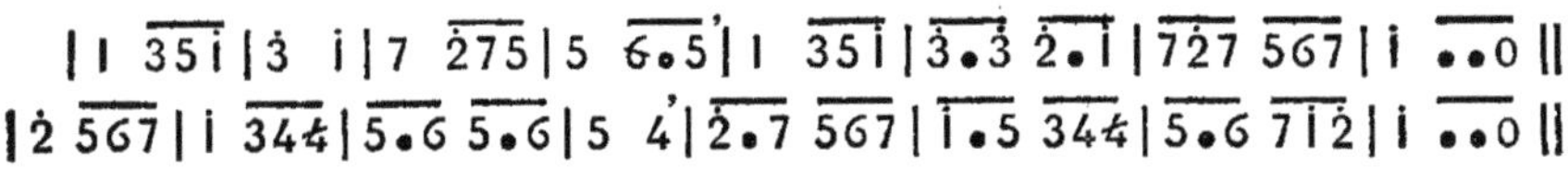

Nº 150. — TON DE SI. (7 3) M.M. 100.

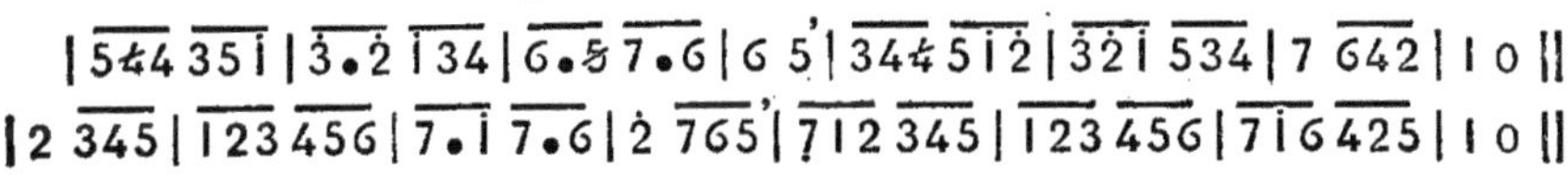

Nº 151. — TON DE REU. (1-2) M.M. 100.

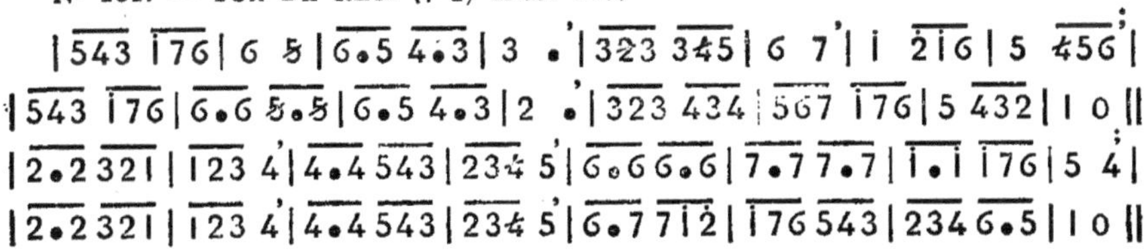

Nº 152. — TON DE REU. (1-2) M.M. 96.

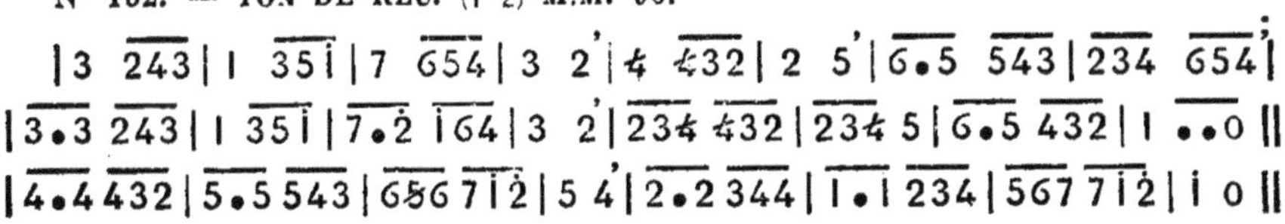

Nº 153. — TON DE SI. (1-4) M.M. 104.

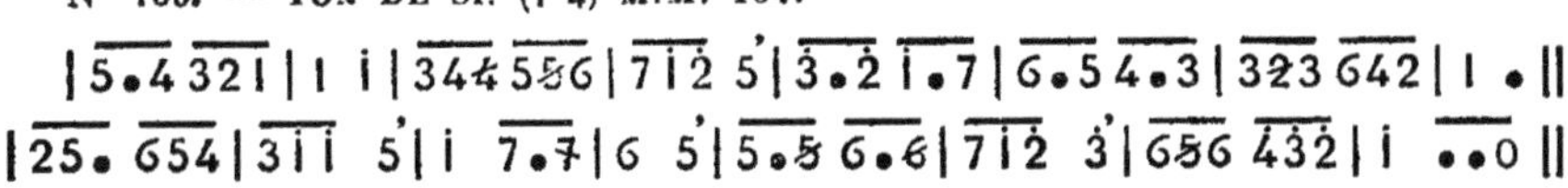

Nº 154. — TON DE SI. (1-3) M.M. 92.

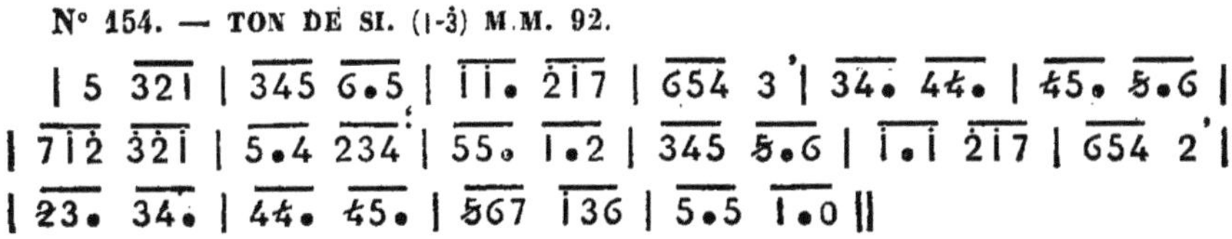

Nº 155. — TON DE SI. (1-3) M.M. 100.

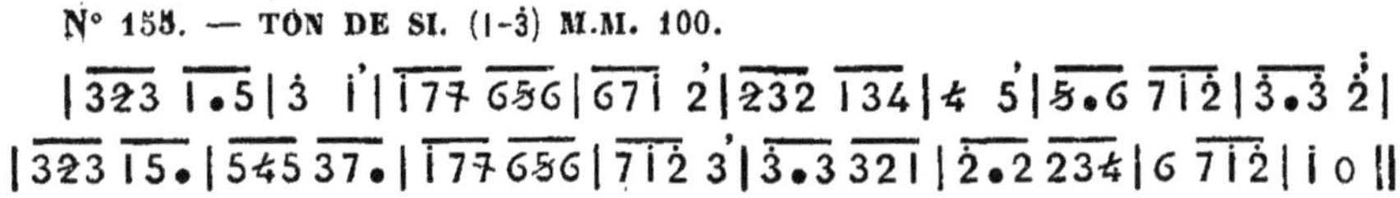

Nº 156. — TON DE REU. (7-2) M.M. 100.

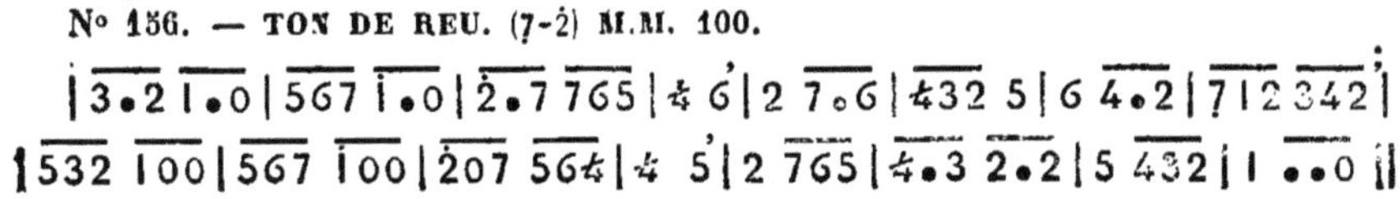

N° 157. — TON DE SOL. (5-5) M.M. 100.

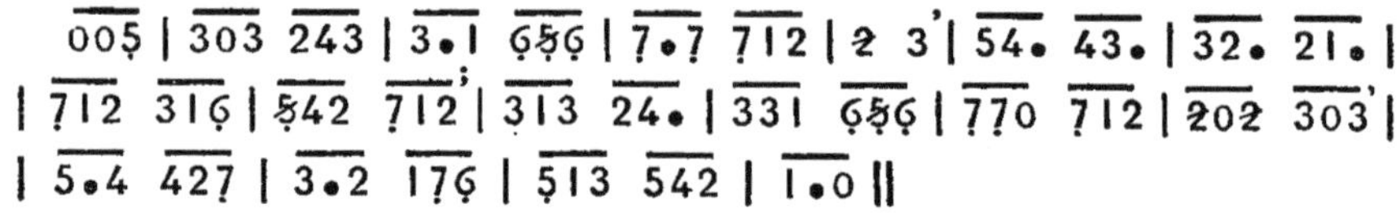

N° 158. — TON DE ŁEU. (2-3) M.M. 100.

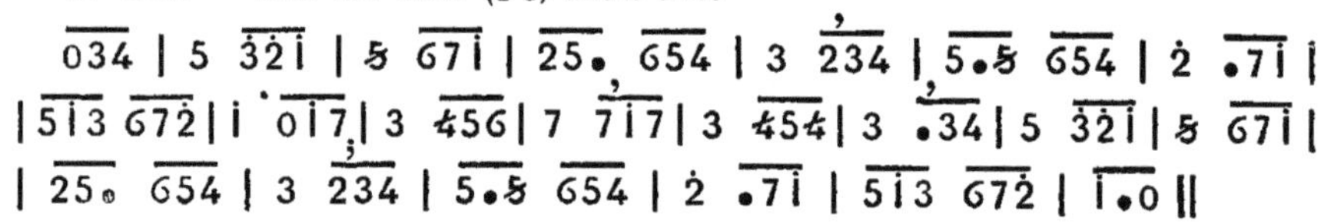

N° 159. — TON DE JEU. (5-6) M.M. 100.

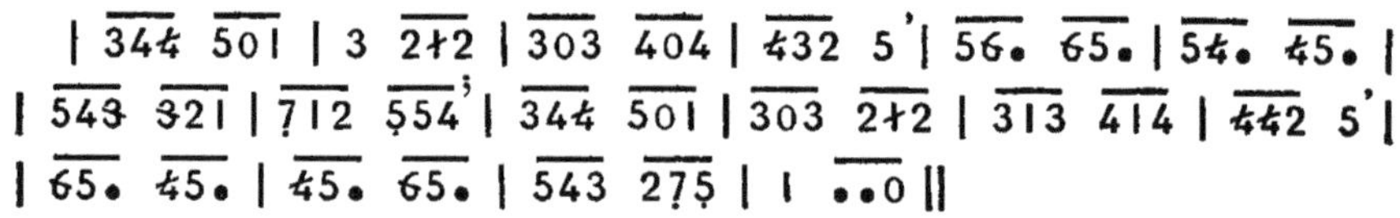

N° 160. — TON DE LEU. (5-5) M.M. 96.

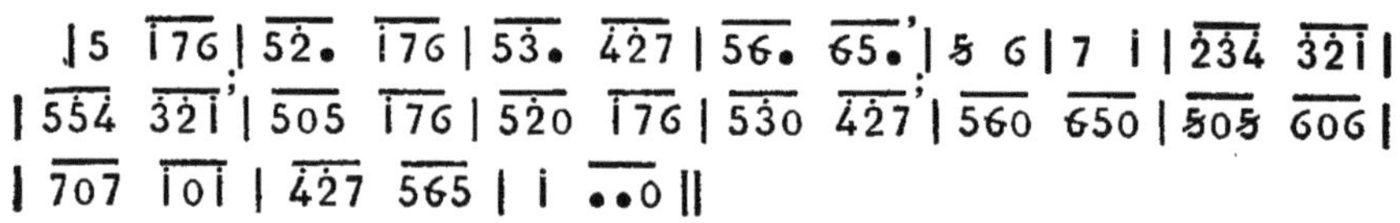

N° 161. — TON DE MEU. (5-1) M.M. 96.

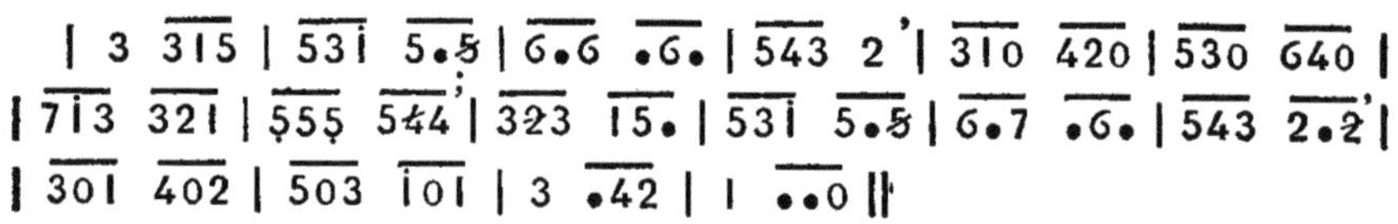

N° 162. — TON DE REU. (1-2) M.M. 92.

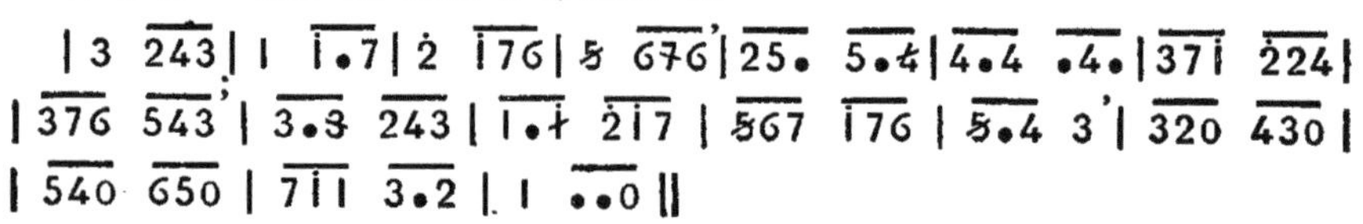

N° 163. — TON DE SEU. (7-4) M.M. 92.

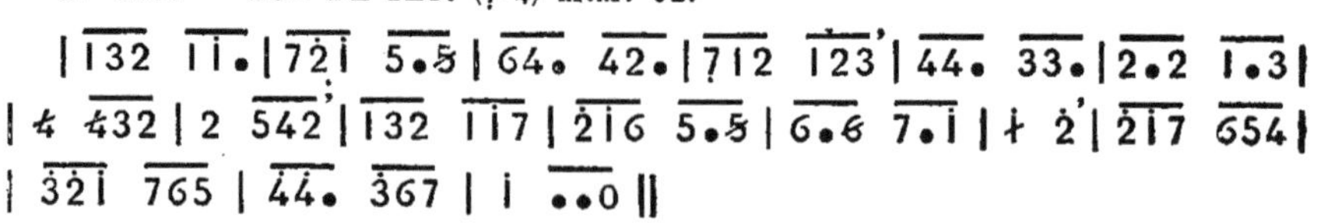

N° 164. — TON DE SEU. (3-4) M.M. 104.

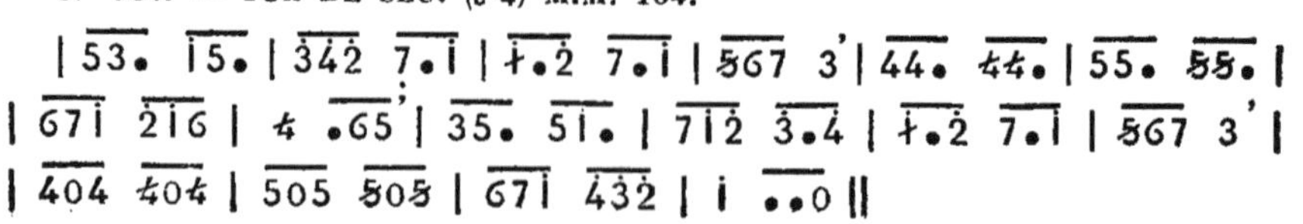

N° 165. — TON DE LA. (2-4) M.M. 104.

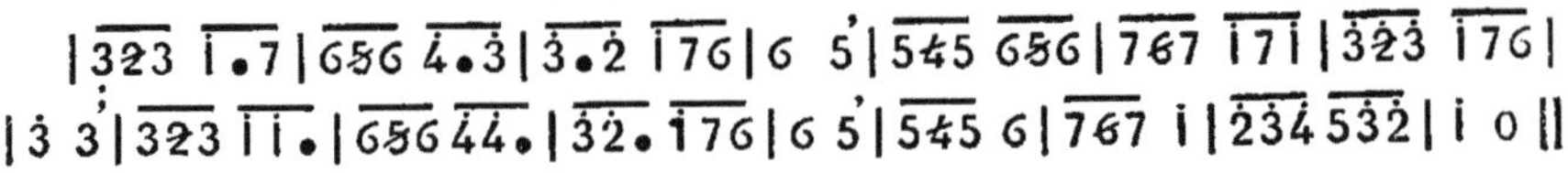

N° 166. — TON DE REU. (1-2̇) M.M. 96.

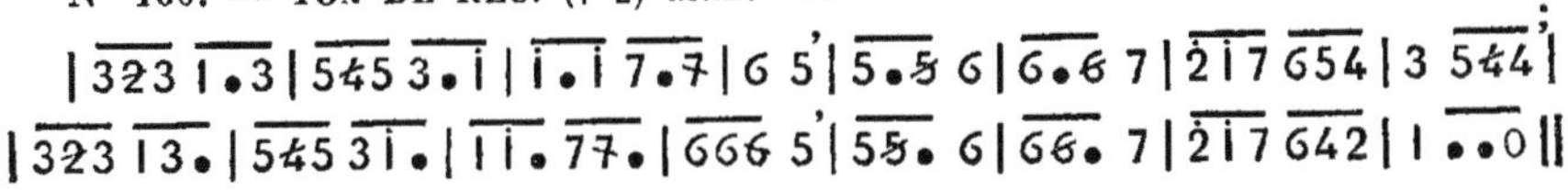

N° 167. — TON DE SEU. (3-4) M.M. 100.

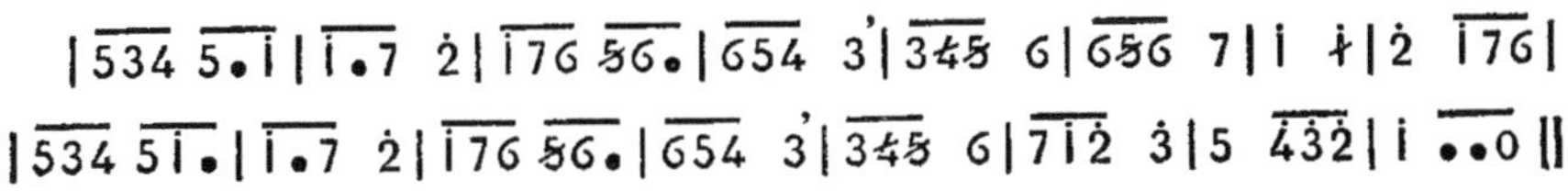

N° 168. — TON DE SI. (1-3̇) M.M. 100.

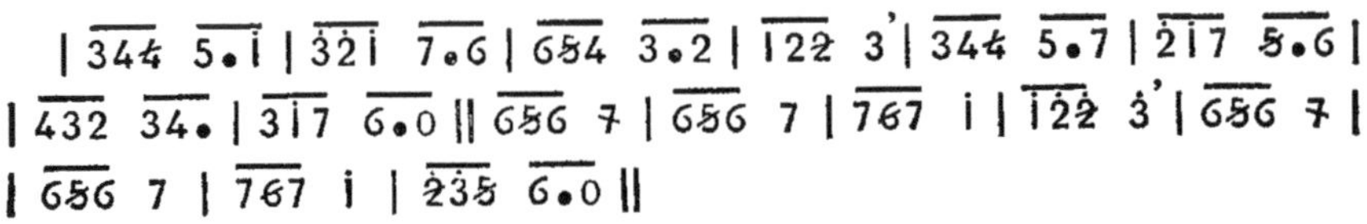

N° 169. — TON DE MEU. (1-1̇) M.M. 100.

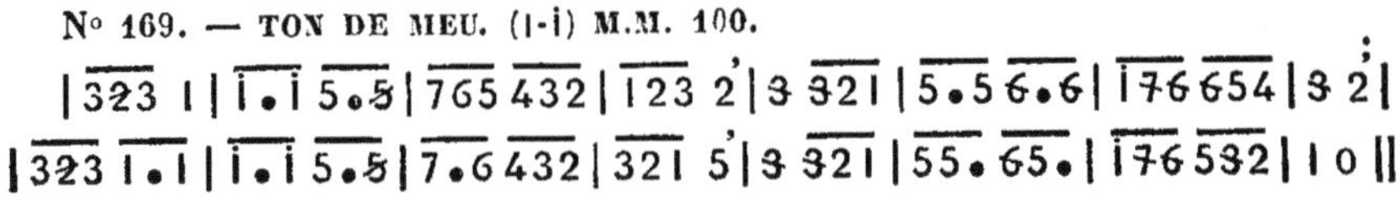

N° 170. — TON DE SI. (1-3̇) M.M. 84.

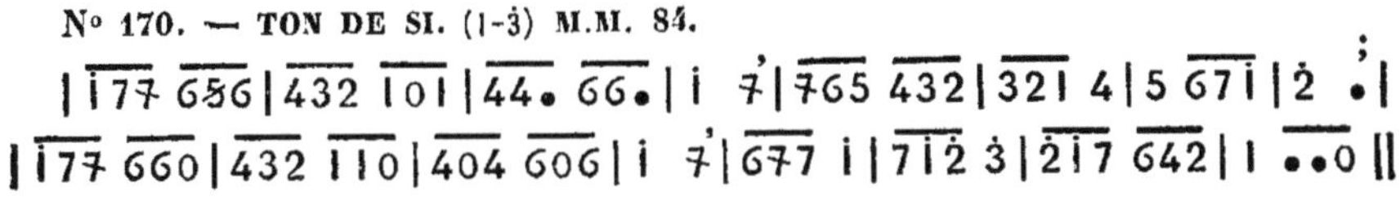

N° 171. — TON DE SI. (7-3̇) M.M. 100.

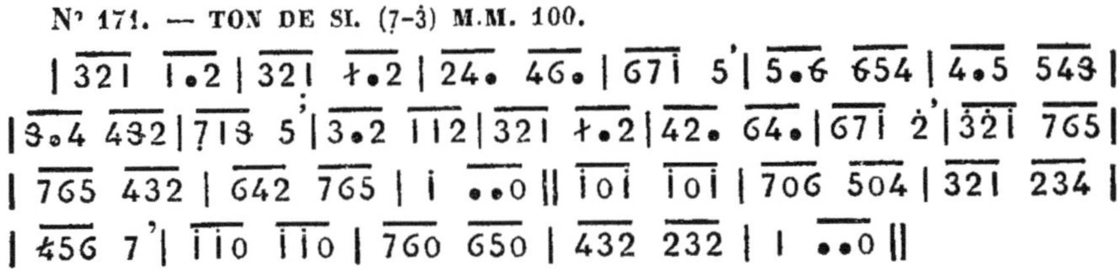

N° 172. — TON DE MEU. (1-1̇) M.M. 80.

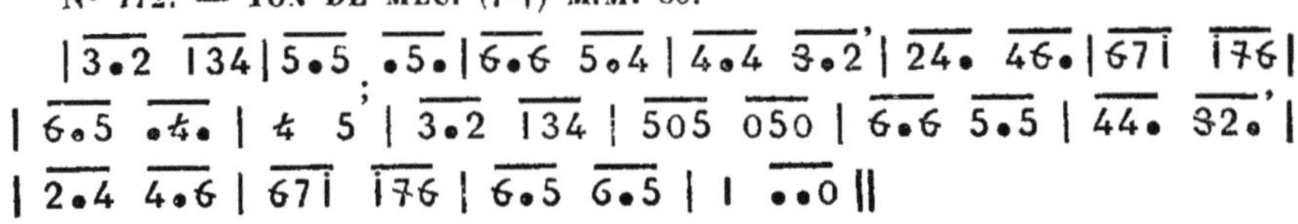

N° 173. — TON DE FÈ. (6-6̇) M.M. 69.

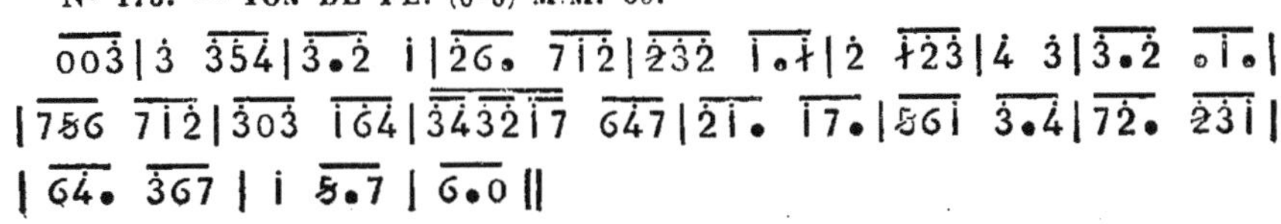

N° 174. — TON DE SEU. (1-4) M.M. 80.

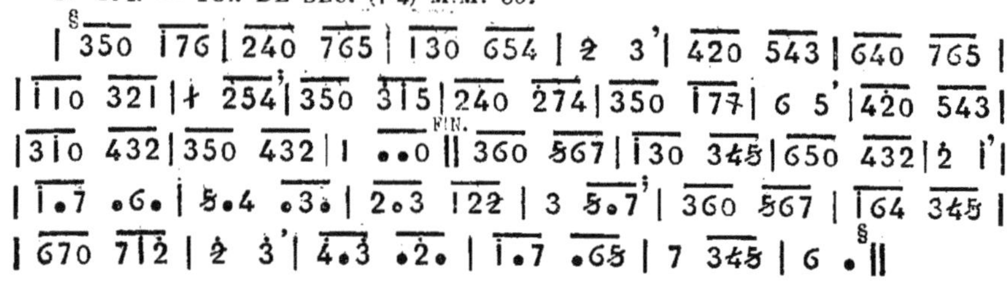

N° 175. — TON DE LEU. — (4-5) M.M. 84.

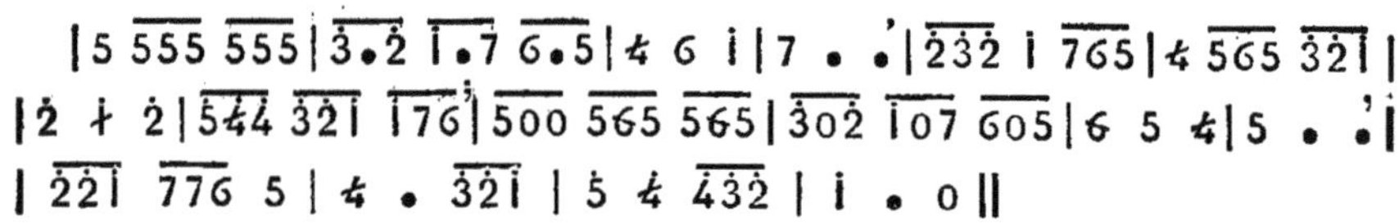

N° 176. — TON DE SI. (1-4) M.M. 120.

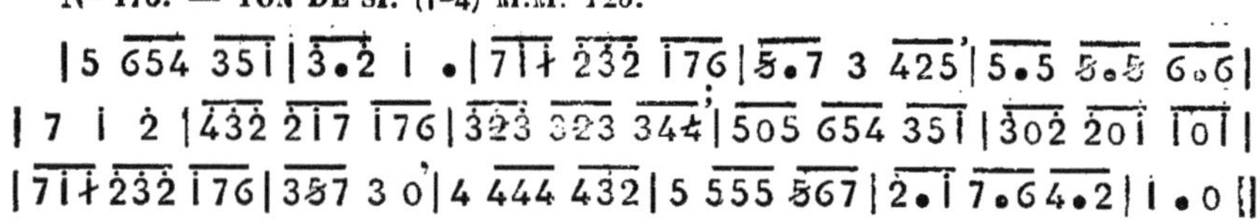

N° 177. — TON DE SI. (1-3) M.M. 100.

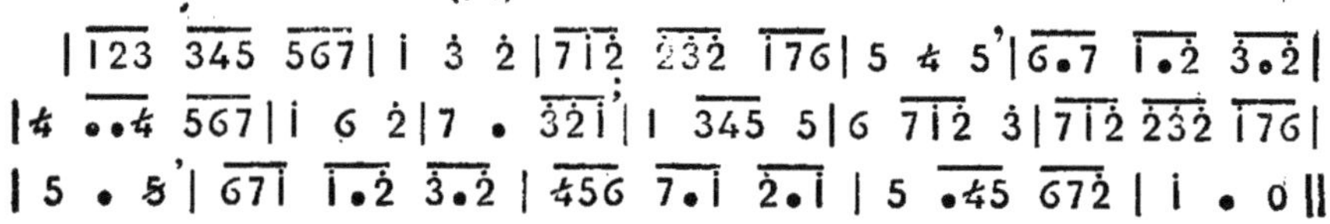

N° 178. — TON DE SI. (7-3) M.M. 100.

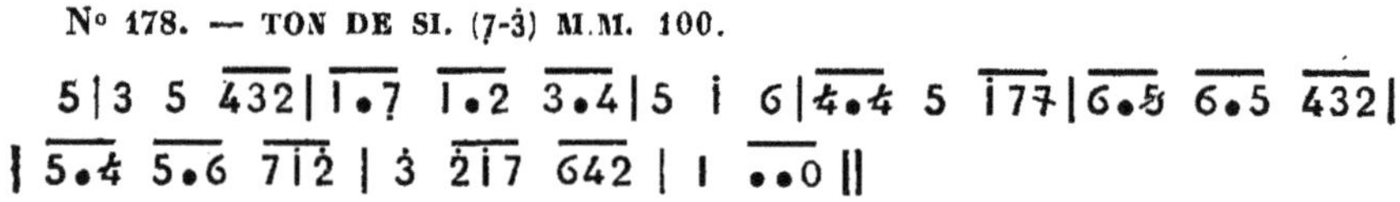

N° 179. — TON DE SEU. (3-4) M.M. 100.

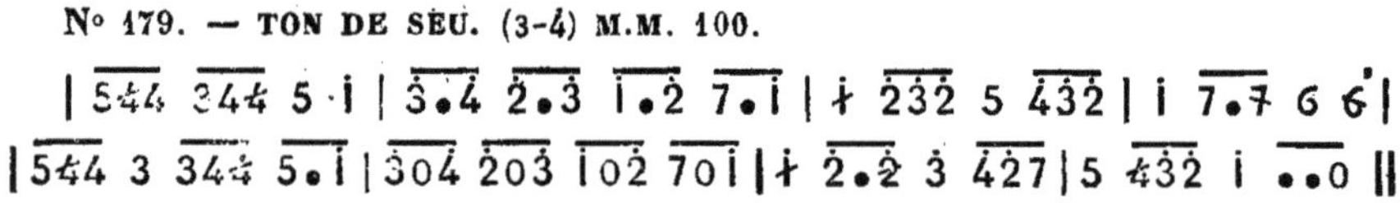

TROISIÈME GROUPE. — DIVISION BINO-BINAIRE.

N° 180. — TON DE SI. (1-4) M.M. 126.

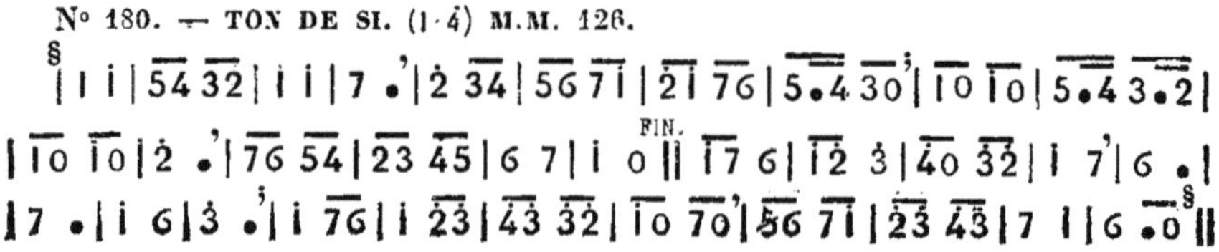

N° 181. — TON DE SEU. (7̣-5̇) M.M. 126.

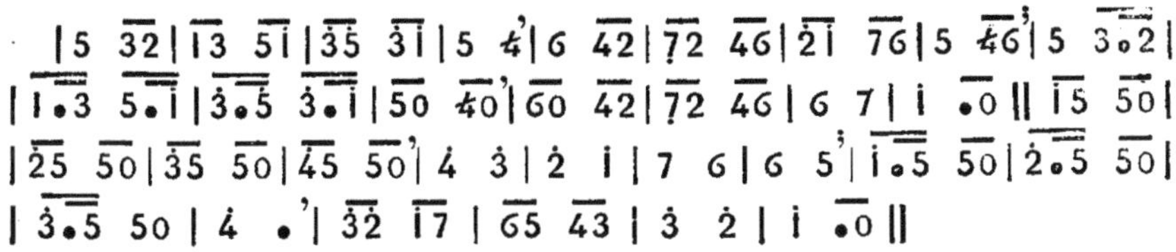

N° 182. — TON DE LEU. (5̣-6) M.M. 100.

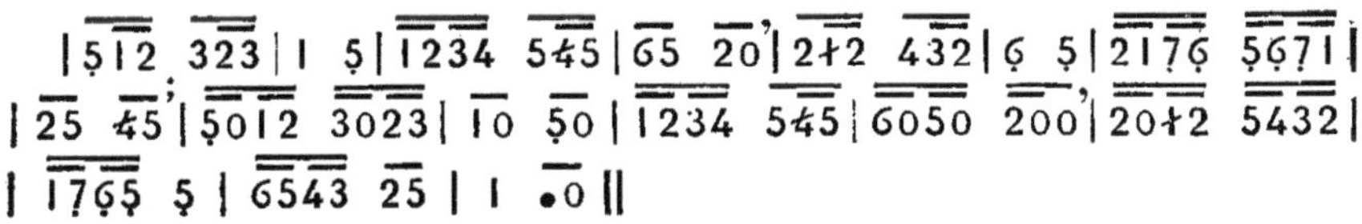

N° 183. — TON DE LEU. (5̣-6) M.M. 100.

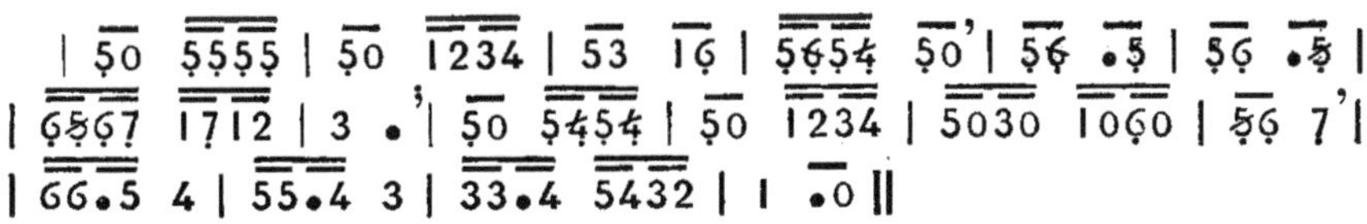

N° 184. — TON DE LA. (1-5̇) M.M. 126.

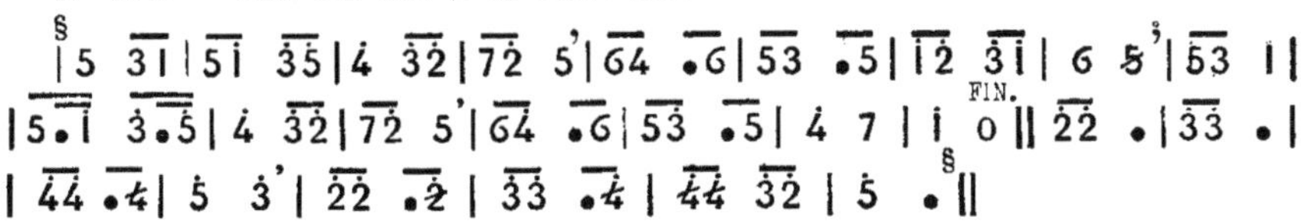

N° 185. — TON DE REU. (1-2̇) M.M. 126.

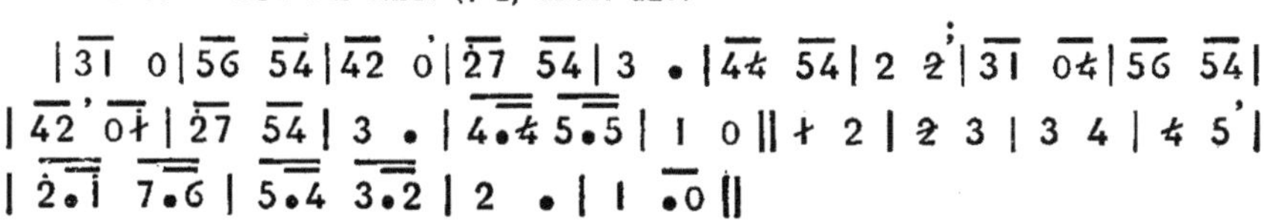

N° 186. — TON DE SI. (1-3̇) M.M. 126.

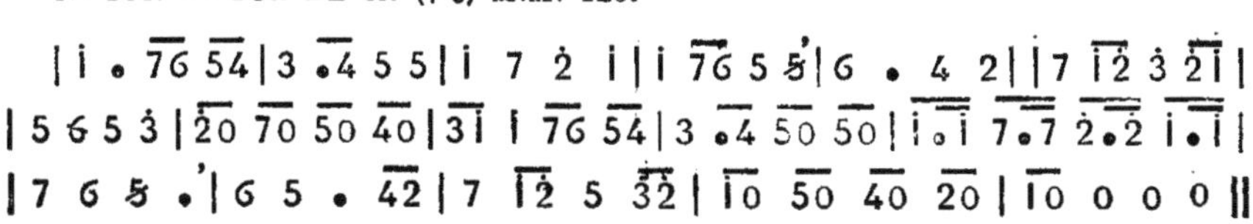

N° 187. — TON DE SI. (1-3̇) M.M. 126.

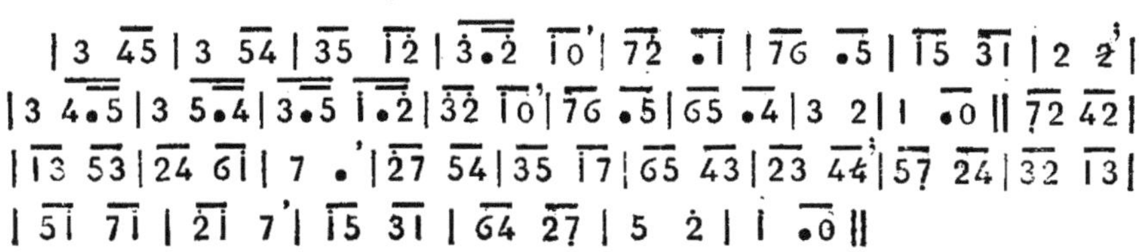

N° 188. — TON DE SI. — (1-3̇) M.M. 92.

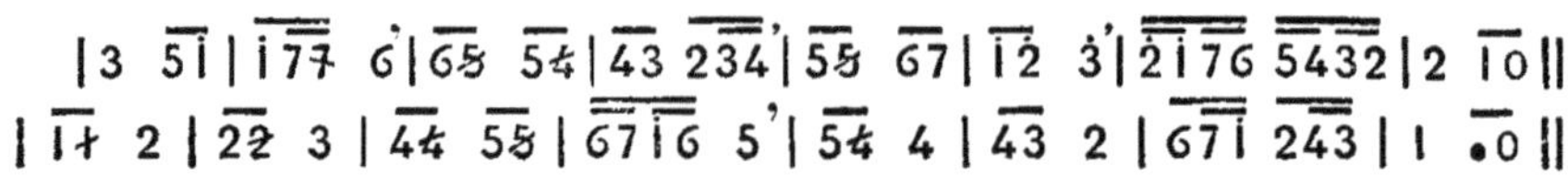

N° 189. — TON DE SI. (1-3̇) M.M. 100.

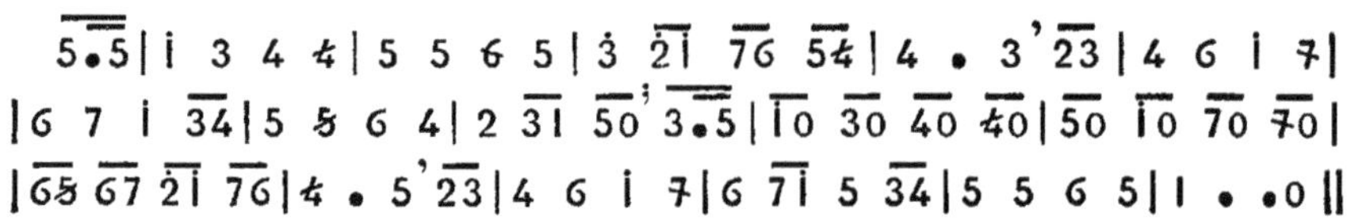

N° 190. — TON DE RÉ. (1-2̇) M.M. 100.

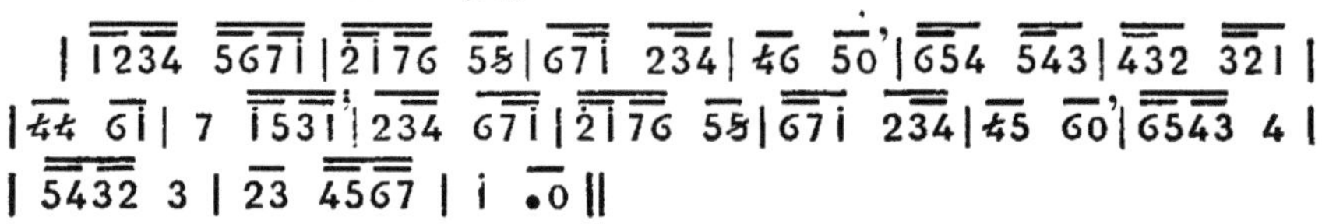

N° 191. — TON DE SEU. (1-4̇) M.M. 84.

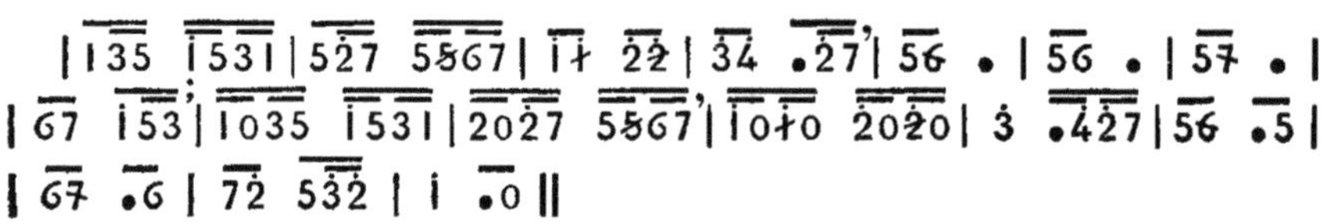

N° 192. — TON DE SI. (1-3̇) M.M. 92.

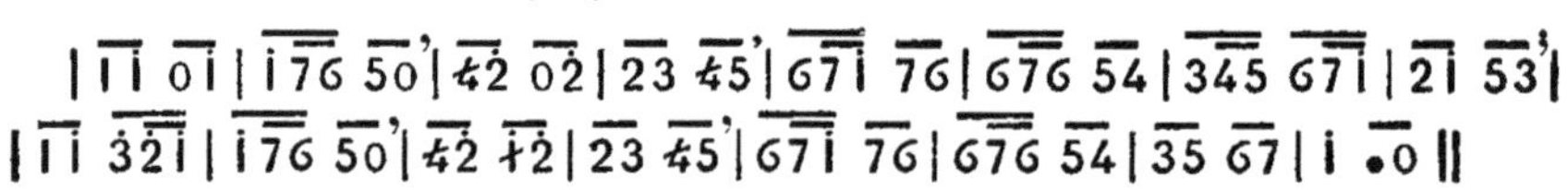

N° 193. — TON DE RÉ. (1-2̇) M.M. 96.

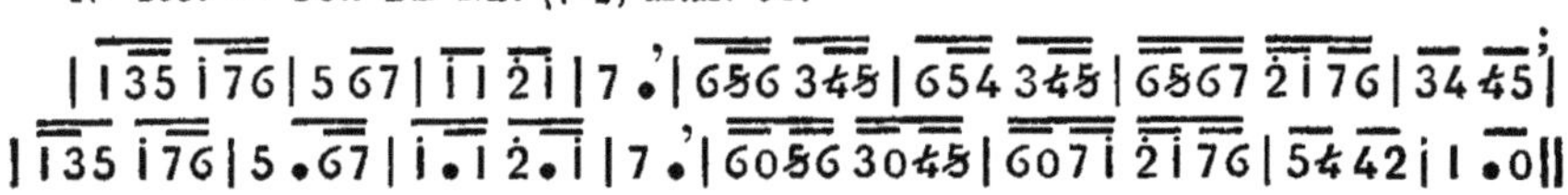

N° 194. — TON DE REU. (1-2̇) M.M. 100.

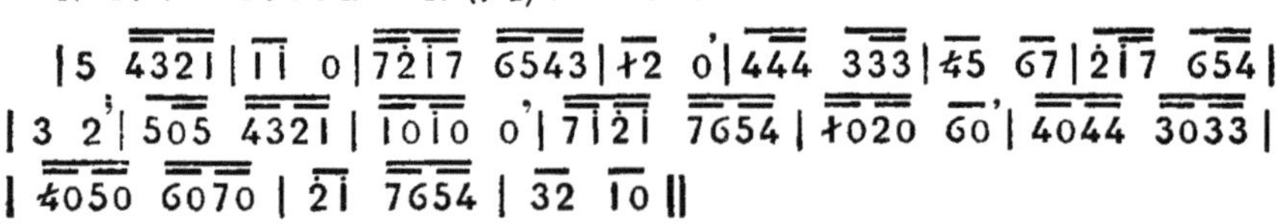

N° 195. — TON DE SI. (1-3̇) M.M. 100.

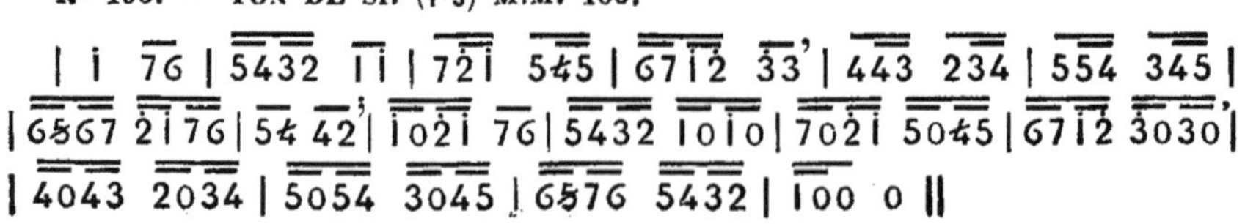

N° 196. — TON DE SI. (1-4̇) M.M. 100.

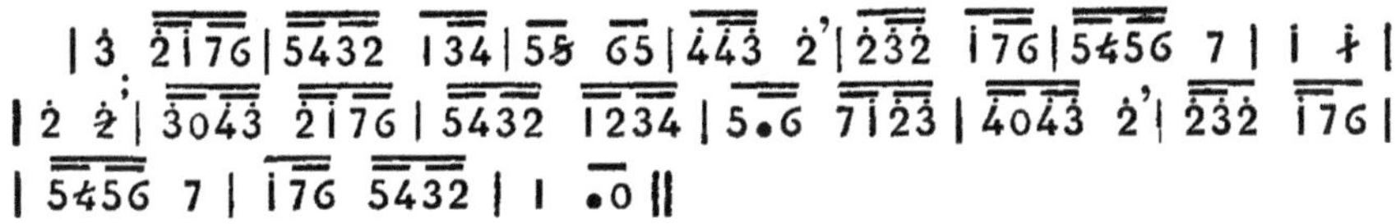

N° 197. — TON DE MI. (5̣-7) M.M. 100.

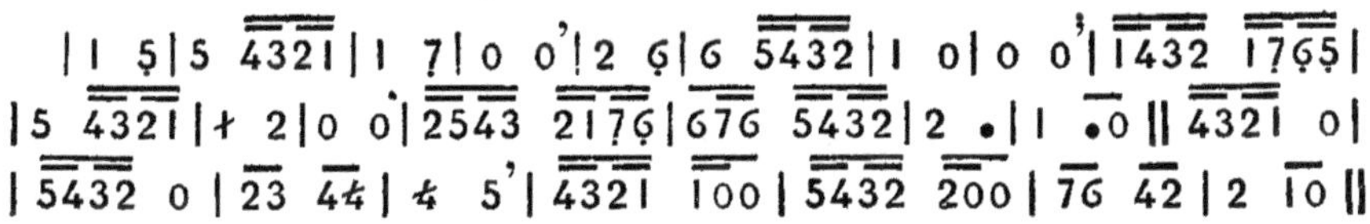

N° 198. — TON DE SEU. (3-4̇) M.M. 100.

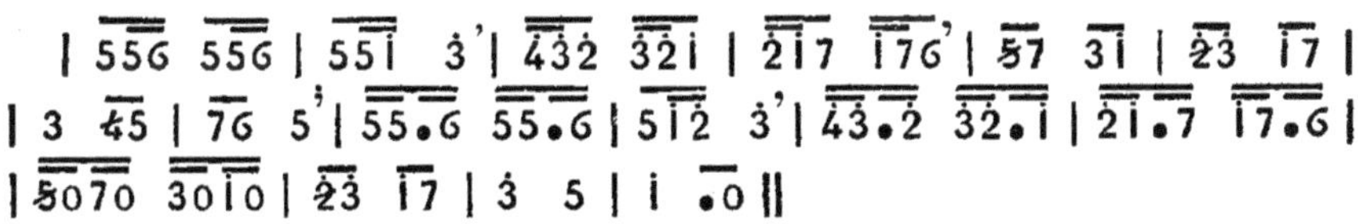

N° 199. — TON DE SEU. (1-4̇) M.M. 100.

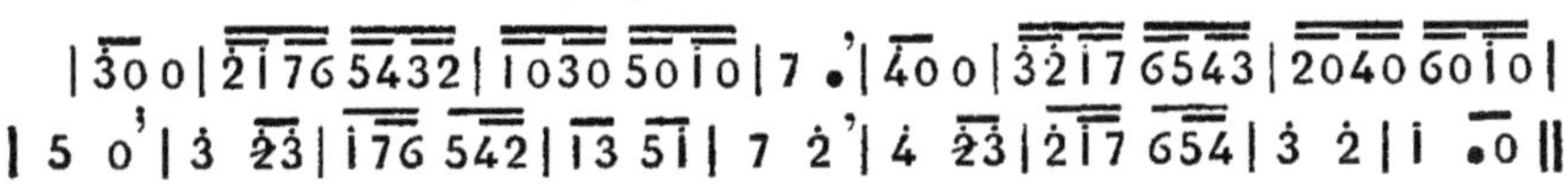

N° 200. — TON DE MI. (5̣-1̇) M.M. 96.

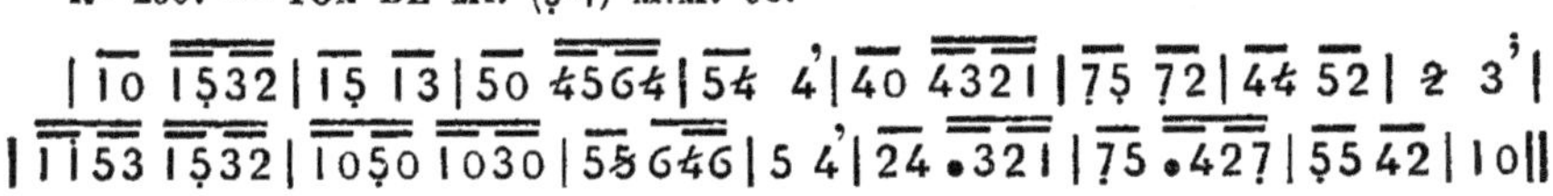

N° 201. — TON DE MEU. (5̣-1̇) M.M. 116.

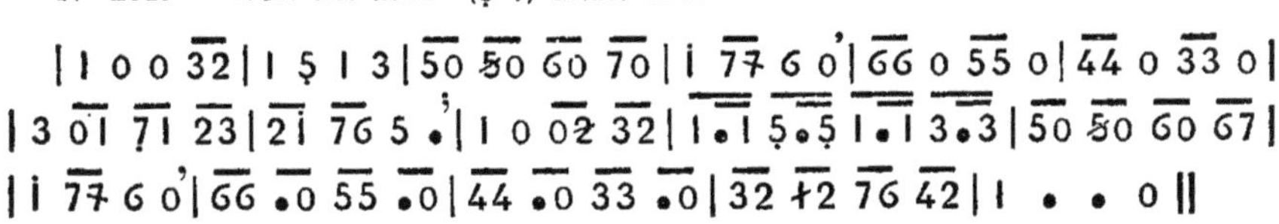

N° 202. — TON DE SEU. (1-4̇) M.M. 100.

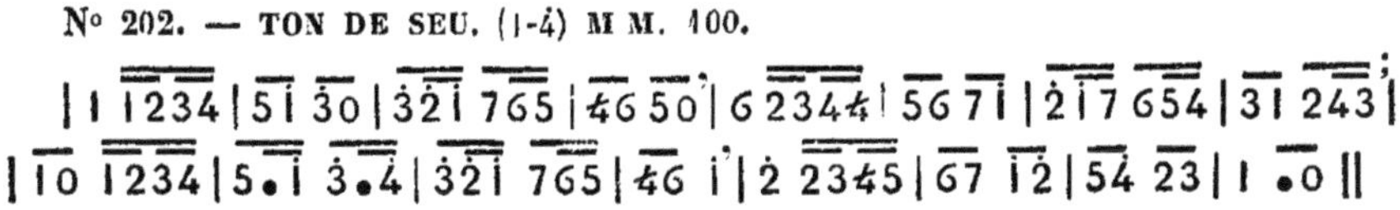

N° 203. — TON D'UT. (7̣-3̇) M.M. 100.

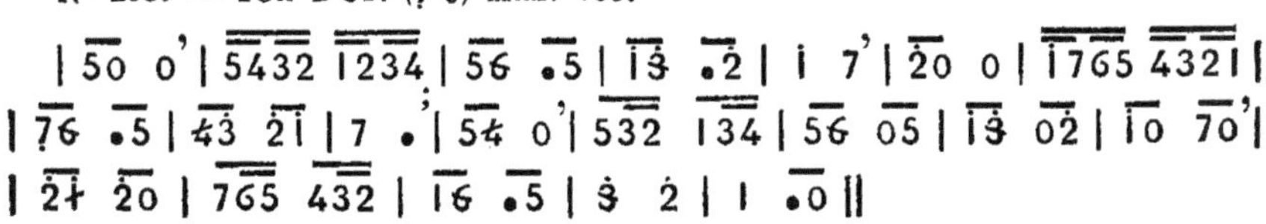

N° 204. — TON DE SI. (1-3̇) M.M. 108.

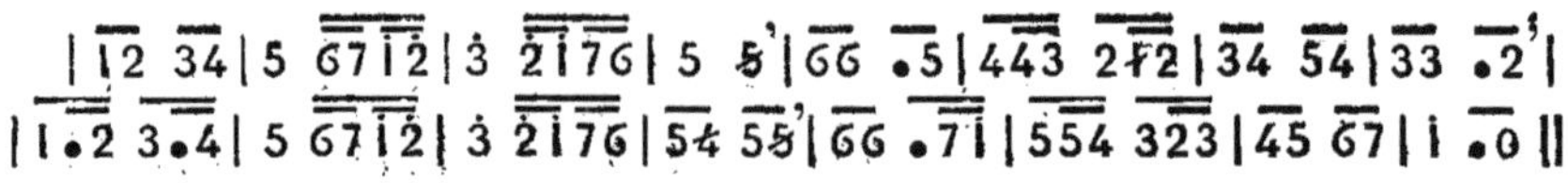

N° 205. — TON DE FA. (5̣-6) M.M. 100.

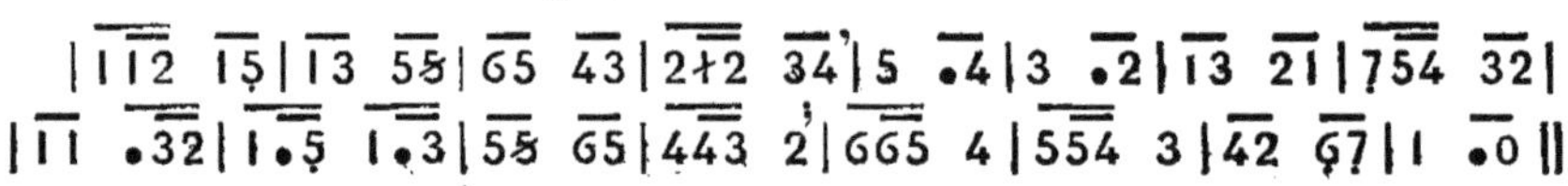

N° 206. — TON D'UT. (1-2̇) M.M. 104.

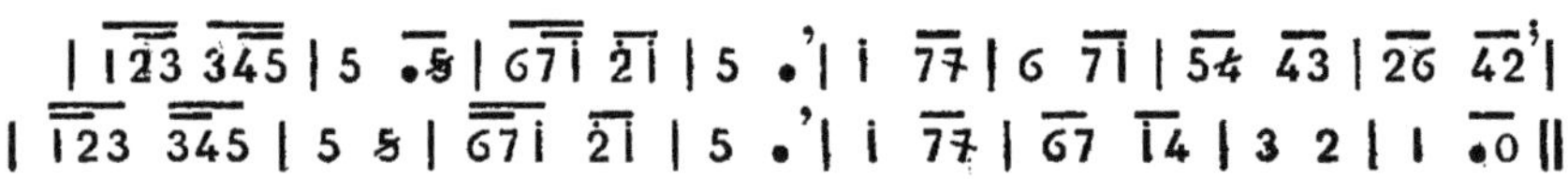

N° 207. — TON D'UT. (1-3̇) M.M. 132.

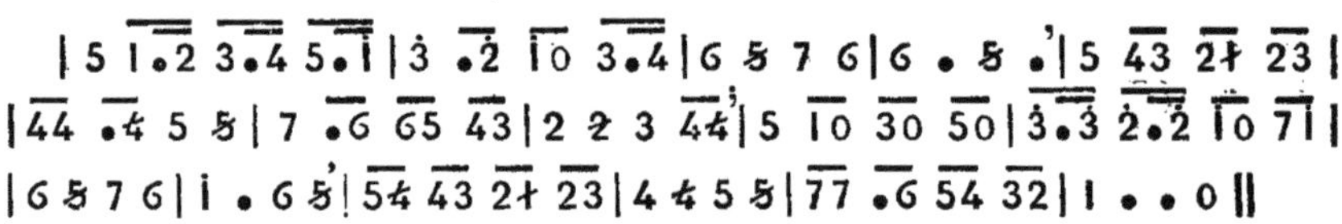

N° 208. — TON DE SEU. (7̣-4̇) M.M. 132.

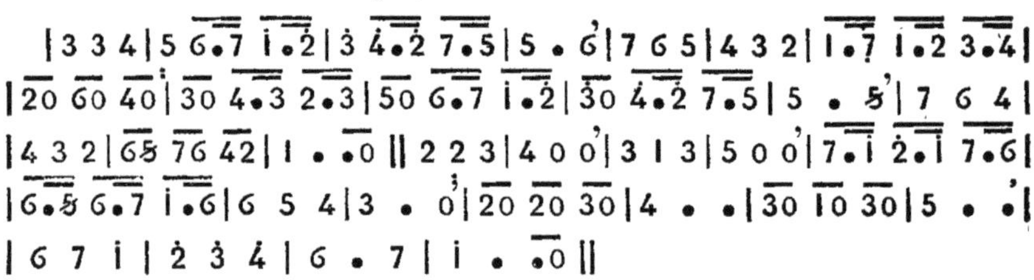

N° 209. — TON DE REU. (1-2̇) M.M. 126.

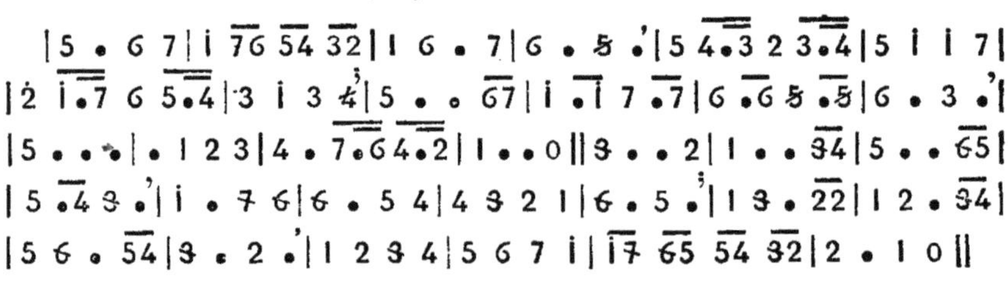

N° 210. — TON DE SEU. (2-5̇) M.M. 100.

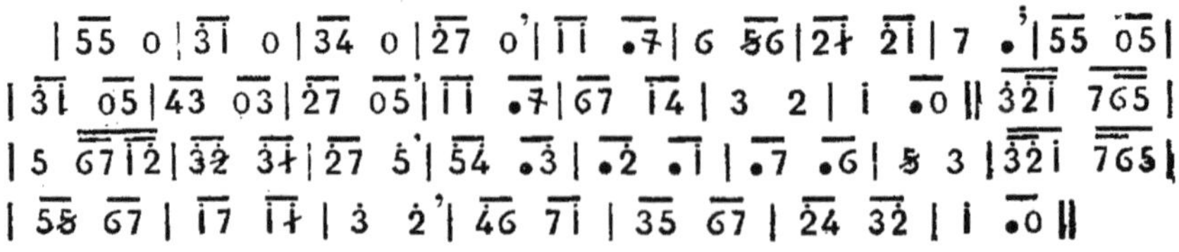

N° 211. — TON DE SI. (1-4̇) M.M. 92.

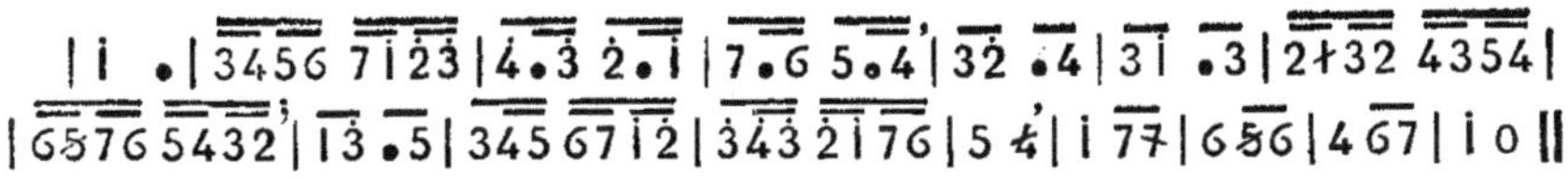

N° 212. — TON DE SI. (1-3̇) M.M. 100.

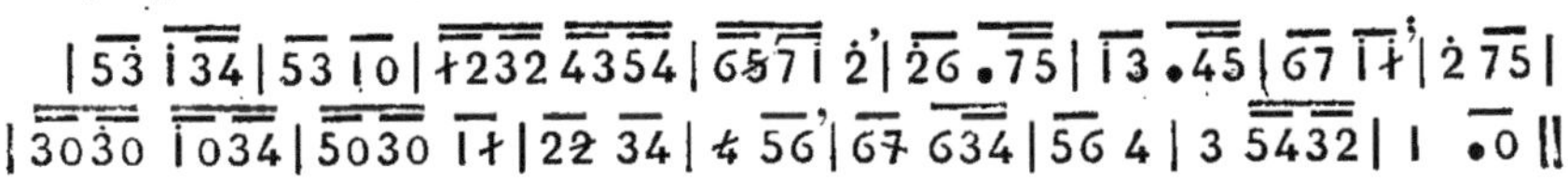

N° 213. — TON DE SI. (1-3̇) M.M. 100.

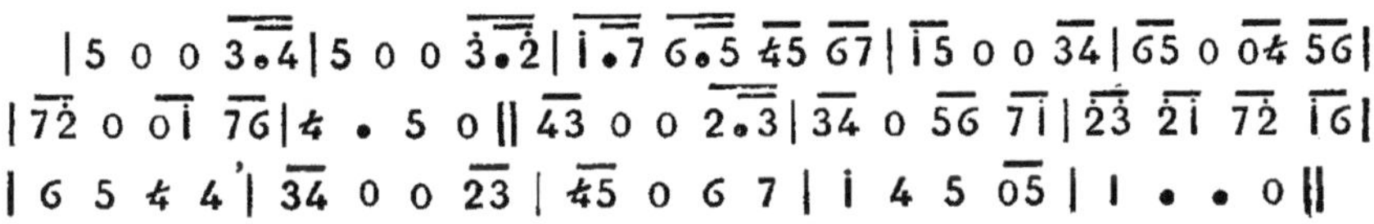

N° 214. — TON DE SOL. (3-5̇) M.M. 100.

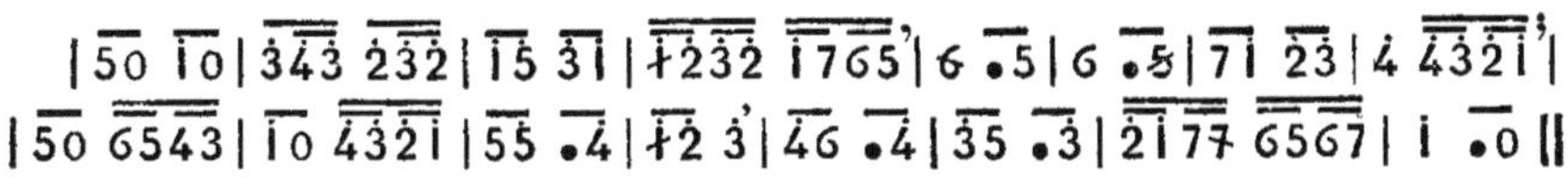

N° 215. — TON DE FÈ. (4̣-6) M.M. 92.

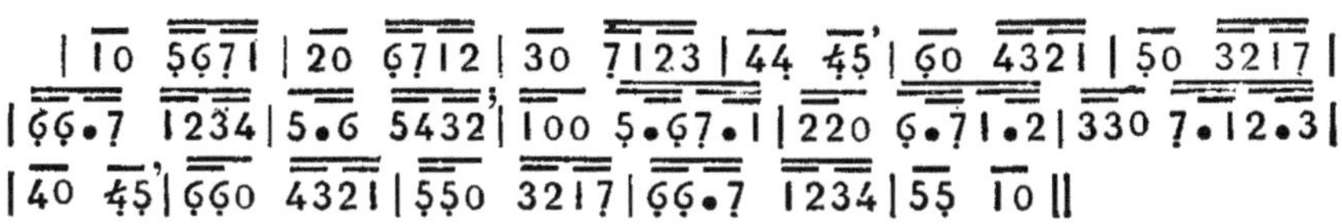

N° 216. — TON DE RÉ. (5̣-2̇) M.M. 92.

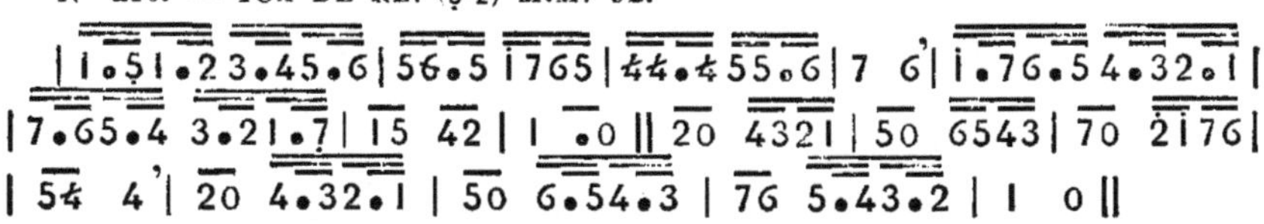

N° 217. — TON DE MEU. (5̣-2̇) M.M. 80.

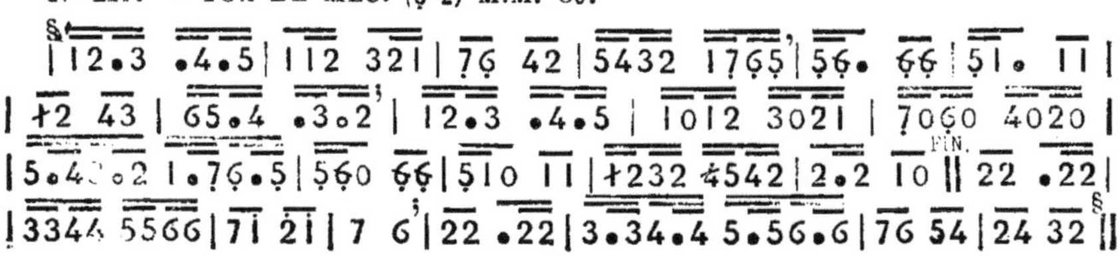

QUATRIÈME GROUPE. — DIVISION MIXTE.

N° 218. — TON DE SI. (1-3̇) M.M. 100.

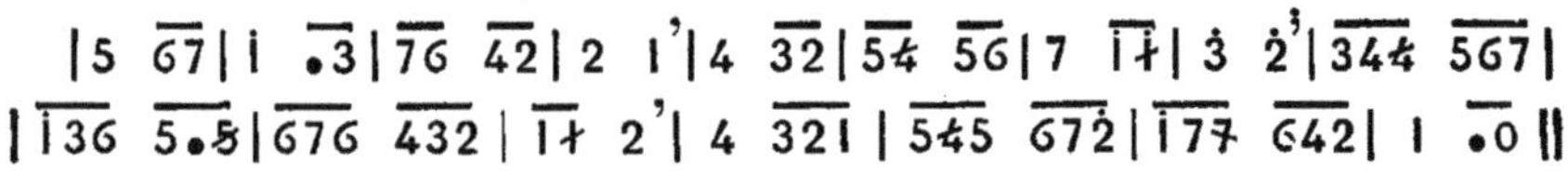

N° 219. — TON DE RÉ. (1-2̇) M.M. 100.

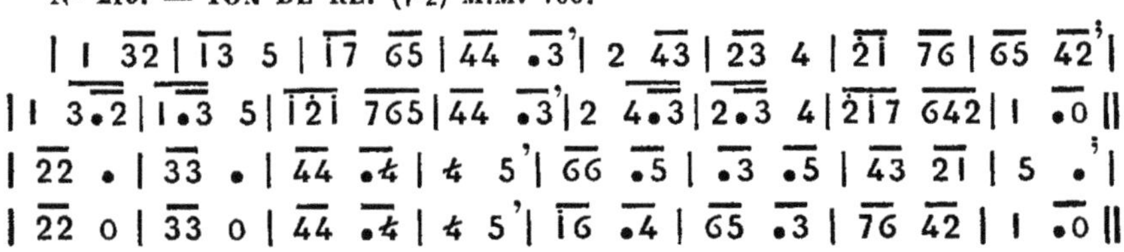

N° 220. — TON DE MEU. (7-1̇) M.M. 96.

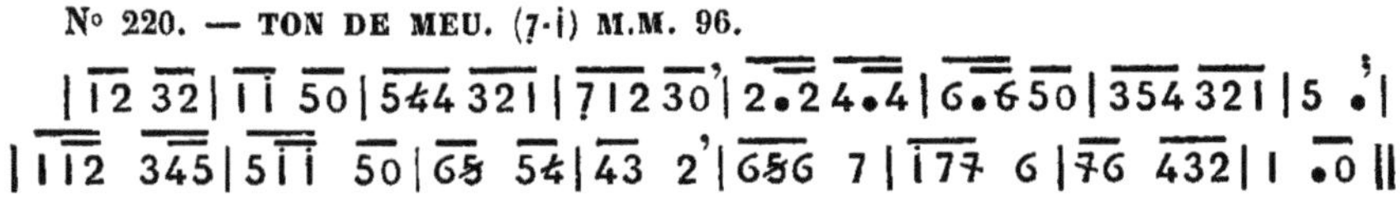

N° 221. — TON DE MEU. (7-1̇) M.M. 100.

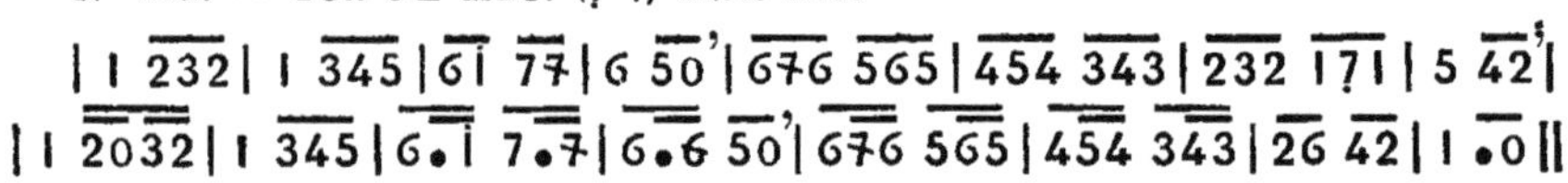

N° 222. — TON DE RÉ. (1-2̇) M.M. 120.

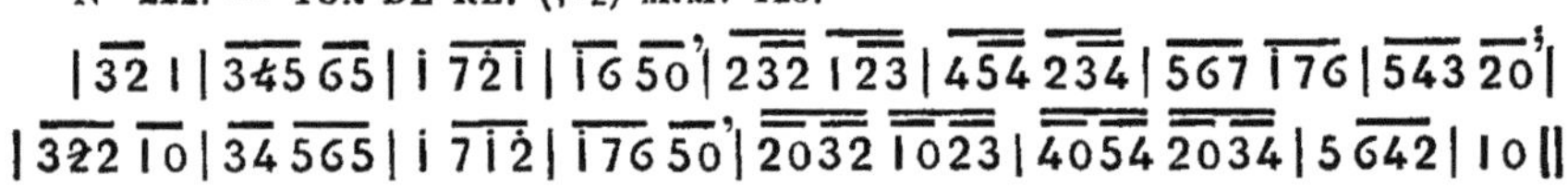

N° 223. — TON D'UT. (1-3̇) M.M. 104

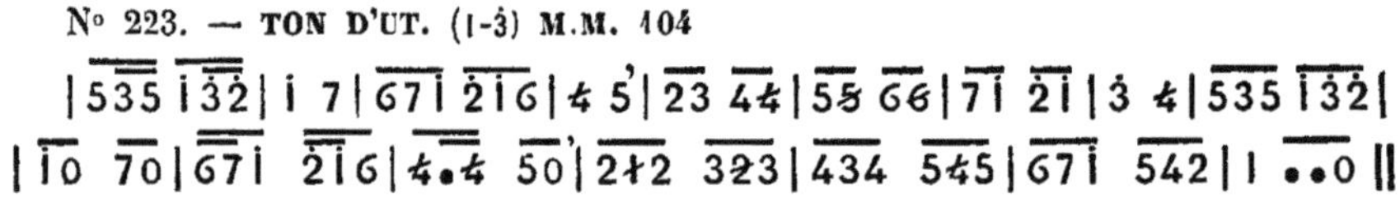

N° 224. — TON DE LA. (3̣-5) M.M. 88.

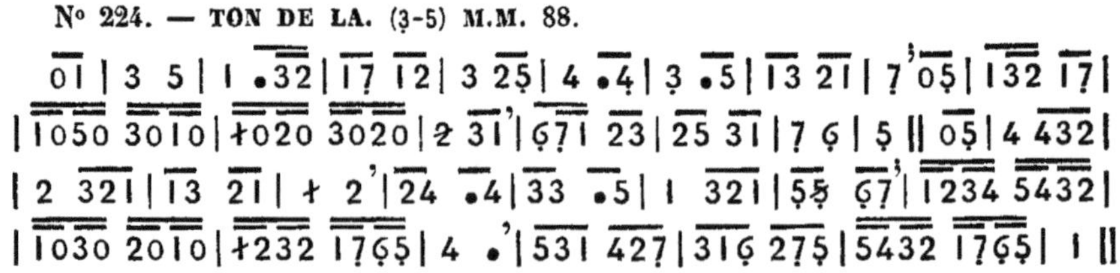

N° 225 — TON D'UT. (1-3̇) M.M. 88.

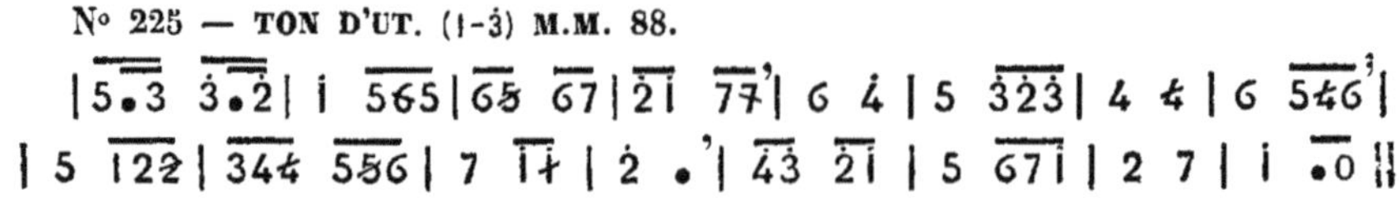

N° 226. — TON DE SI. (1-3̇) M.M. 100.

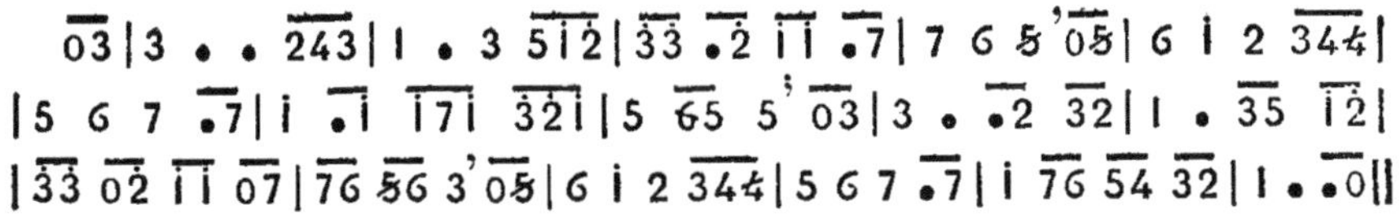

N° 227. — TON DE REU. (7̣-2̇) M.M. 126.

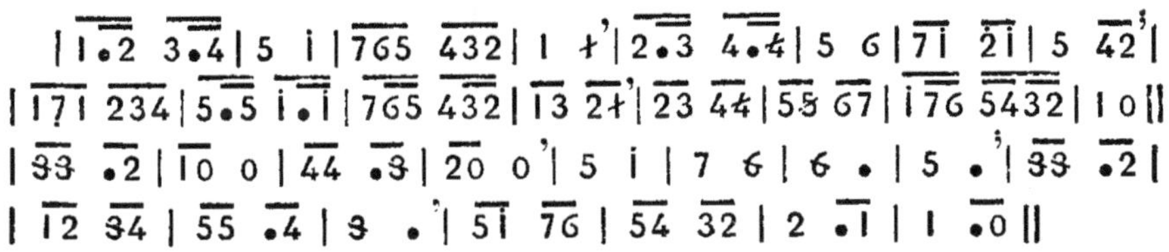

N° 228. — TON DE LEU. — (2-5̇) M.M. 84.

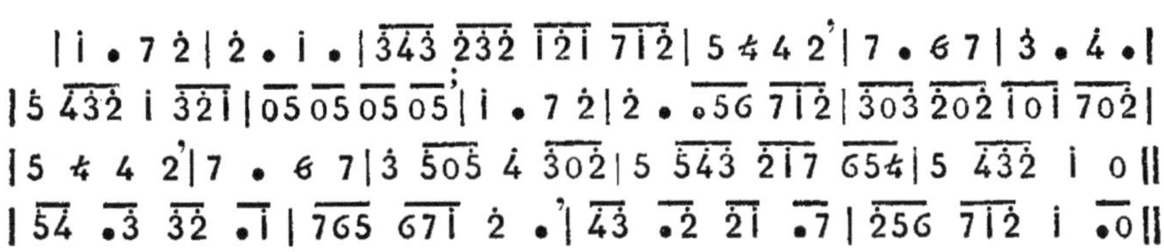

N° 229. — TON DE REU. (1-2̇) M.M. 92.

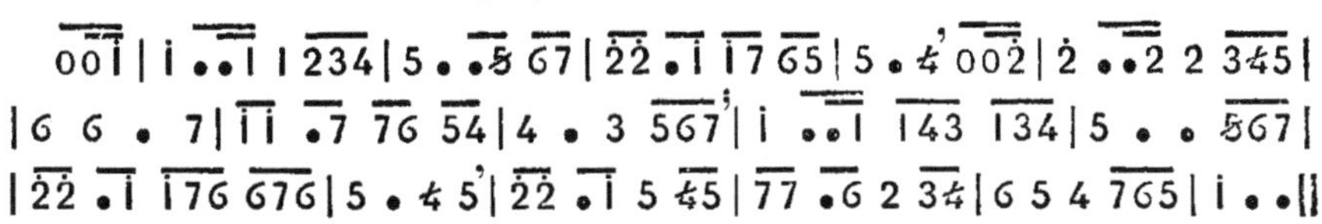

N° 230. — TON DE MI. (5̣-1̇) M.M. 100.

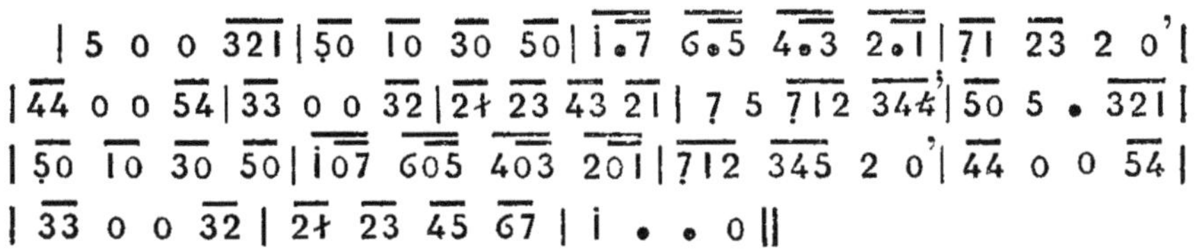

N° 231. — TON DE MEU. (5̣-2̇) M.M. 104.

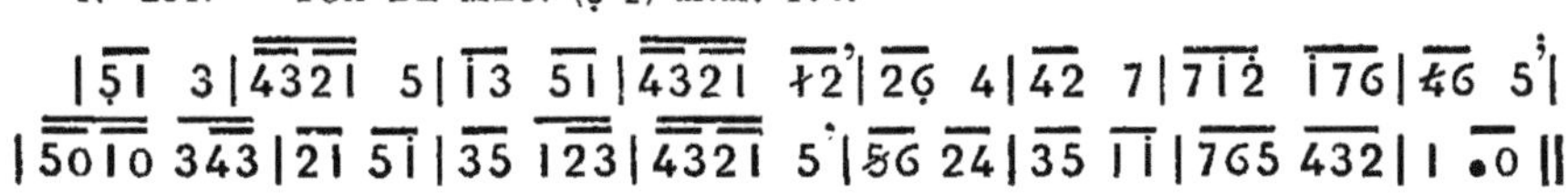

N° 232. — TON DE RÉ. (1-2̇) M.M. 92.

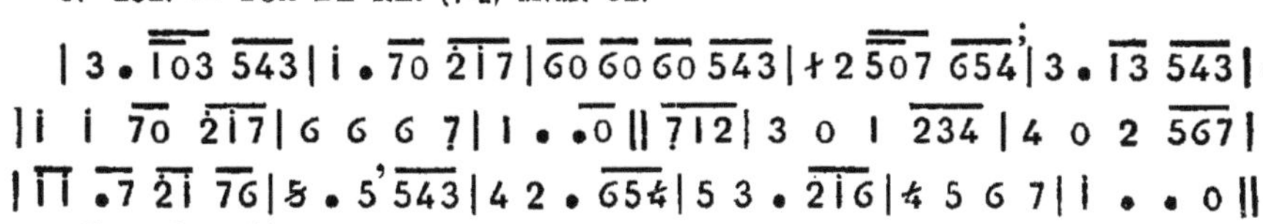

N° 233. — TON D'UT. (1-3̇) M.M. 104.

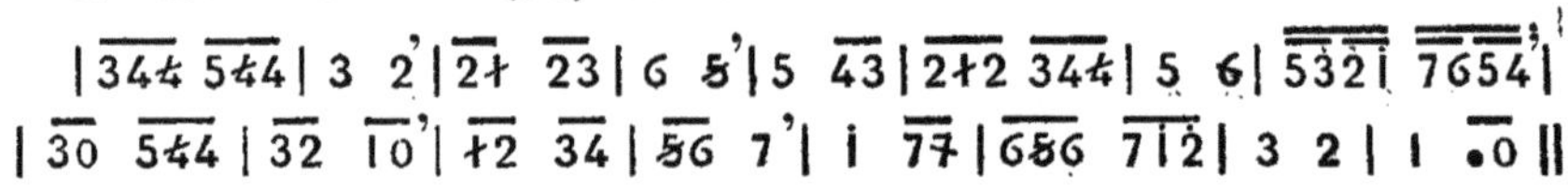

N° 234. — TON DE JEU. (5̣-6) M.M. 126.

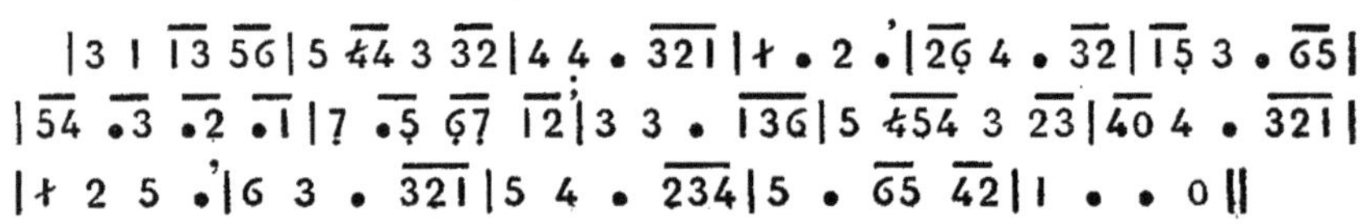

N° 235. — TON DE SI. (1-3̇) M.M. 100.

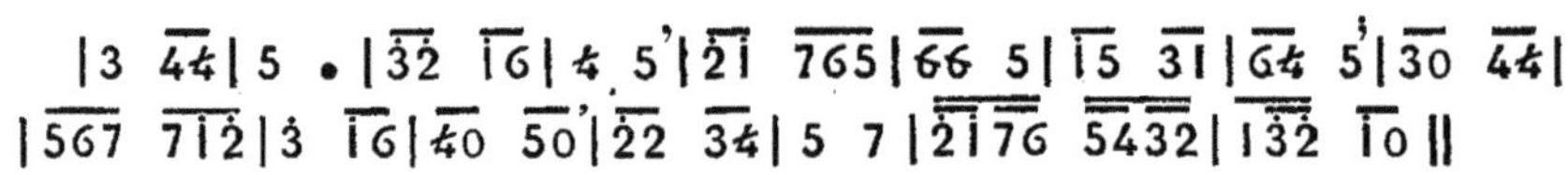

N° 236. — TON DE LEU (4-5̇) M.M. 76.

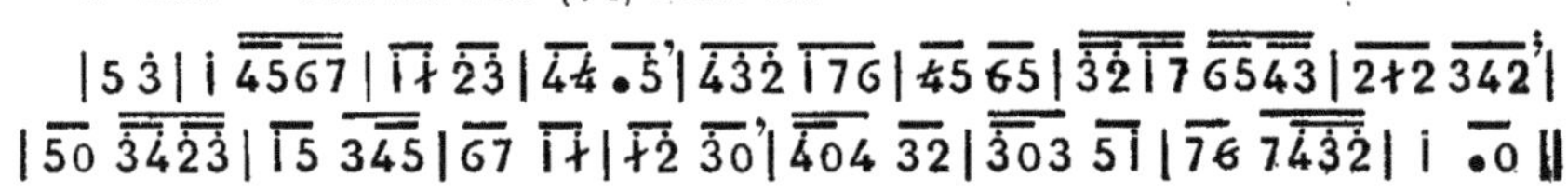

N° 237. — TON DE LEU. (5̣-6) M.M. 100.

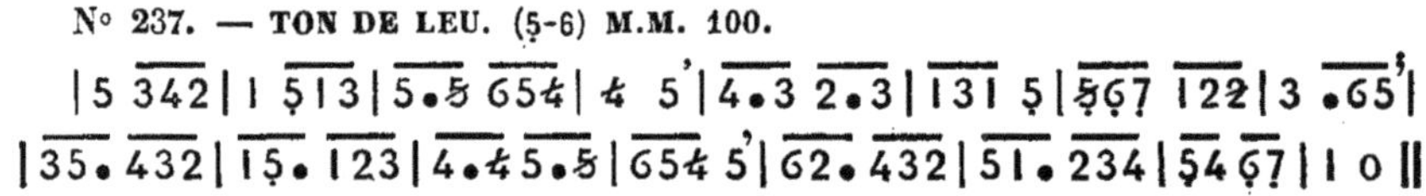

N° 238. — TON DE SEU. (1-5̇) M.M. 100.

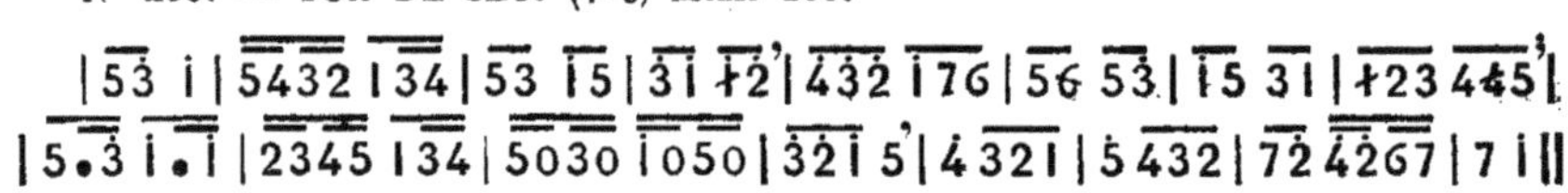

N° 239. — TON DE MEU. (5̣-1̇) M.M. 80.

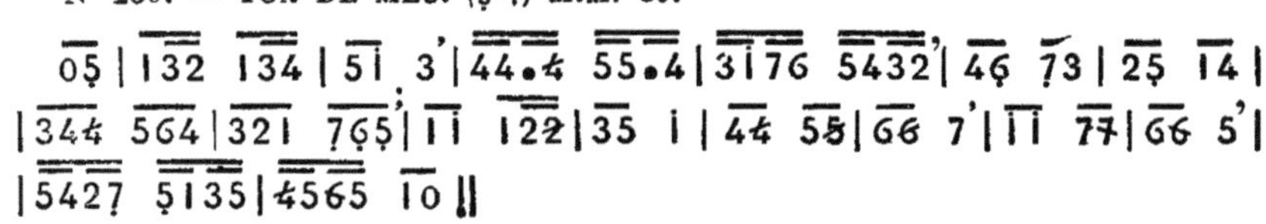

N° 240. — TON DE SI. (1-3̇) M.M. 100.

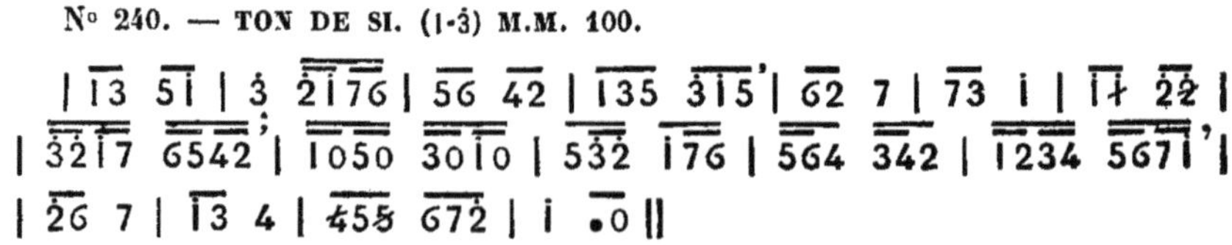

N° 241. — TON DE SI. (1-3̇) M.M. 100.

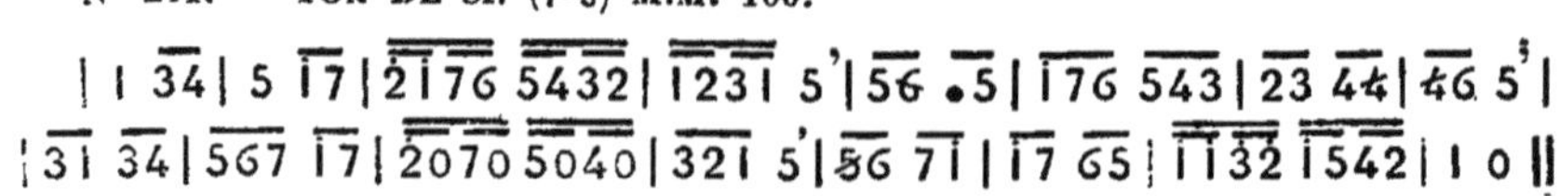

N° 242. — TON DE SI. (1-3) M.M. 92.

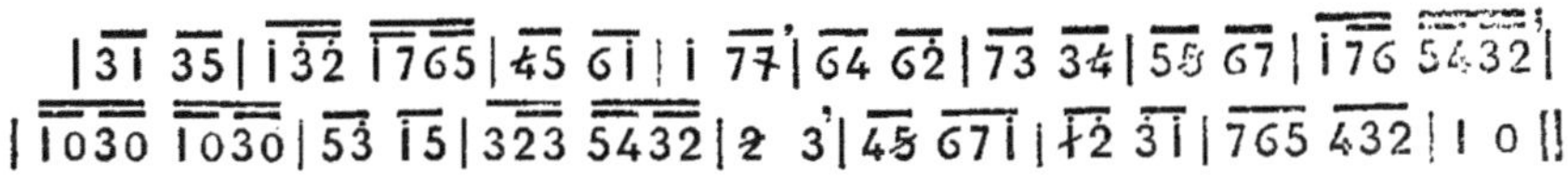

N° 243. — TON DE FÈ. (4 6) M.M. 100.

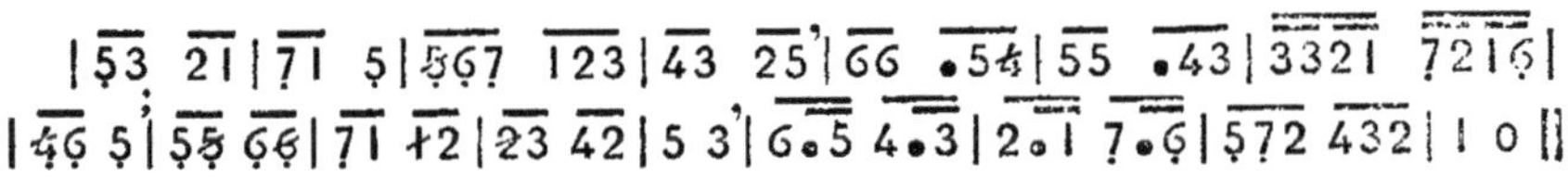

N° 244. — TON D'UT. (1-3) M.M. 132.

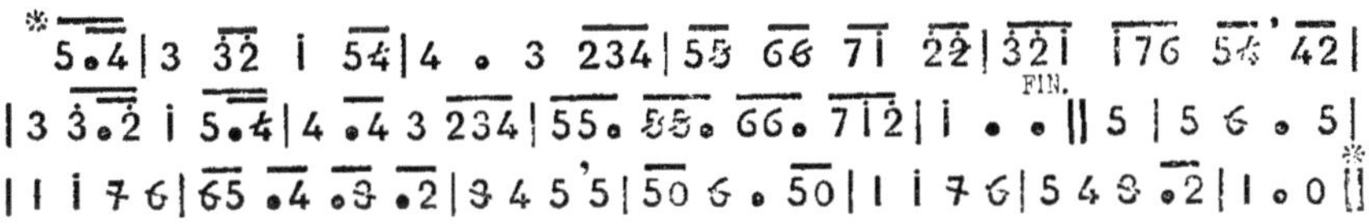

N° 245. — TON DE SEU. (3-4) M.M. 100.

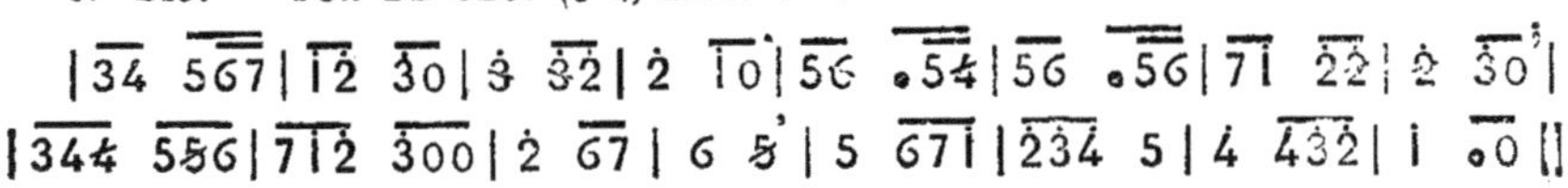

N° 246. — TON DE RÉ. (1-2) M.M. 96.

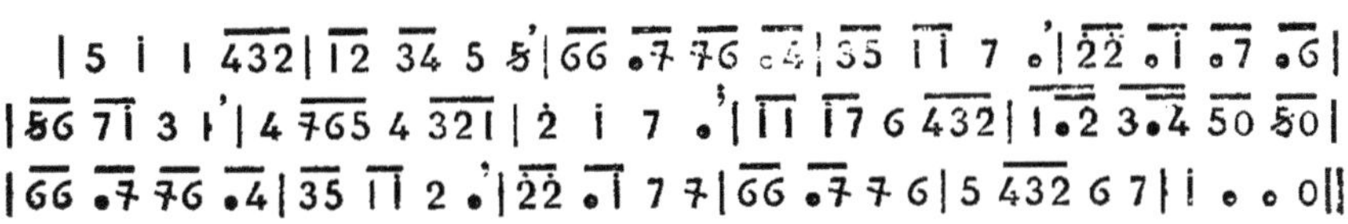

N° 247. — TON DE RÉ. (1-2) M.M. 104.

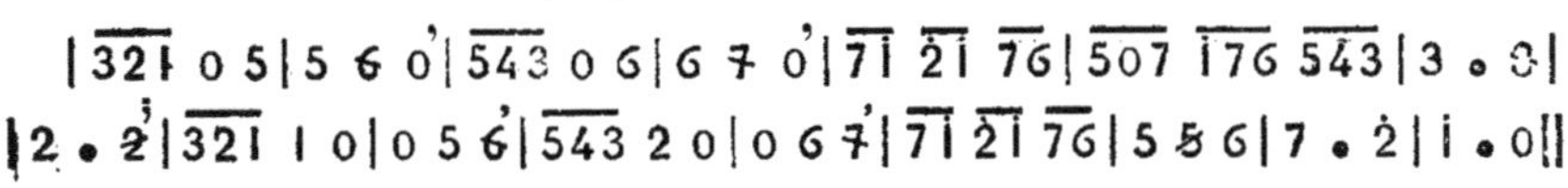

N° 248. — TON DE SEU. (2-4) M.M. 80.

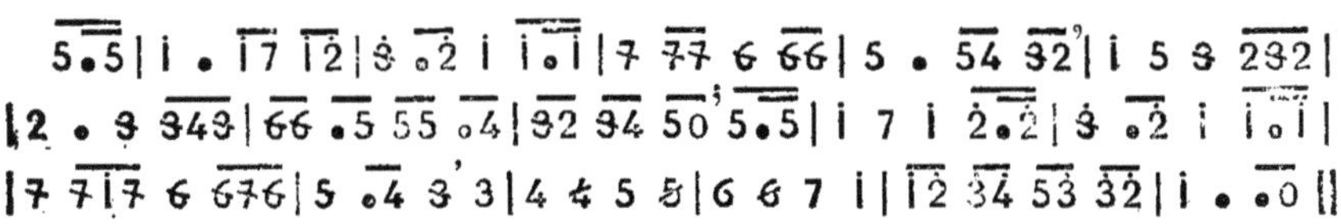

N° 249. — TON DE REU. (1-2) M.M. 100.

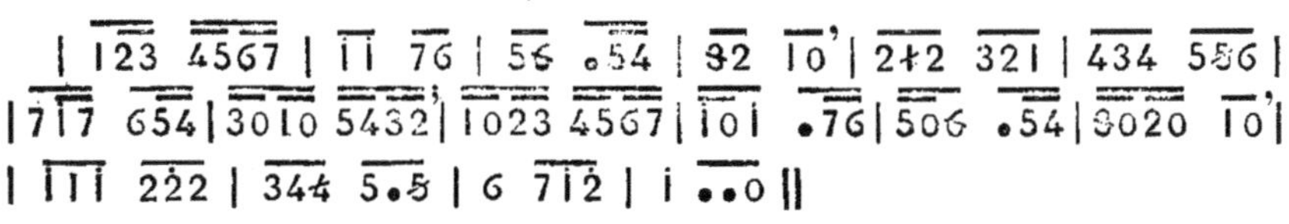

N° 250. — TON DE SI. (1-4) M.M. 92.

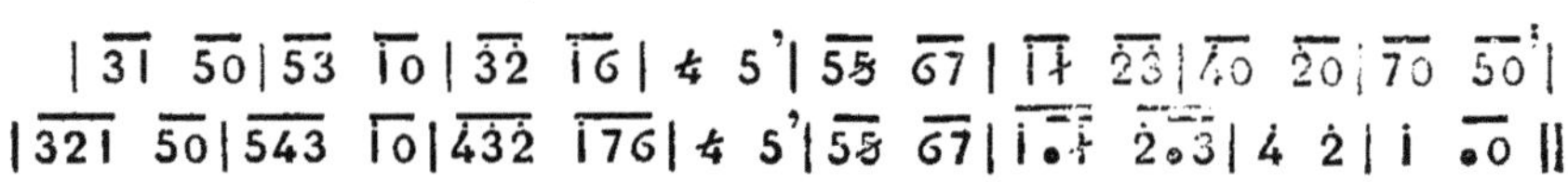

N° 251. — TON D'UT. (1-3̇) M.M. 144.

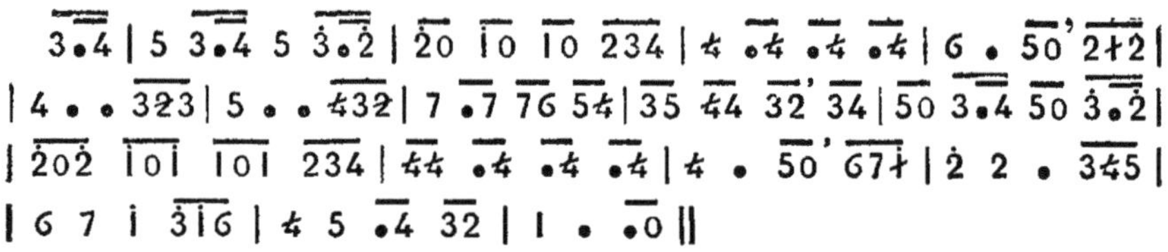

N° 252. — TON D'UT. (1-3̇) M.M. 96.

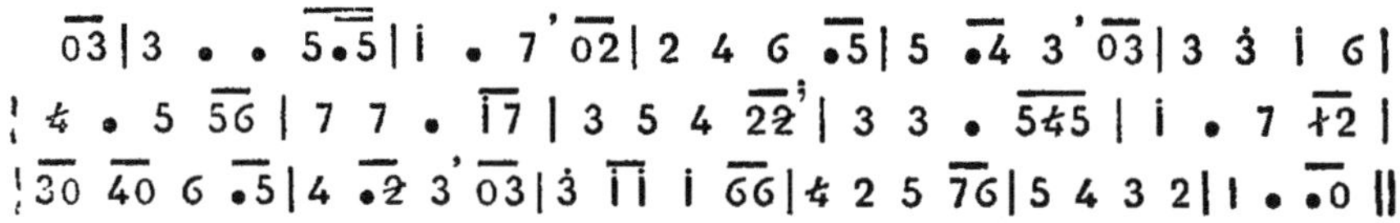

N° 253. — TON DE SI. (1-3̇) M.M. 104.

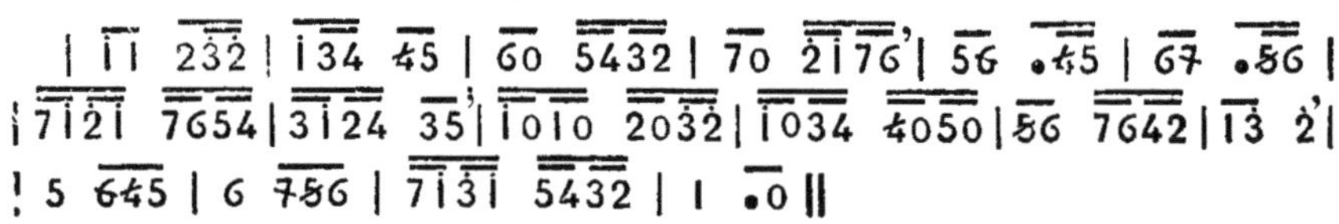

N° 254. — TON DE LA. (5̣-4) M.M. 104.

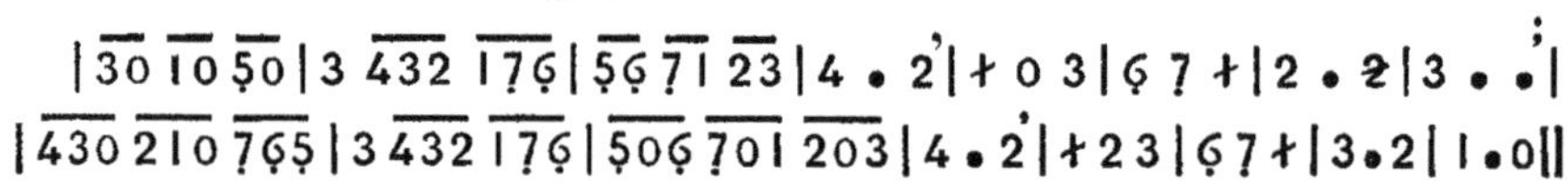

N° 255. — TON DE SI. (1-4̇) M.M. 120.

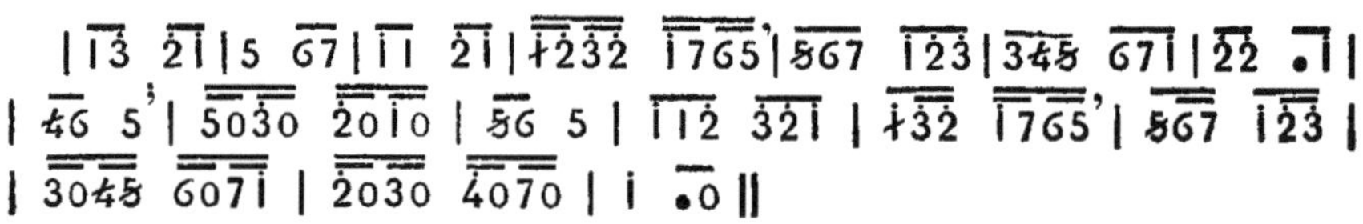

N° 256. — TON DE SI. (1-3̇) M.M. 108.

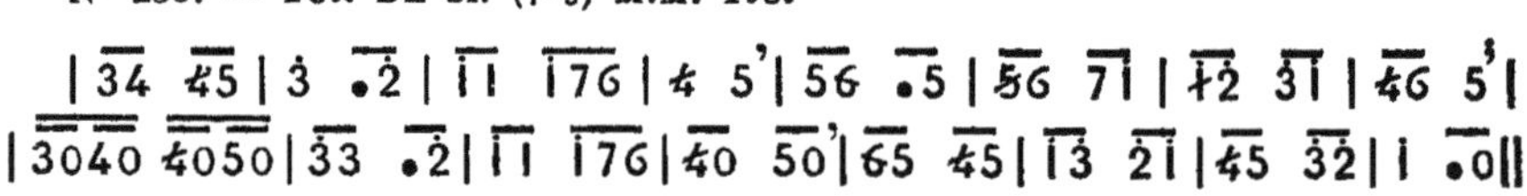

N° 257. — TON DE RÉ. (5̣-2̇) M.M. 100.

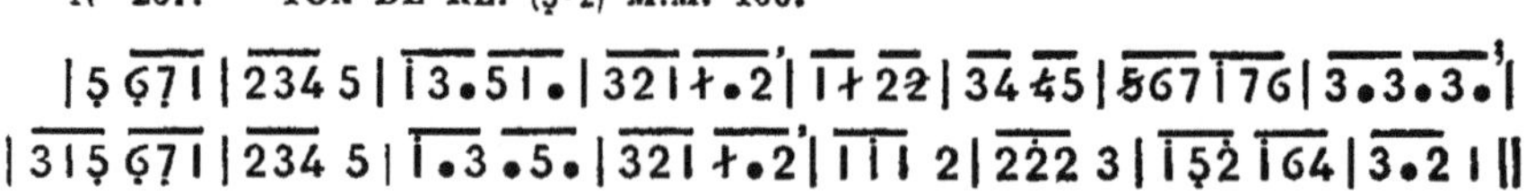

N° 258. — TON DE SI. (1-3̇) M.M. 126.

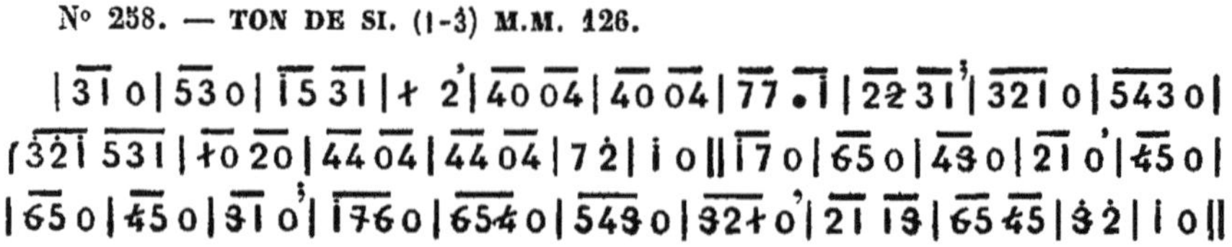

QUATRIÈME SÉRIE. — AIRS A SOUDURES (1).

Syllabes de mutation.

Tous les airs de cette série, présentant des modulations bien déterminées, on a dû avoir recours aux *syllabes de mutation* de M. Aimé Paris, pour rentrer dans les langues typiques d'*ut* ou de *la*, selon le mode ; c'est-à-dire que, en langage d'école, ce sont des airs à *soudures*.

Au changement de ton ou de mode, la soudure est indiquée par *deux chiffres entre parenthèses*, placés au-dessous du chiffre sur lequel se fait la mutation. La parenthèse est précédée de la *syllabe de mutation*, et suivie d'une *flèche horizontale* ou *oblique*. Voici comment doit s'effectuer le changement de langue indiqué par l'écriture. Prenons pour exemple les deux soudures du premier air.

Première soudure. — Le *mi* de la huitième mesure surmonte ainsi les signes suivants : { 3. / *mol* (3-5)↘ } Cela veut dire : faites le son qui convient au *mi*, *dominante mineure* du ton que l'on quitte, et nommez-le, très-vigoureusement, *mol*, pour le considérer comme un *sol*, *dominante majeure* du mode nouveau. La flèche *descendante* indique de prendre l'*ut* suivant en *descendant*, c'est-à-dire à la quinte majeure au-dessous de la *dominante* sur laquelle s'est effectuée la mutation : la soudure.

Deuxième soudure. — L'*ut* final de la seizième mesure surmonte ainsi les signes suivants : { i. / *ua* (i-6)↘ } Cela veut dire : faites le son qui convient à l'*ut*, tonique majeure que l'on quitte, et nommez-le, très-vigoureusement, *ua*, pour le considérer comme un *la*, tonique du mineur que vous allez prendre. La flèche *descendante* indique de prendre le *la* suivant (au commencement de l'air) en *descendant*, c'est-à-dire à l'octave grave de la tonique sur laquelle s'est effectuée la soudure.

Et ainsi de toutes les autres soudures : prononcez fortement la syllabe de mutation sur le son appartenant au premier chiffre de la parenthèse, son qui va remplir dans la gamme nouvelle la fonction indiquée par le deuxième chiffre de la parenthèse. La flèche qui suit indique que la voix doit monter ↗, rester à l'unisson →→ ou descendre ↘, pour aller vers le son qui suit immédiatement la soudure.

Dans cette série, surtout, il est utile de relire le même air plusieurs fois de suite, en effectuant, chaque fois, les *soudures* indiquées, jusqu'à ce que l'élève les chante avec facilité.

N° 259. — TON DE SEU MINEUR. (6-2) M.M. 66.

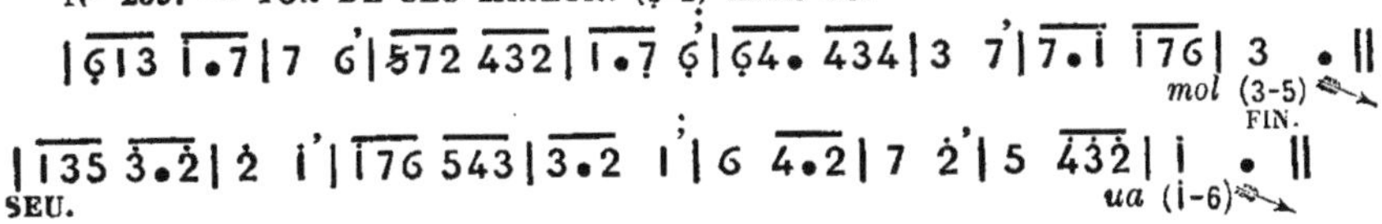

N° 260. — TON DE SI. (i-3) M.M. 100.

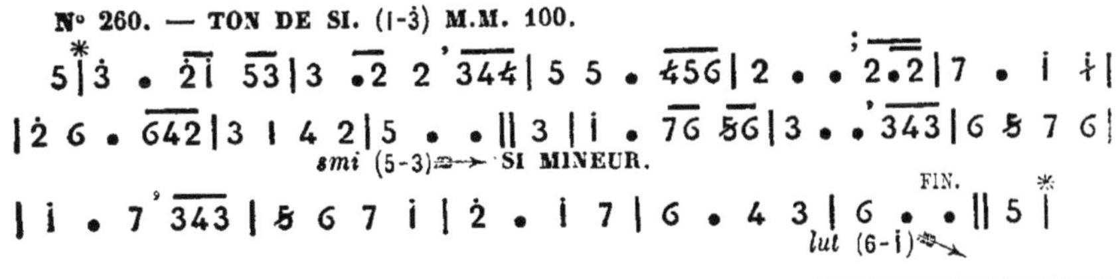

---

(1) Les quinze premiers airs à soudures sont de moi. J'ai pris les autres dans un vieux recueil, publié en 1769-1771, par Dubreuil ; mais ces airs n'étant donnés ici que comme exemples de soudures, j'ai dû en tronquer un fort grand nombre, dans le seul but de les rendre moins longs. E. C.

N° 261. — TON DE REU. (2-3) M.M. 100.

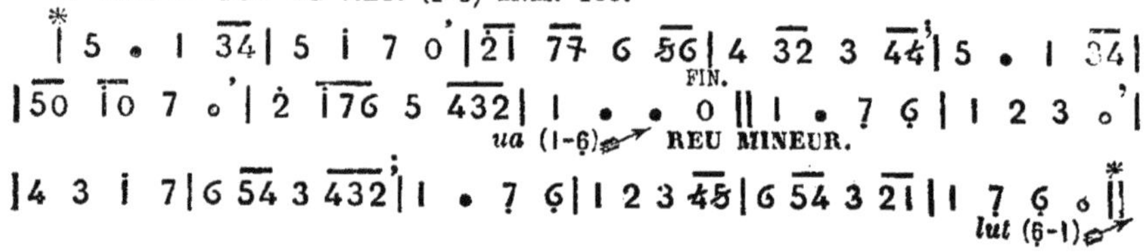

N° 262. — TON DE LEU MINEUR. (3-3) M.M. 72.

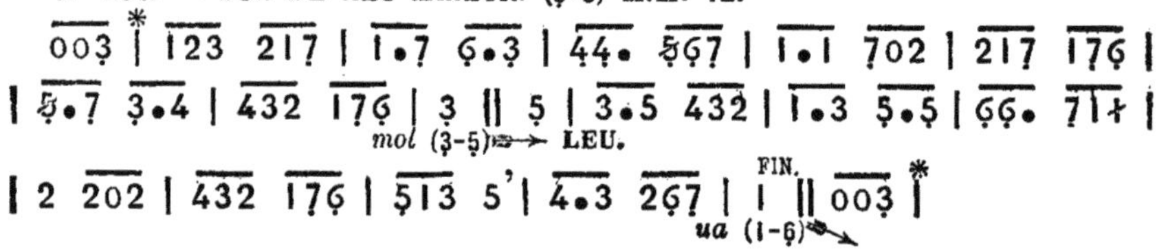

N° 263. — TON DE SI. (1-3) M.M. 80.

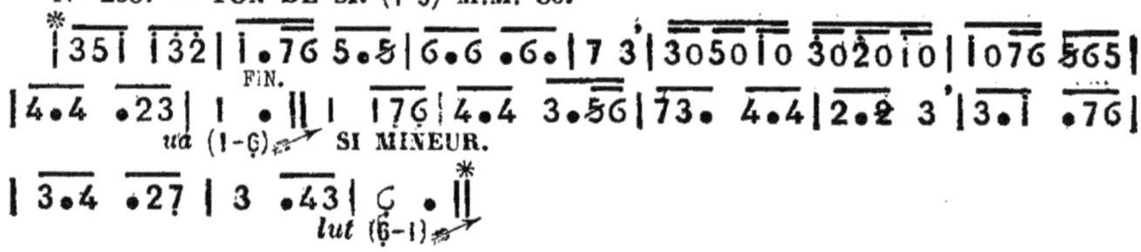

N° 264. — TON DE REU MINEUR. (7-2) M.M. 104.

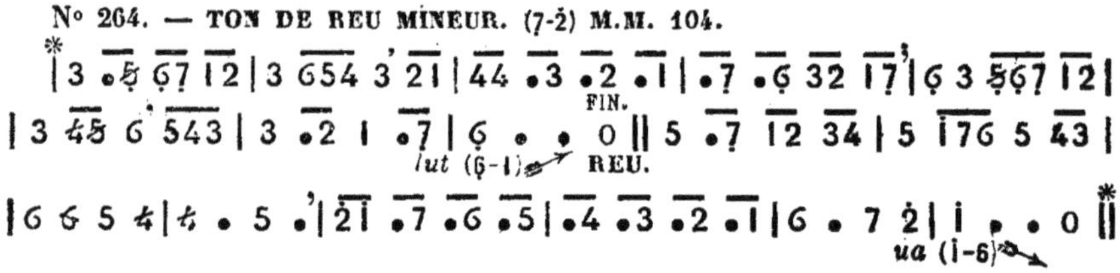

N° 265. — TON DE LA. (3-5) M.M. 100.

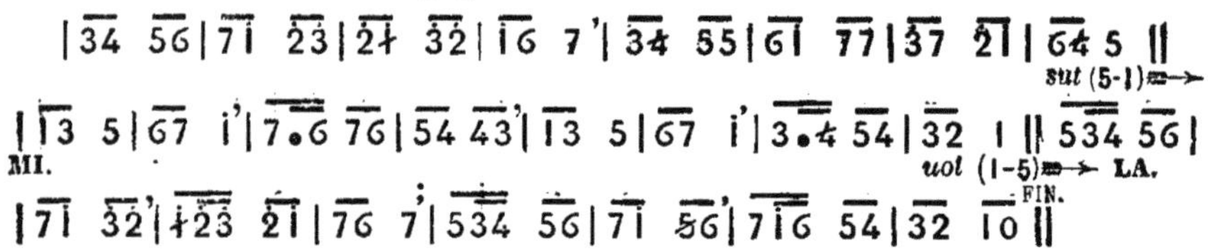

N° 266. — TON DE MI. (6-7) M.M. 100.

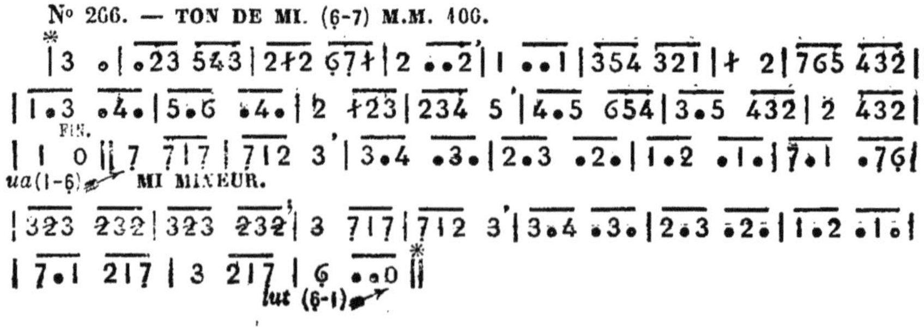

N° 267. — TON DE SI MINEUR. (7-4) M.M. 104.

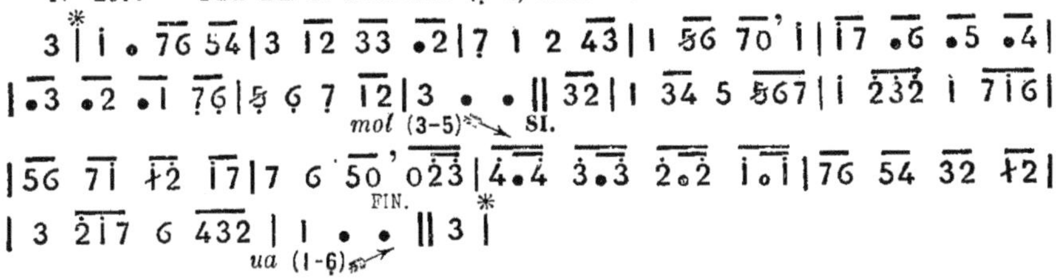

N° 268. — TON DE SEU MINEUR. (7-4) M.M. 72.

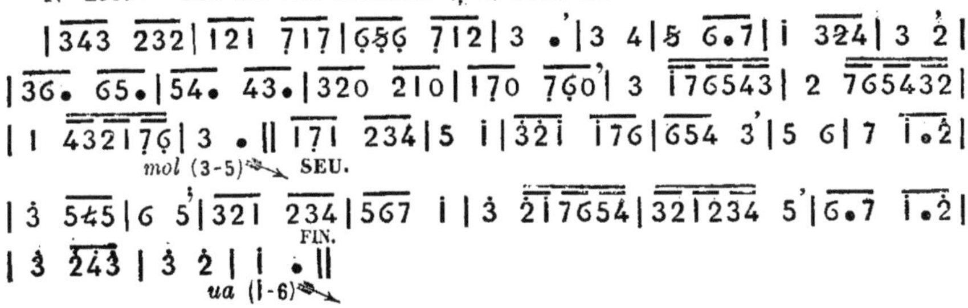

N° 269. — TON DE SEU. (1-4) M.M. 72.

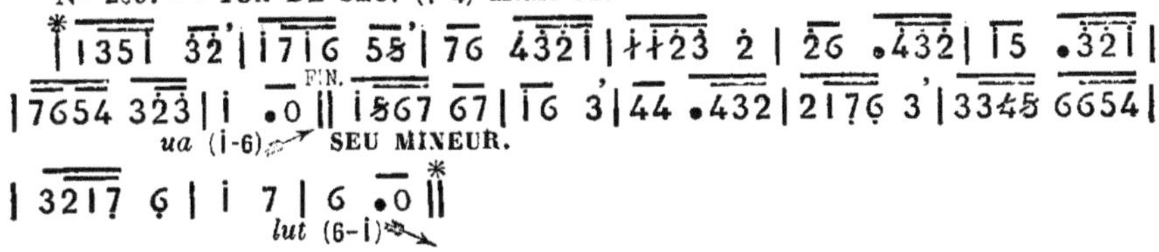

N° 270. — TON DE REU. (1-2) M.M. 72.

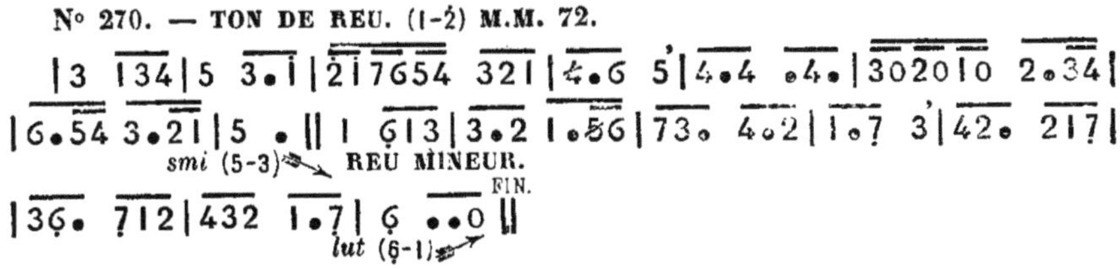

N° 271. — TON DE MEU. (6-1) M.M. 100.

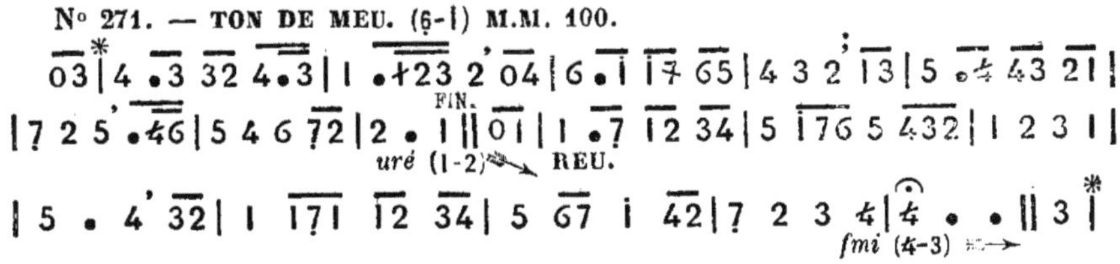

N° 272. — TON DE REU. (1-2) M.M. 80.

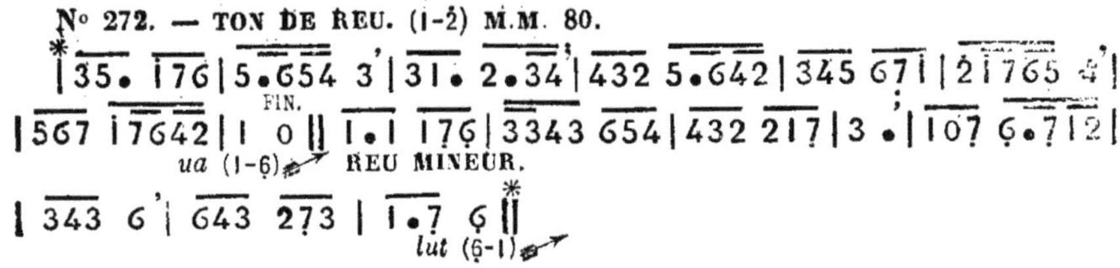

N° 273. — TON DE SI MINEUR. (5-3) M.M. 80.

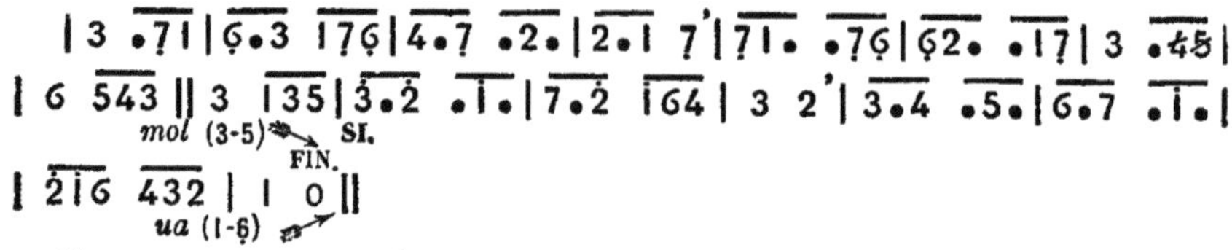

N° 274. — TON DE RÉ. (7-1) M.M. 72. *Tronqué.*

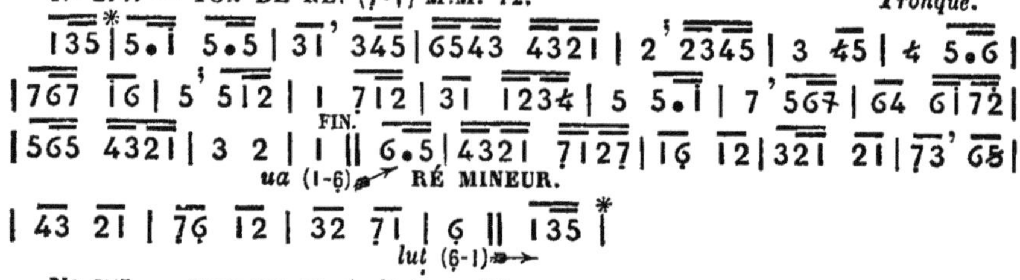

N° 275. — TON DE SI. (2-3) M.M. 72.

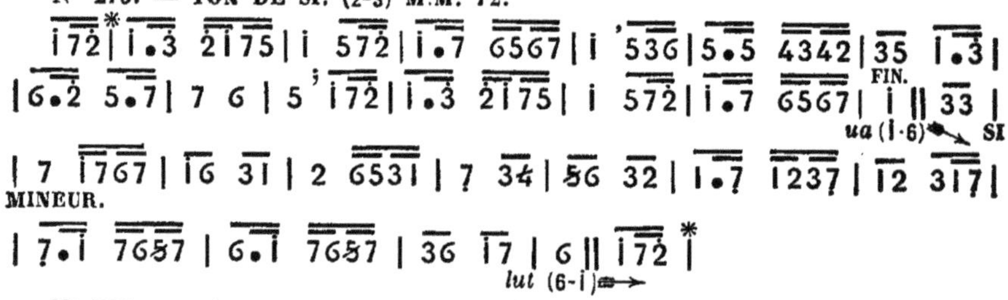

N° 276. — TON DE SOL. (6-5) M.M. 138. *Tronqué.*

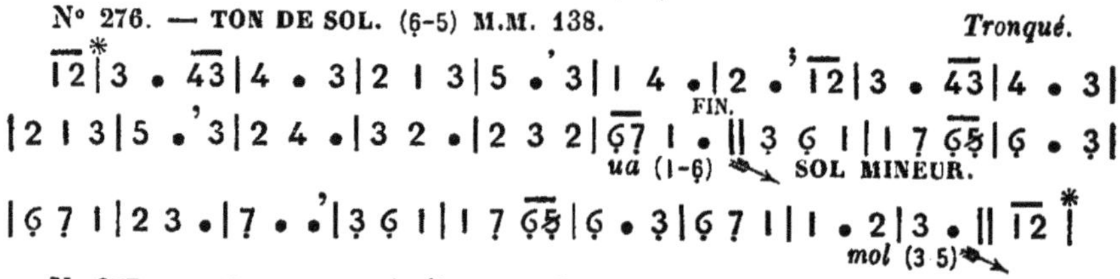

N° 277. — TON DE MI. (5-1) M.M. 92. *Tronqué.*

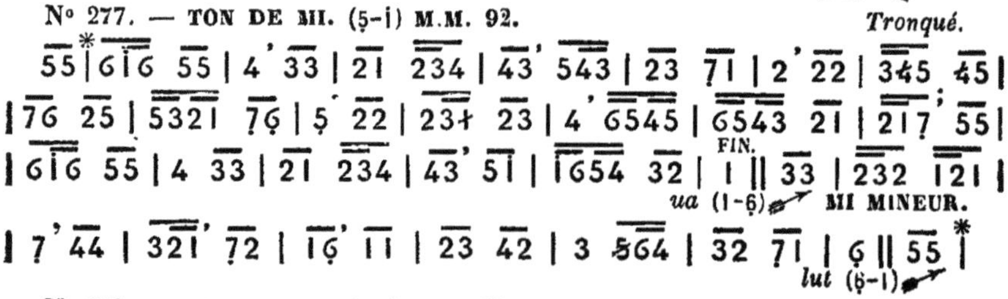

N° 278. — TON DE FA. (5-6) M.M. 92. *Tronqué.*

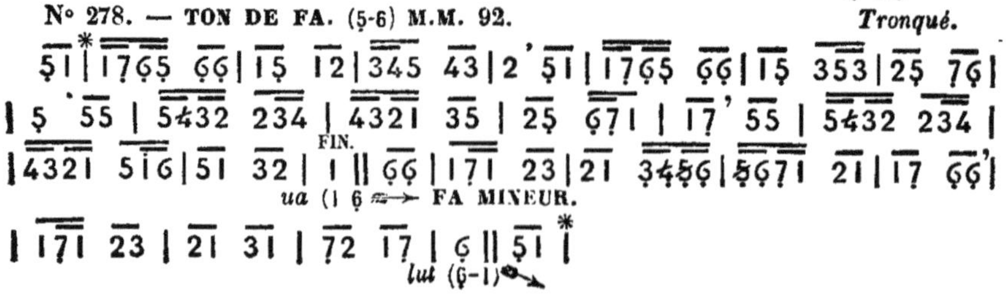

N° 279. — TON DE SEU MINEUR. (2-4) M.M. 88.

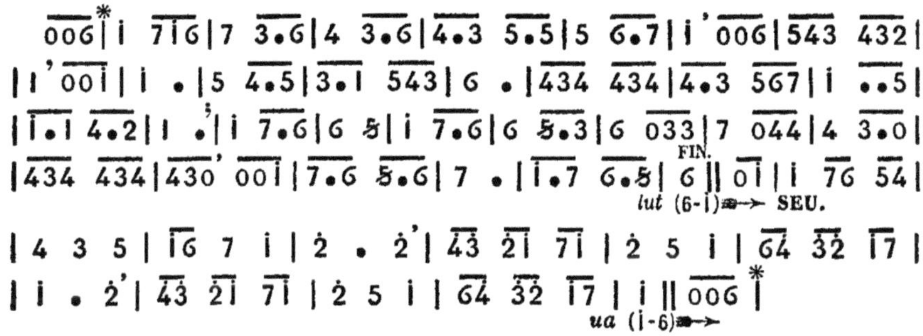

N° 280. — TON DE REU. (7-2) M.M. 100.

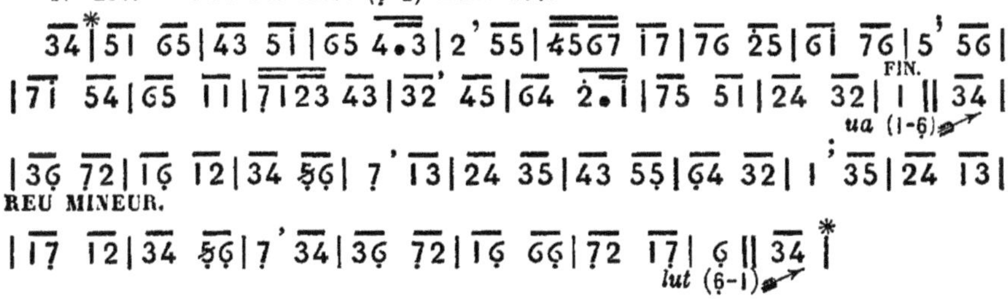

N° 281. — TON DE SOL. (5-5) M M. 100. *Tronqué.*

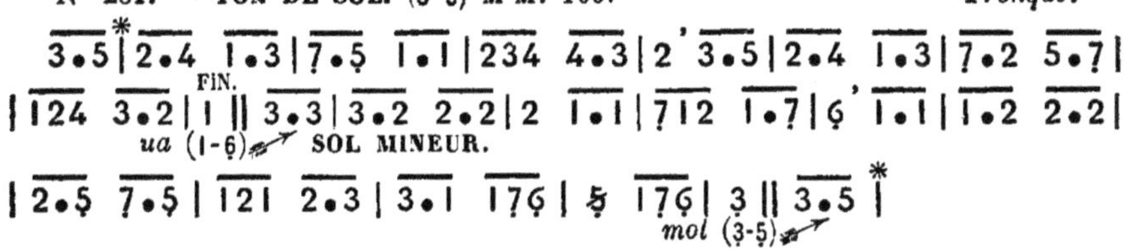

N° 282. — TON DE MEU. (7-1) M.M. 100. *Tronqué.*

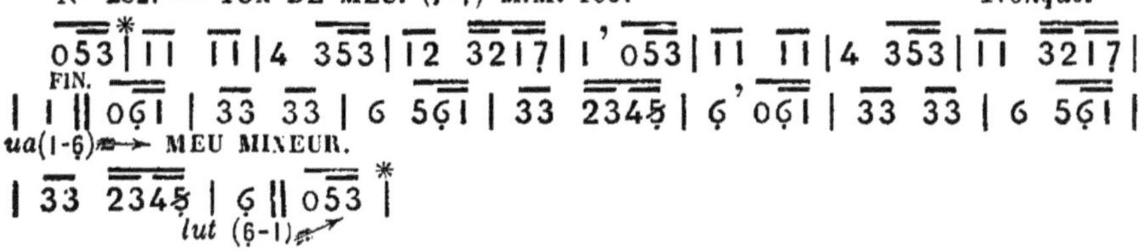

N° 283. — TON DE MEU. (1-1) M.M. 100. *Tronqué.*

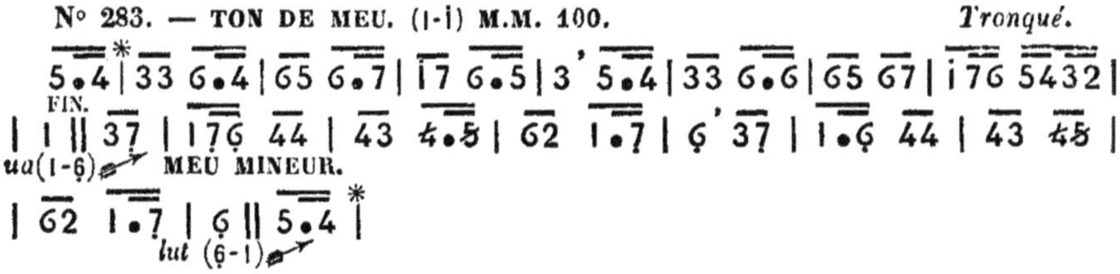

N° 284. — TON DE FÈ. (1-6) M.M. 100. *Tronqué.*

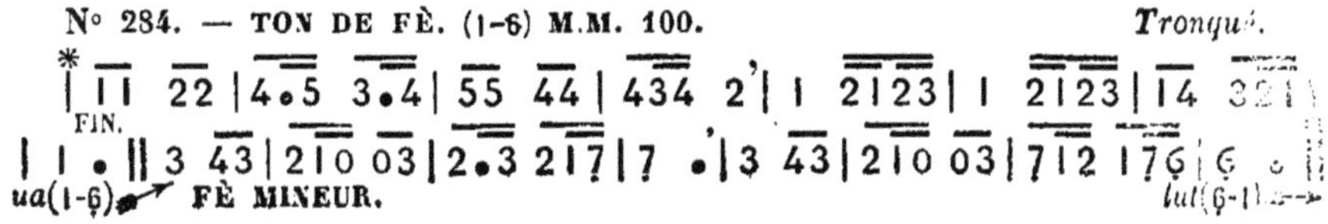

N° 285. — TON DE MEU. (5-1) M.M. 92.

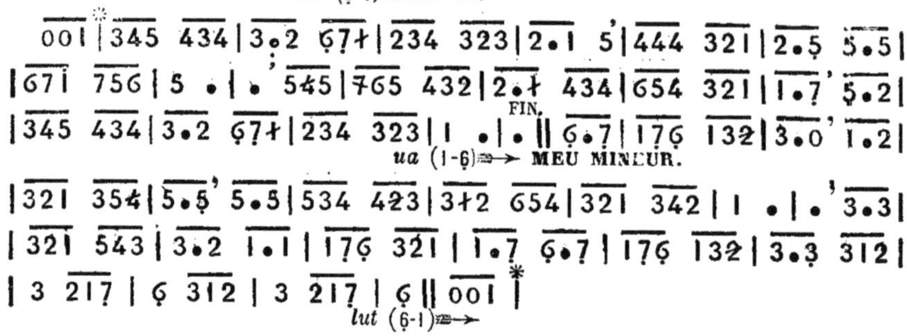

N° 286. — TON DE MEU. (7-1) M.M. 96. *Tronqué.*

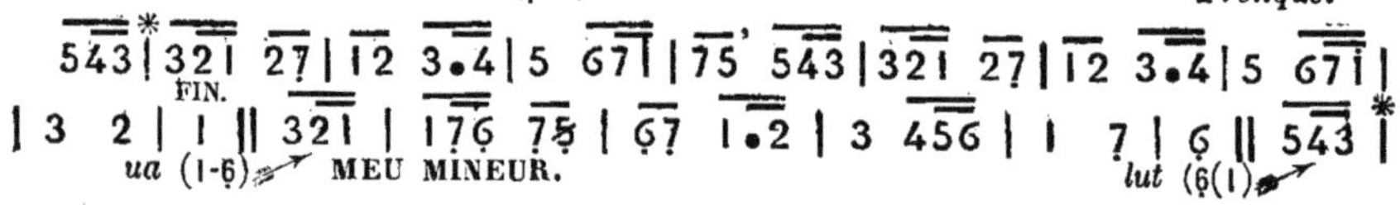

N° 287. — TON DE FA. (5-7) M.M. 84. *Tronqué.*

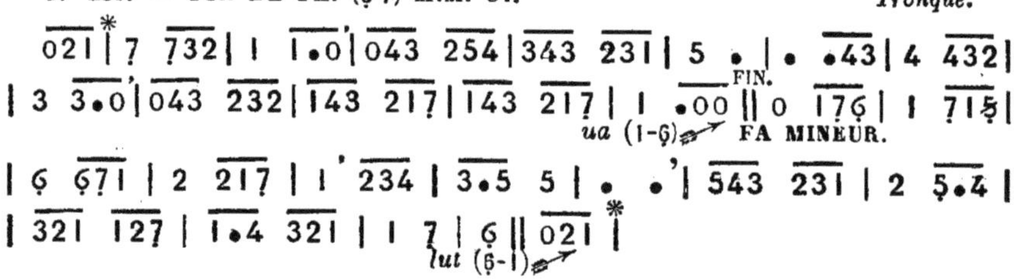

N° 288. — TON DE SOL. (5-6) M.M. 132. *Tronqué.* **Première fois.**

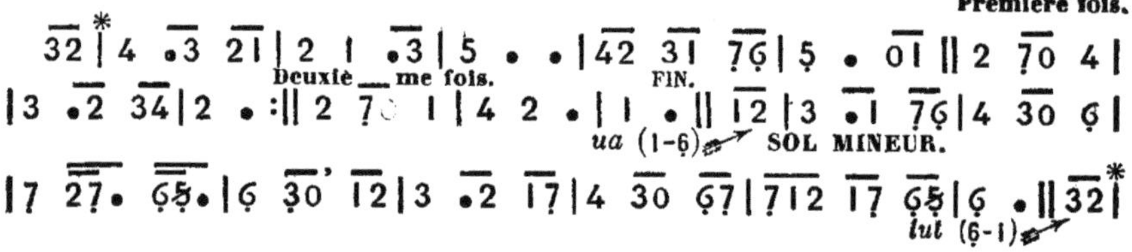

N° 289. — TON DE FÈ. (7-6) M.M. 84.

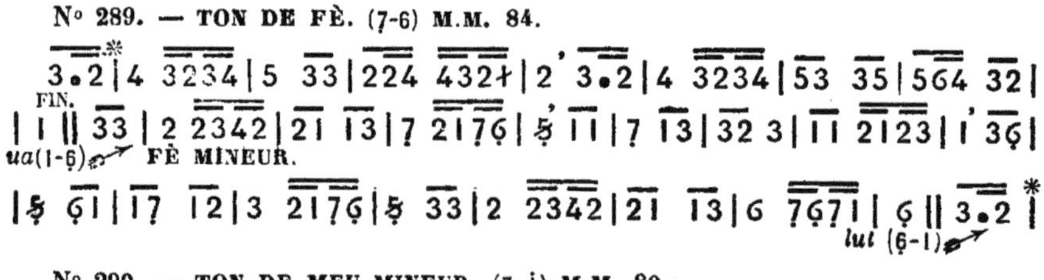

N° 290. — TON DE MEU MINEUR. (7-1) M.M. 80.

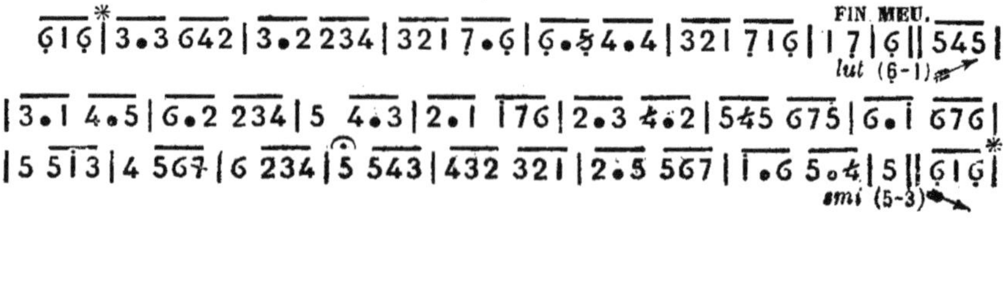

N° 291. — TON DE JEU. (5-6) M.M. 108.

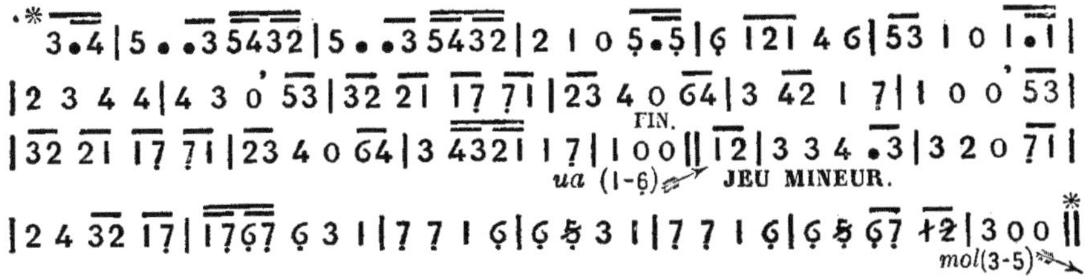

N° 292. — TON DE REU. (1-2) M.M. 100. *Tronqué.*

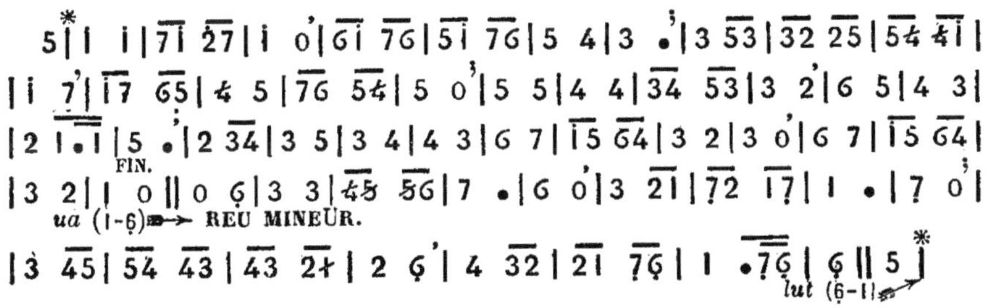

N° 293. — TON DE MEU MINEUR. (7-1) M.M. 80. *Tronqué.*

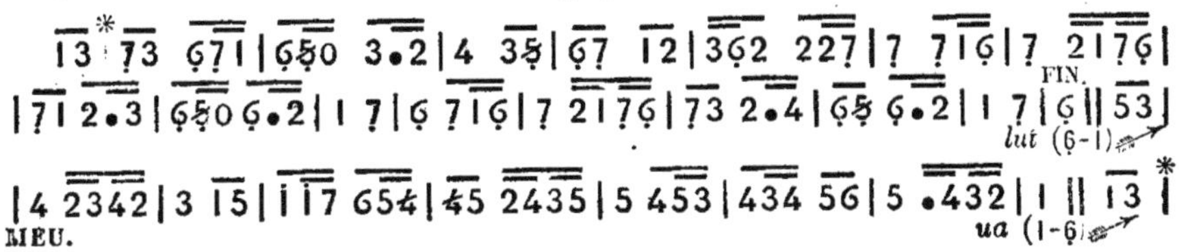

N° 294. — TON DE MEU. (5-1) M.M. 76.

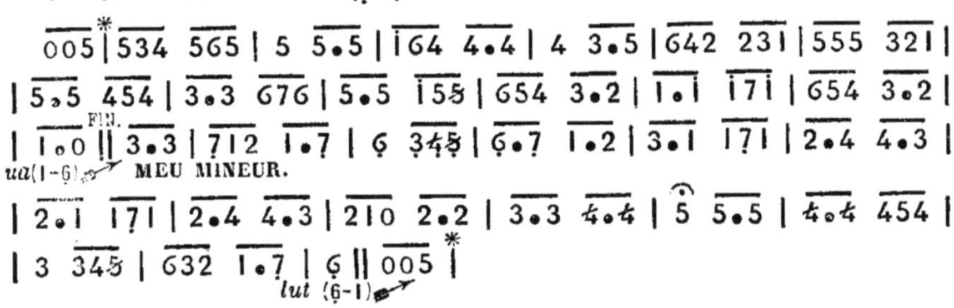

N° 295. — TON DE MI. (5-1) M.M. 112.

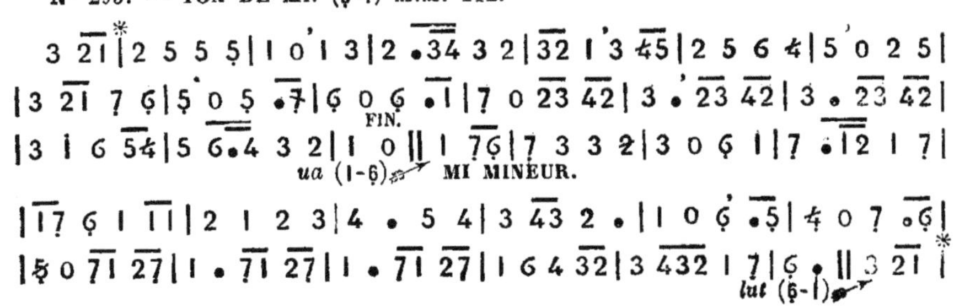

N° 296. — TON DE SOL. (5-5) M.M. 88.

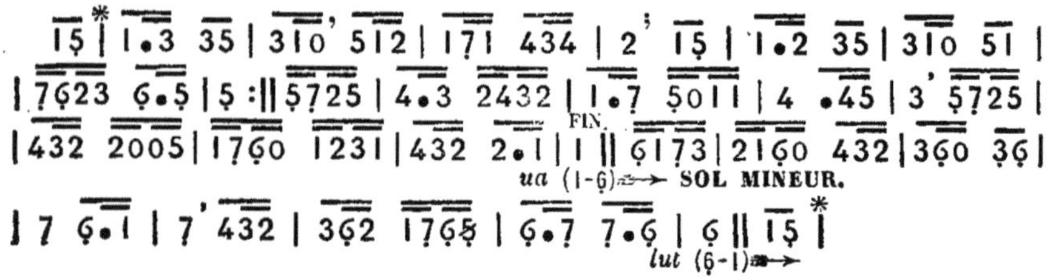

N° 297. — TON DE REU. (1-2) M.M. 88.

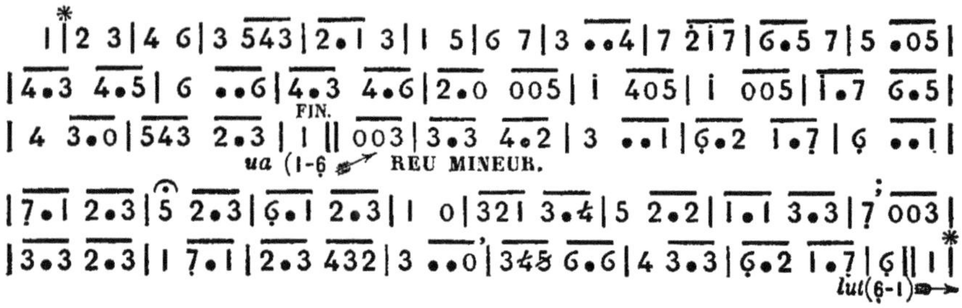

N° 298. — TON DE MI MINEUR. (5-1) M.M. 120.

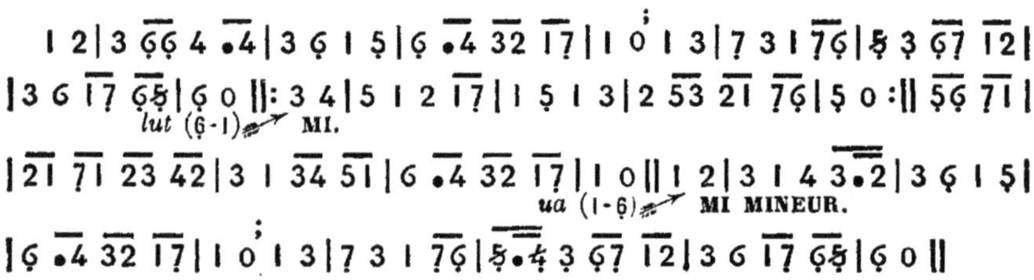

N° 299. — TON DE REU. (7-2) M.M. 120. *Tronqué.*

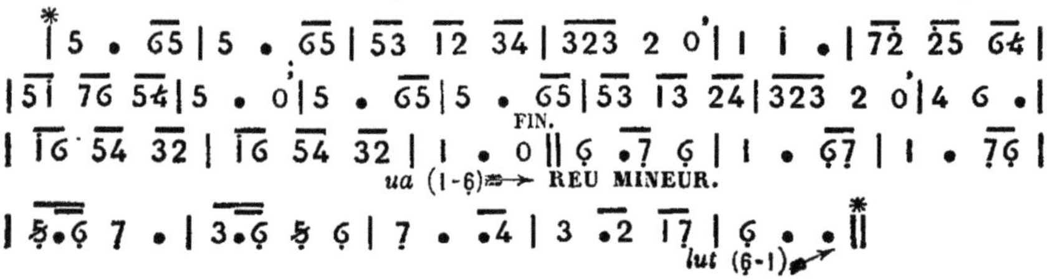

N° 300. — TON DE SOL. (4-5) M.M. 80.

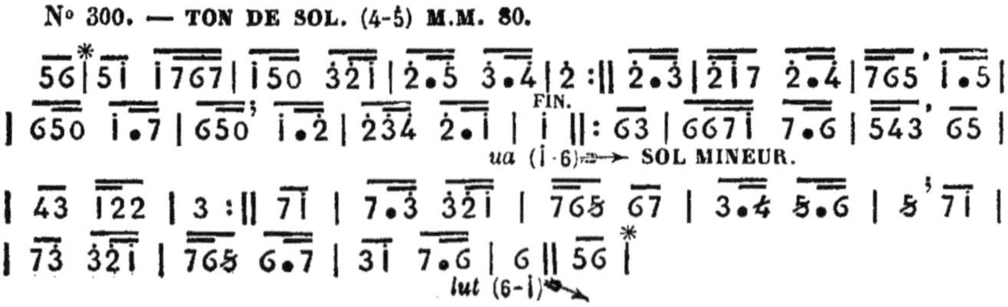

N° 301. — TON DE MI. (6-1) M.M. 100.

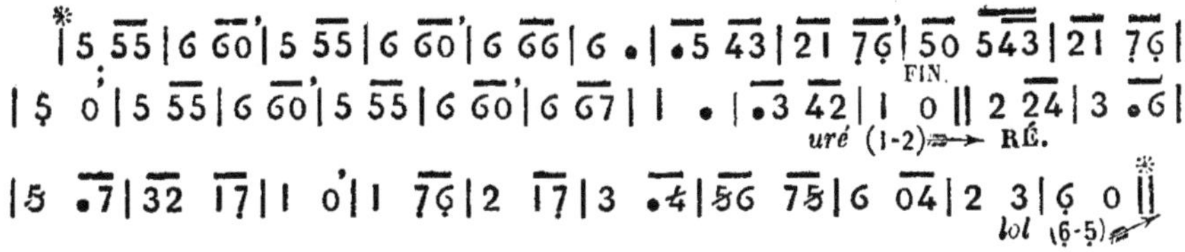

N° 302. — TON DE FÈ. (5-6) M.M. 88. *Tronqué.*

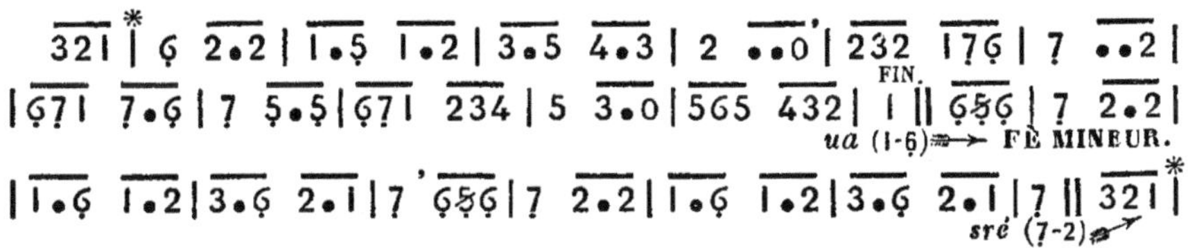

N° 303. — TON DE MI. — (5-7) M.M. 88. *Tronqué.*

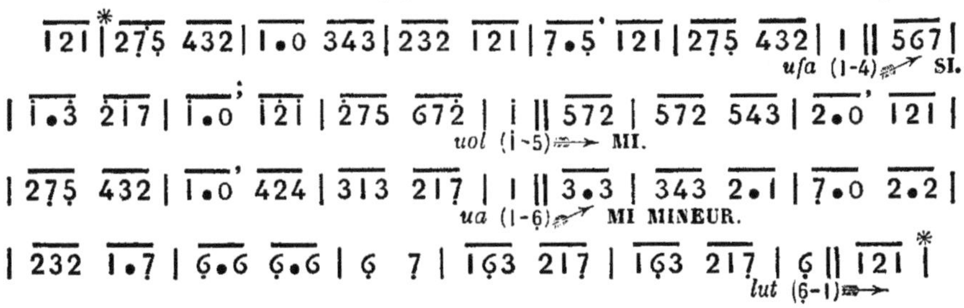

N° 304. — TON DE REU. (1-2) M.M. 88.

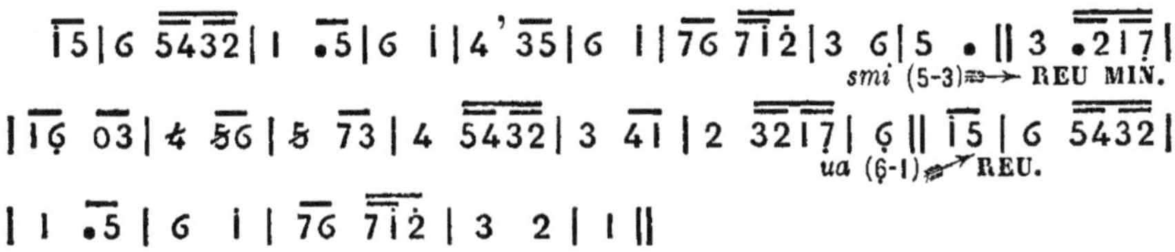

N° 305. — TON DE SOL. (5-5) M.M. 100.

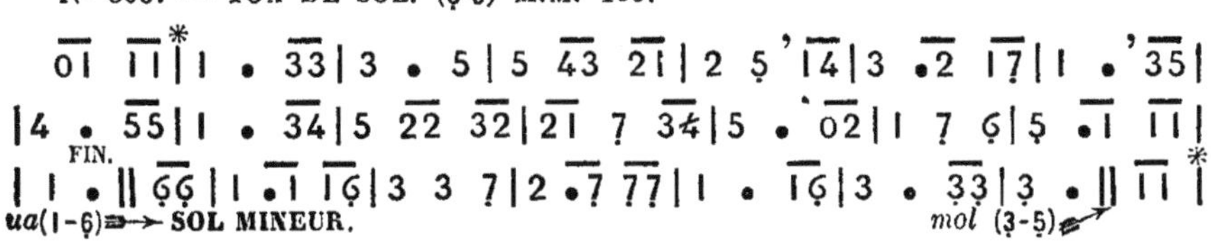

N° 306. — TON DE MEU MINEUR. — (5-1) M.M. 96. *Tronqué.*

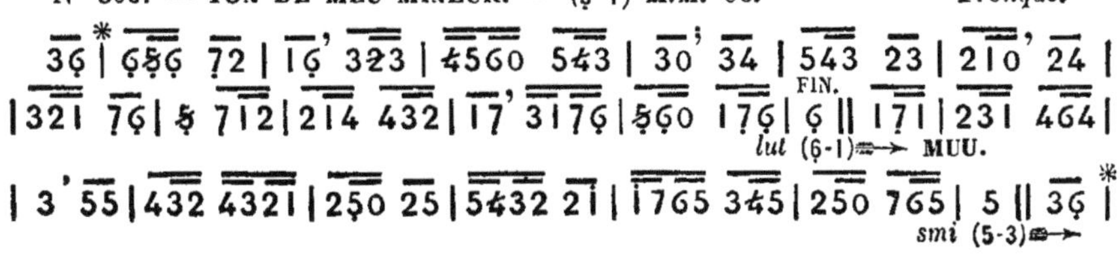

N° 307. — TON DE REU. (1-2) M.M. 104. *Tronqué.*

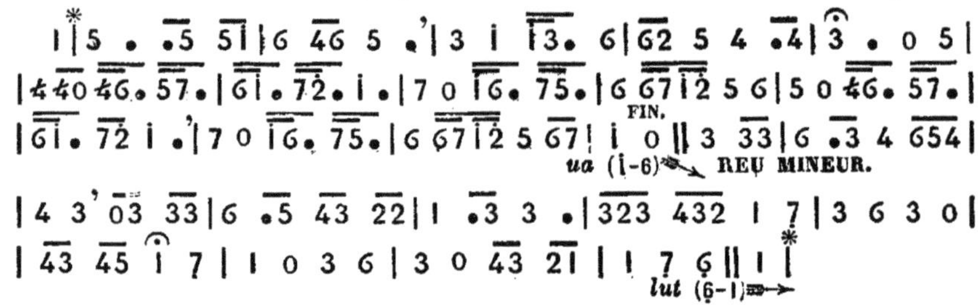

N° 308. — TON DE MI. (5-1) M.M. 96.

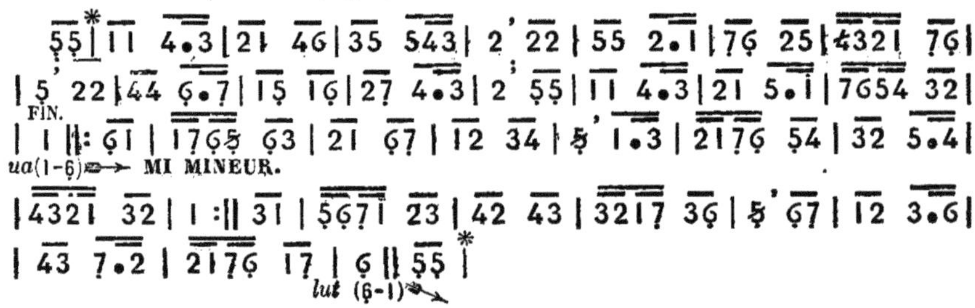

N° 309. — TON DE RÉ. (7-2) M.M. 96. *Tronqué.*

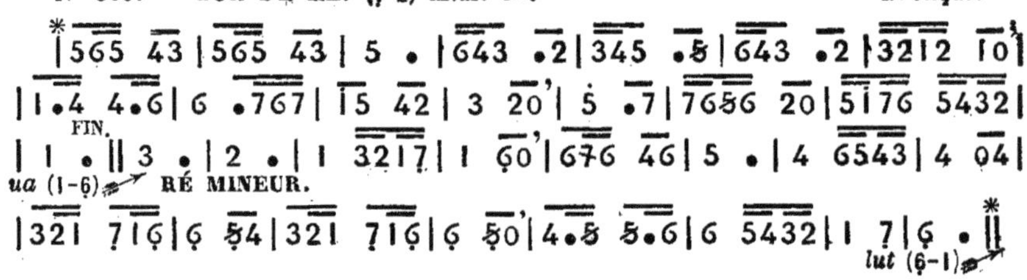

N° 310. — TON DE REU. (1-2) M.M. 100.

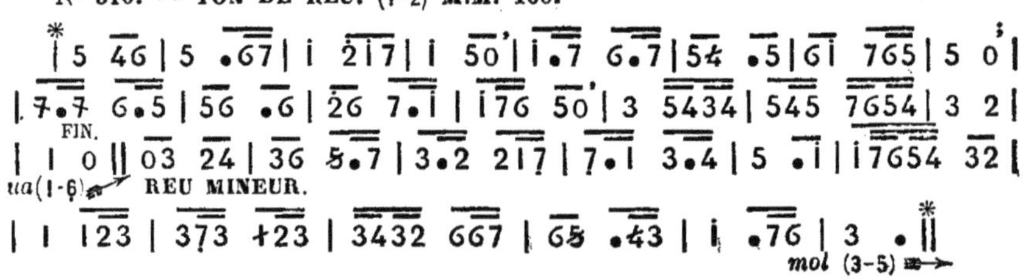

N° 311. — TON DE SI. (1-4) M.M. 72. *Tronqué.*

N° 312. — TON DE REU. (7-3̇) M.M. 100. *Tronqué.*

N° 313. — TON DE MI. (5̣-1̇) M.M. 84.

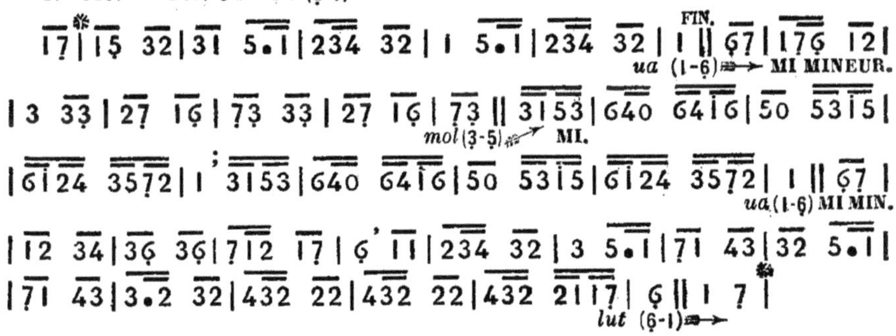

N° 314. — TON DE LEU MINEUR. (5̣-5) M.M. 80. *Tronqué.*

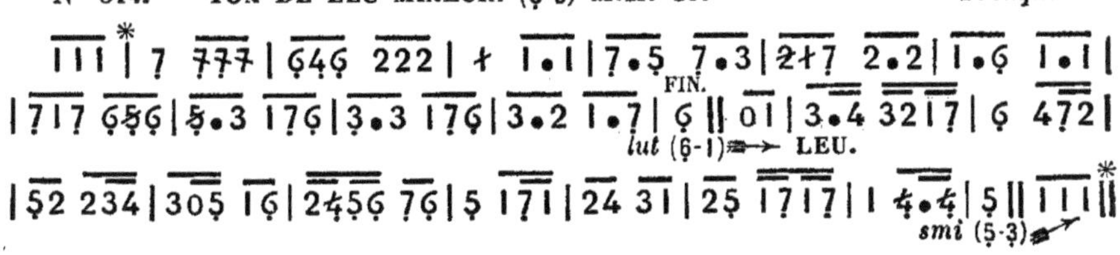

N° 315. — TON DE SEU MINEUR. (3̣-4) M.M. 126.

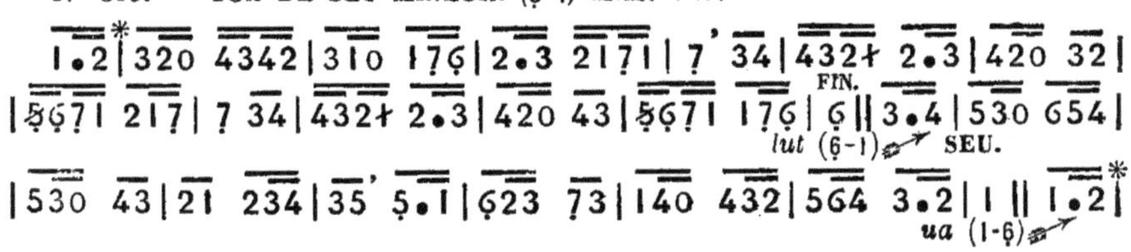

N° 316. — TON DE LEU. (5-5̇) M.M. 108.

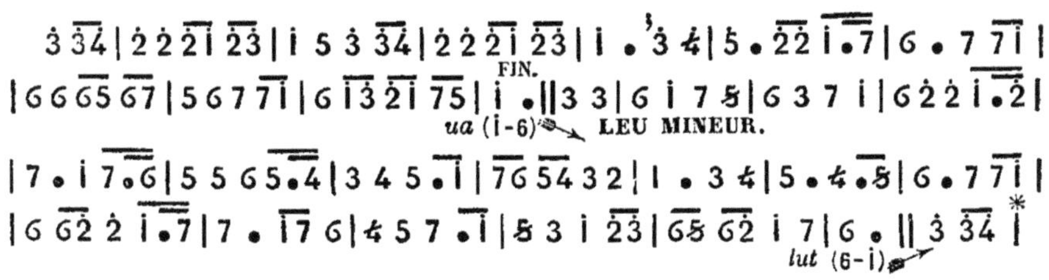

N° 317. — TON D'UT. (1-4) M.M. 116. *Tronqué.*

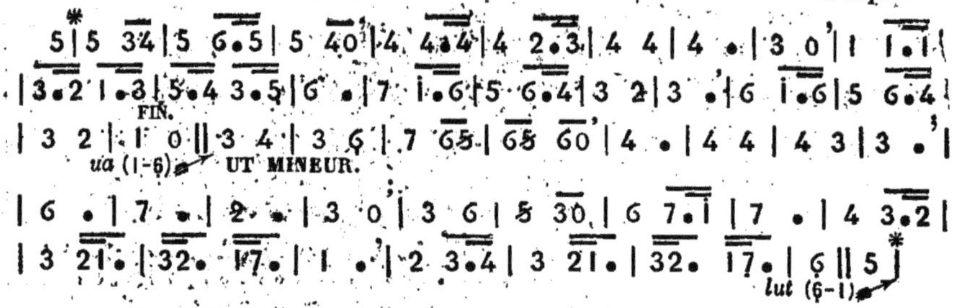

N° 318. — TON DE REU. (7-2) M.M. 88.

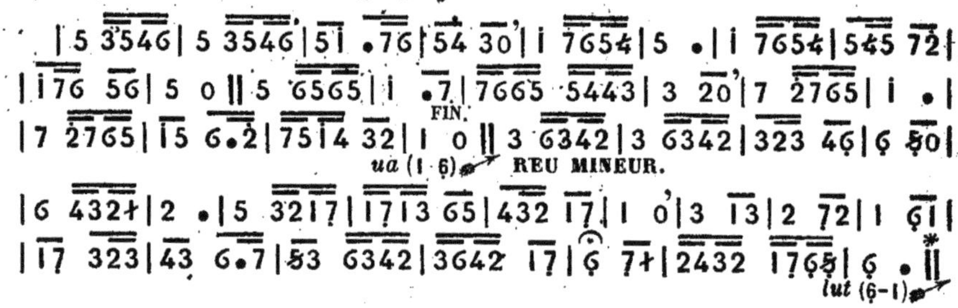

N° 319. — TON DE SEU. (7-3) M.M. 96. *Tronqué.*

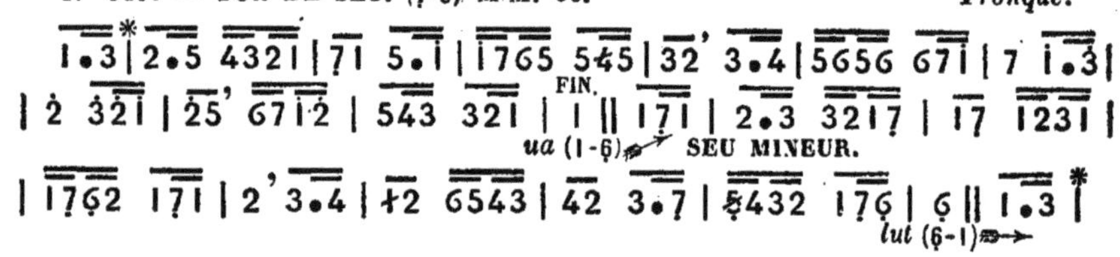

N° 320. — TON DE FÈ. — (5-6) M.M. 84.

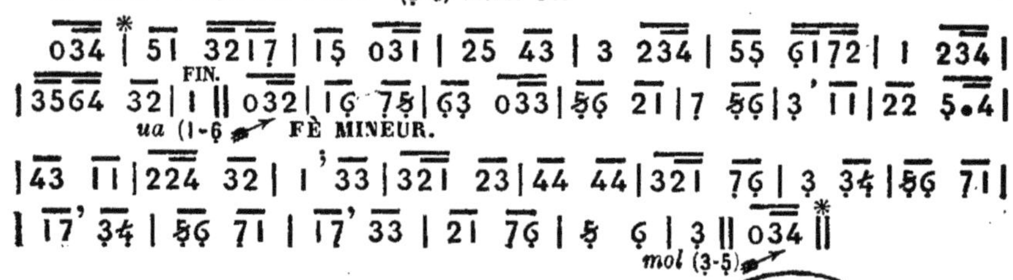

FIN DES EXERCICES DE LECTURE.

PUBLICATIONS

DE L'ÉCOLE GALIN-PARIS-CHEVÉ

OUVRAGES D'ÉTUDE

OUVRAGES DE M. ET MME ÉMILE CHEVÉ

Ouvrage		fr.	c.
Méthode élémentaire complète de musique vocale, 1 volume	Net.	9 fr.	»
— pratique seule (chiffre sans la portée)	Net.	3	»
— portée seule (sans le chiffre)	Net.	3	»
— théorie seule (chiffre et portée)	Net.	3	50
Exercices élémentaires de lecture musicale (cartonné)	Net.	2	25
Nouveaux **exercices** de mesure	Net.	1	50
Méthode élémentaire d'harmonie et de composition, 2 volumes	Net.	15	»
500 Duos gradués, faisant suite à la méthode	Net.	8	»
— par recueils de 3 feuilles, broché	Net.	1	25
Méthode élémentaire de Piano, les 12 premières livraisons, broché	Net.	9	»
Tableaux généraux d'intonation, pour les Cours	Net.	»	25
La Routine et le Bon Sens, ou les Conservatoires et la méthode Galin-Paris-Chevé	Net.	2	»

OUVRAGES DE M. AIMÉ PARIS

Ouvrage		fr.	c.
Manuel progressif de musique vocale, ou recueil d'airs en chiffres, rassemblés et classés par Aimé Paris, 1 vol de 732 pages. 1847-48. — Caen, Poisson, éditeur	Net.	12	»
Œdipe musical, appareil servant à opérer, sans peine et sûrement, les transpositions les plus compliquées, et à vérifier tous les points de la théorie	Net.	6	»
L'instruction détaillée, seule	Net.	»	60

OUVRAGES DE LA SOCIÉTÉ CHORALE DE L'ÉCOLE GALIN-PARIS-CHEVÉ

(DE PARIS)

Ouvrage		fr.	c.
Répertoire de la Société chorale de l'École Galin-Paris Chevé, ou Recueil de morceaux d'ensemble des grands maîtres, paraissant par livraison de 16 pages grand in-octavo. — Prix de la livraison	Net.	»	40
Les 4 premiers volumes ont paru. — Prix du volume	Net.	5	25
Recueil de Messes, Chants religieux, etc.. chaque recueil de 3 feuilles, broché	Net.	1	25
Le premier volume a paru	Net.	5	25
Recueil de Morceaux faciles pour les Écoles, les Pensionnats, etc., chaque recueil	Net.	1	25
Le premier volume a paru	Net.	5	25
Morceaux de Concert, par les élèves de l'École, chaque recueil de 3 feuilles	Net.	1	25
Le premier volume a paru	Net.	5	25
Ruth et Booz, grande symphonie chorale en trois parties (sans instruments) — Poëme d'Eugène Villemin, musique d'Elwart	Net.	1	50
Romances, premier recueil	Net.	1	25

PARIS. — Imp. de L. TINTERLIN, et Ce, rue Neuve-des-Bons-Enfants, 3.

www.ingramcontent.com/pod-product-compliance
Ingram Content Group UK Ltd.
Pitfield, Milton Keynes, MK11 3LW, UK
UKHW021108290826
14628UKWH00014B/1314

9 782329 585550